농촌활력론

농촌활력론

펴낸곳 서울대학교출판문화원
펴낸이 오연천
지은이 김태명 · 박은병 · 황정임 · 소진광 · 임경수 · 권태호 · 임형백

초판 1쇄 인쇄 2010년 8월 25일
초판 1쇄 발행 2010년 8월 31일
출판등록 제15-3호

주소 서울 관악구 관악로 599 우편번호 151-742
대표전화 02-880-5252 **팩스** 02-888-4148
마케팅팀(주문상담) 02-889-4424, 02-880-7995
이메일 snubook@snu.ac.kr
홈페이지 www.snupress.com
영문홈페이지 eng.snupress.com

ISBN 978-89-521-1143-2 93520

농촌 활력론

김태명
박은병
황정임
소진광
임경수
권태호
임형백

서울대학교출판문화원

Rebuilding Rural Community

Taemyung Kim, Eunbyung Park, Jeongim Hwang, Jinkwang So,

Kyoungsoo Lim, Taeho Kwon, & Hyungbaek Lim

Seoul National University Press

| 머리말 |

지금까지 농촌에 활력을 불어넣기 위하여 다양한 정책이 시행되어 왔고, 막대한 자금이 투입되었다. 그럼에도 불구하고, 현재 농촌의 상황은 어렵고 미래의 전망 또한 밝지 않은 것이 엄연한 현실이다.

김영삼 정부(1992~98)는 농업근대화를 정책기조로, 김대중 정부(1999~2003년)는 중 · 소농보호를 정책기조로, 노무현 정부(2004~08)는 도 · 농 간 균형발전을 정책기조로 하여 농업부문을 지원하였다. 1992년부터 2006년 말까지 15년 동안 농업부문에 투자된 금액만 130조 원이다. 2007년 농림사업시행지침에 나와 있는 농림사업은 168개다. 이 중 도단위까지 내려오는 사업은 약 80개, 시 · 군 단위까지 내려오는 사업은 약 60개나 된다. 그럼에도 1992년 11조 원이었던 농가부채는 2006년 35조 원으로 증가하였다.

이러한 결과의 원인을 살펴보면 첫째는, 농업에 대한 정치적 판단이다. 농업에 대한 정책적 결정을 정치적으로 하는 것은 가장 큰 문제다. 정치를 농업의 볼모로 만든 상태에서 경제성을 기준으로 하는 합리적인 정책결정은 불가능하다.

둘째, 시장실패적 시각에 기초한 공적 자금 투입식의 정책이다. 경쟁력 없는 부문에 대한 무조건적인 보조금 지급이나 공적 자금의 투입이라는 전통적인 시장개입 정책은 더 이상 해결책이 될 수 없다. 특히 다양한 사업을 통하여 자금만 투입하고, 그 효과를 측정하지도 사후관리를 제대로 하지도 못하는 정책은 공적 자금의 낭비뿐만 아니라 도덕적 해이로 이어진다.

셋째, 단편적이고 임기응변적인 정책이다. 1976년 이후 쌀의 자급자족이 달성되었고 농가소득의 50%를 쌀이 차지하는 상황에서, 농산물시장까지 개방되었다. 그럼에도 한국의 농업정책은 생산성에 집착하는 '농업확장주의'에 집착하고 있다. 한편 2005년 전체 농가인구 343만 3,573명 중에서 60세 이상의 비율은 39.20%에 달하고, 2006년 전체 농업종사인구 298만 9,269명 중에서 60세 이상의 비율은 50%에 이른다. 이러한 현실에서 농촌의 인구는 지속적으로 감소하고 있고, 농촌으로의 인구유입은 극히 제한적이다. 더구나 한국은 2018년을 인구정점으로 하여 인구도 감소할 것으로 예상된다. 무엇보다 시장의 변화가 심하다. 그럼에도 기술중심교육과 개인적 역량강화에 중점을 둔 농업인력양성이 주를 이룬다.

넷째, 방향 설정이 잘못된 정책 목표다. 2005년 한국의 농가인구는 약 343만 명으로 전체 인구의 7.1%를 차지하였다. 반면, 농림업생산액은 22조 3,060억 원으로 국내총생산GDP의 3.1%에 불과하다. 문제는 농가인구의 비중이 아니라 이들의 낮은 생산성이다. 국토의 지리적 여건이 다르고, 자원의 분포가 불균등하며, 지역에 따라 산업과 생활여건에 차이가 있다. 이러한 상황에서 그동안의 농촌정책은 지나치게 식량증산과 농촌인구에 집착하였다. 한국에서 농촌의 문제는 낮은 인구밀도가 아니라 낮은 경제적 자생력이다. 모든 지역에 같은 규모와 같은 수의 건물을 짓고 같은 인구밀도를 유지하는 것이 균형이라면 그러한 균형은 불가능할 뿐만 아니라 바람직하지도 않다. 각 지역이 각자의 특성과 장점에 맞게 발전하여 결과적으로 조화와 균형을 이루어야 한다. 1990년대 말 이후, 세계 각국에서 지역균형발전정책의 구조 측면에서 정책의 중심이 지역 간 격차 해소에서 지역경쟁력 강화로 변하고 있다.

이 책은 이러한 문제의식을 가지고, 대학교와 연구소에서 농촌을 연구하고 있는 7인의 연구자가 각자 평소에 농촌에 대하여 관심을 가지고 연구해 온 주제에 대하여 집필을 하고 이를 한 권의 책으로 엮어 놓은 공동작품이다. 이 책이 한국의 농촌에 활력을 불어넣기 위한 방안을 모색하는 데 조금이라도 도움이 되었으면 한다.

제 I 장 '한국농촌의 어제와 오늘'은 도입부의 성격을 띠고 있으며, 제 II 장에서는 '전환기의 농촌문화', 제 III 장에서는 '농촌 지역사회의 사회적 자본', 제 IV 장에서는 '농촌마을 가꾸기', 제 V 장에서는 '마을차원에서 본 향토자원과 농촌활성화', 제 VI 장에서는 '농촌개발과 지역균형발전', 제 VII 장에서는 '한국농촌의 다문화사회 특징'을 다루고 있고, 제 VIII 장 '한국의 복지농촌 건설전략'은 결론의 성격을 띠고 있다.

제 I 장에서 한국의 농촌에 대한 통시적으로 정리해 준 박은병 교수에게 감사드린다. 바쁜 연구소 일정과 학업의 와중에도 제 II 장에서 농촌문화를 집필해 준 황정임 박사에게 감사드린다. 베트남에서 바쁜 연구년을 보내면서도 제 III 장에서 사회적 자본을 집필해 준 소진광 교수에게 감사드린다. 역시 미국에서 바쁜 연구년을 보내면서도 제 IV 장에서 농촌마을 가꾸기를 집필해 준 임경수 교수에게 감사드린다. 현장에서 발로 뛰면서 제 V 장에서 향토자원과 농촌활성화를 집필해 준 권태호 교수에게 감사드린다. 제 VI 장과 제 VII 장을 집필하면서 간사 역할을 해 준 임형백 교수에게 감사드린다. 무엇보다도 이 책이 나오기까지 수고해 주신 서울대학교출판문화원 여러분께 깊이 감사드린다.

2010년 7월 30일

저자 대표 김 태 명

| 차례 |

제Ⅲ장 농촌 지역사회의 사회적 자본 | 소진광

제Ⅳ장 농촌마을 가꾸기 | 임경수

제Ⅴ장 마을차원에서 본 향토자원과 농촌활성화 | 권태호

제VI장 농촌개발과 지역균형발전 | 임형백

제 I 장

한국농촌의 어제와 오늘

박은병
극동대학교 겸임교수

1. 농촌의 정의, 기능 및 구성

1) 농촌의 정의

일반적으로 농촌은 인구의 크기, 도시중심지와의 관계와 사회경제적 특성 등에 의해 정의되며, 상대적으로 동질적인 문화, 자연자원에 기반을 둔 경제, 정태적 지역정체성이라는 이미지를 수반한다. 이러한 특성과 이미지를 수반하는 농촌은 농업에 종사하는 농민이 모여 사는 장소적 공간 즉, "농사를 짓는 이들이 사는 마을"이라고 정의한다.[1] 즉 농촌은 농사짓는 것생산과 농사짓는 사람이 사는 것생활의 총체적인 결합으로 마을공간이라 한다(박서호, 1998: 404).

그러나 우리나라의 농촌은 도시화와 산업화 과정에서 한정된 지리적 범위만을 의미하는 것이 아니라 도시의 배후지로서 식량생산, 원료 및 노동력 공급과 공산품의 내수시장 등의 기능을 하는 장소로 변화하였다. 이러한 과정에서 농촌은 제조업과 서비스업 등과 불가분의 관계를 맺게 되면서 농경사회의 사회구조가 점차 해체되었다. 따라서 농촌은 도시의 주변적인 역할과 장소로 변화되어 자급자족적 생활공동체의 기능을 상실하게 되고, 점차 생활권이 확대되면서 도시사회로 통합되어 가고 있다(윤여덕 · 주동완, 1984: 1-3). 즉, 농촌은 도시와 기능적으로 결합되어 중심도시의 주변지역으로서 하나의 기능지역으로 변모하게 되었다. 또한 국제화 · 개방화 과정에서 오랜 역사를 통하여 형성 발전되어 온 사회구조와 가치관 그리고 생활양식 등 전반적인 변화가 일어나고 있다.

이러한 변화과정에서 농촌은 농민수가 줄고, 농민분해가 일어나 독자적 사회, 문화를 유지해 나가기가 어렵게 되었다. 또한 교통, 통신의 발

---

1. 농촌에 대한 사전적 정의다.

달로 도 · 농 간의 교류확대와 비농업종사자의 거주증가 등 농촌의 사회문화적인 변화가 급속히 일어났다. 따라서 농촌은 장소에 의해 구분될 수 있는 농촌적인 것의 사회적인 의미의 상실과 함께 공간적으로 도시와 연결되므로 장소적으로 구분되지 않는 점에서 농촌이란 장소를 발견하기 어렵게 되었다. 그리하여 "도시와 농촌의 의미는 장소적 준거에 의하기보다 사회활동의 한 유형으로 의미를 갖는 것으로 주장되기도 한다" (Dunleavy, 1982; 박서호, 1998: 405에서 재인용).[2]

이러한 장소성과 사회성이 변하고 있는 농촌의 정의에 있어서 많은 사회학자들은 농촌과 도시의 차이를 하나의 개념적인 틀 속에서 상대적인 개념으로 고찰하였다. 즉 농촌을 도시와 관계에서 이분설dichotomy, 연속설continuum, 공생관계설symbiosis을 주장하였다(임형백 · 이성우, 2004: 8-11).[3] 현대에 이르러 도시의 과밀과는 반대로 농촌의 공동화로 인한 사회적 비용이 증가하고 있어, 농촌과 도시의 문제를 어느 일방의 시각만으로 볼 수 없다는 점을 고려할 때 공생관계설이 주목받고 있다. 이는 도시와는 다른 어떤 동질지역으로서의 농촌이 점차 도시와 불가분의 기능지역으로서 변화됨을 나타낸다. 따라서 국가별 · 시대별로 그 정의에 차이가 있기 때문에 특정의 지역[4]을 농촌 또는 도시로 구분하는 것은

---

2. 예컨대 도시나 농촌은 각기 하나의 사회과정으로 보고, 도시는 집합적 소비과정으로 규정한다면 농촌은 농업생산에 국한한 것이라고 하는 경우다.
3. 이분설은 지역사회를 농촌과 도시라는 두 종류 또는 자기완결적 유형으로 나누어 각각의 본질을 고찰하려는 이론으로 대표적인 학자로는 Sorokin과 Zimmerman을 들 수 있다. 연속설은 이분설처럼 도시와 농촌을 양분하지 않고, 도시와 농촌을 농촌적 요소와 도시적 요소의 정도 차이로 인식한다. 농촌이 도시의 영향을 크게 받고 있기 때문에 농촌의 변동을 분석하는 데 일정한 유효성을 지닌다는 이론으로 Redfield가 대표적인 학자다. 공생관계설은 농촌과 도시의 상호의존적이며 유기적인 관계를 강조하는 이론으로 농촌과 도시의 상대적 차이는 인정하되, 역동적인 상호관계로 맺어져 있는 보다 큰 지역사회 또는 국가의 구성부분이라는 점을 강조하는 이론으로 대표적인 학자로는 Sanders를 들 수 있다.
4. 지역은 중심성(예를 들면 한 도시와 그 배후지), 동질성, 응집성 등 하나 또는 그 이상의 특색으로 구분될 수 있다. 또한 지역구분의 기준은 인종적 · 문화적 · 언어적 특징, 기후나 지형적

쉽지 않다.

그러나 농촌을 정의하는 데 있어서 가장 일반적으로 행정적으로 많이 사용되는 인구의 크기나 가구수와 같이 인구의 규모로 구분하는 방법이다. 또한 인구밀도population density, 직업occupation, 그리고 인구의 이질성population heterogeneity 등과 같은 인구의 질적 특성에 입각하여 정의한다. 농촌과 도시에 대한 이러한 구분은 Tönnies의 공동사회Gemeinschaft와 이익사회Gesellschaft의 개념을 적용한 것이다. 이러한 정의는 농촌을 정의함에 있어서 지리적인 근린성과 공동체적 성격을 강조하고 있다. 그러나 농촌과 도시를 구분하기 위해서 선진국에서는 인구밀도가 도시성을 측정하는 적정한 척도로 사용하고 있으나, 반대로 개발도상국에서는 농촌지역의 인구밀도가 높아 도시와 농촌을 구분하는 척도로서 적당하지 않다(Halpern, 1967: 83-86; 임형백 · 이성우, 2004: 6 재인용). 따라서 인구밀도가 도시성의 척도로 사용된다면, 인구밀도와 함께 인구규모 또는 다른 변인들과 함께 사용되어야 한다(임형백 · 이성우, 2004: 6).

이외에도 농촌의 정의에 있어 경관이나 토지이용, 자본축적량 등 경제적 지표를 기초로 하는 접근[5]과 생활구조, 집단소속, 인간관계, 인성 등 사회적 특질의 차이에 의한 구별이 있다. Wirth(1938)가 형태적인 면만이 아니라 그곳에서의 생활양식에 주목하여 농촌과 구별되는 도시를 규정한 것이 대표적인 예다. 또한 Dewey(1960)가 익명성, 분업, 주민의 이질성, 공식적 대인관계, 지위의 외면적 상징의 5가지 요인으로 농촌을 규정하였다.

우리나라에서는 행정적 기준으로 단위지역 내의 인구수에 따라서 도

특징, 산업구조, 경제적 특화, 행정단위, 국제정치관계 등이다.

5. 이 방법은 특히 사회적 · 문화적 영향에 의해 같은 농촌이라도 정착생활을 하는 농경민족과 유목생활을 하는 유목민족의 경우 전혀 다른 양상을 나타내게 된다.

시 또는 농촌을 구분한다. 5만 명 이상의 인구를 지닌 지역이 '시', 2만~5만 명의 인구를 가진 지역은 '읍', 2만 명 이하의 인구가 거주하는 지역은 '면'으로 규정하고 있다. 따라서 5만 명 이상의 '시'는 도시로, 5만 명 이하가 거주하는 읍과 면, 군은 농촌으로 규정된다(왕인근, 1983: 20-21). 그러나 여기에서 농촌에 해당하는 읍은 도시계획구역 대상이나, 면은 농촌행정의 대상이 된다.

우리나라의 농촌과 도시와의 구분은 「지방자치법시행령」에 의하고, 도시가 되는 요건을 동법 제7조 1항의 규정에 따라 1) 인구 5만 이상, 2) 당해지역의 시가지를 구성하는 지역 내의 인구가 60% 이상, 3) 상 · 공업 기타 도시적 산업에 종사하는 가구의 비율이 60% 이상이어야 한다고 규정하고 있다. 또 지방자치법 제7조 2항에서도 도 · 농 복합형태의 시[6]는 "1) 제1항의 규정에 의하여 설치된 시와 군을 통합한 지역, 2) 인구 5만 이상의 도시형태를 갖춘 지역이 있는 군, 3) 인구 2만 이상의 도시형태를 갖춘 2개 이상의 지역의 인구가 5만 이상인 군, 이 경우 군의 인구가 15만 이상으로서 대통령령이 정하는 요건을 갖추어야 한다"고 규정하고 있다.

우리나라의 도시행정계층구조는 1949년 지방자치법이 공포됨에 따라 행정계층과 자치계층의 2원적으로 되어 있다. 전국의 행정구역 및 조직은 '특별시 · 도–시 · 군 · 구–읍 · 면 · 동'으로 3층제의 행정구조를 형성하였으며, 자치계층은 광역자치단체로서 도와 기초자치단체로서 시 · 읍 · 면의 2층구조를 이루었고, 서울특별시에 대해서만 대도시인 동시에 수도라는 특수성을 고려하여 단층제로 하였다(이규환, 2006: 318-319).

2007년 1월 현재 기초자치단체의 경우 75시, 86군, 69자치구로 구성

6. 도 · 농 복합형태의 시는 시 아래 행정 단위가 동(洞)인 일반시와는 달리 시 아래에 읍 · 면 등도 설치될 수 있는 시로, 1995년 시 · 군 통합사업이 시행된 이후 나타난 형태다.

되어 있으며, 그 아래 2개의 행정시와 26개 일반구, 212개 읍, 1,206개 면 등 1,166개로 세분되어 있다. 따라서 우리나라에서는 인구 5만 명 이하가 거주하는 86개 군, 212개 읍과 1,206개의 면이 농촌으로 구분된다.

이상에서 전통적인 개념의 농촌은 동질지역 측면에서 도시와 대비된 개념으로 볼 때, 농촌은 일정하게 주어진 지역적 범위 내에서 최소한 생산과 생활이 통일을 이룬 재생산구조를 갖고 있었다고 하겠다. 그러나 현재의 농촌은 기능적으로 제조업과 서비스업에 관련성이 높아지고 공간적으로 중심지와 연계[7] 속에서 주변화되어 전통적 재생산 구조를 잃어버리고 한편으로 광역적 범위(도시와 농촌 간의 기능지역) 속의 활력을 잃어 가고 있다.

더 나아가 농촌은 활동 면에서 농업적 생산활동만이 아니라 비농업적 활동이 증가하여 장소적으로 농민만이 아닌 비농업적 종사자의 생활근거지가 되고 있다. 이러한 새로운 활동과 주민의 혼재, 혼주로 인하여 새로운 통합과정, 전통적인 생산구조가 활력을 잃고 새로운 생산구조가 형성되고 있는 과정이다. 이런 과정 속에서 농촌을 생활주체인 농민이 주축이 되고 농업이 중심이 되는 생산구조를 만드는 것, 즉 농촌생활주체가 생산과 생활에 활력을 지닌 장소적 범위를 찾고 그 속에서 농촌발전을 위한 방향을 모색해야 한다.

2) 농촌의 사회공간적 기능

농촌은 농토에서 농업에 종사하는 농민이 식량을 생산해 온 삶의 공

---

7. 1980년 이후 농촌지역 정주생활권개발계획에서는 농촌은 취락의 최소단위로서 또는 농업활동이 이루어지는 경제공간으로서 생산현장만을 의미하는 것이 아니라, 주민의 생활중심지로서의 농촌중심도시를 핵으로 포함하는 기능적으로 통합된 영역적 개체로 정의하고 있다.

간으로서 지연공동체를 형성하고 있다. 그러나 농촌은 산업화와 도시화의 과정을 거치면서 사회와 삶의 방식이 다양화되면서 급속히 변화하였고, '농업에 종사하는 농민들이 거주하는 공간'으로 바라보는 관점 또한 다각적인 변화를 가져왔다. 농촌은 농업 생산 공간이라는 인식에서 벗어나 전원 거주 공간, 친환경적 국토관리 공간, 다양한 체험 활동 공간, 복합 산업 공간 등 다양한 기능을 수행하는 공간으로 바뀌어 가고 있다. 또한 정보통신의 발달 및 교통시스템의 광역화와 첨단화, 그리고 환경의식의 고취와 함께 환경적으로 건강하고 지속가능한 개발에 대한 관심의 증가와 각 개인의 삶의 질을 중시하는 라이프스타일life style이 보편화되면서 농촌에 대한 인식이 크게 변화되었다.

먼저 산업으로서의 농업의 다원적 기능성은 2개의 핵심요소를 구성요건으로 하고 있다(OECD, 2001: 8-9). 첫째는 농업에 의해 결합생산되는 jointly produced 다수의 상품commodity 및 비상품noncommodity 산출물의 존재이고, 둘째는 비상품 산출물의 외부성externalities 또는 공공재public goods적 성격이다. 다시 말하면, 다원적 기능은 시장재인 농산물을 생산하는 과정과 결합되어 공급되는 기능으로서 그 자체는 일종의 비시장재로서 시장의 실패를 유발한다(권오상 · 이태호, 2001: 6).

다원적 기능을 '다양한 비교역적 목표 달성을 위한 수단으로서의 국내 농업생산을 지지하는 태도attitude 또는 정책입장policy position이라고까지 확장 · 해석하기도 한다(Mullarkey et al., 2001: 31-34).

농업의 다원적 기능의 종류에 대하여는 국가와 조직에 따라 차이가 있다. WTOWorld Trade Organization에서는 환경보전, 식량안보와 농촌개발을 들고 있으며, OECD(2001)에서는 경관 및 문화적 전통유지agricultural landscape and cultural heritage values, 환경보전environmental outputs, 농촌활력유지rural viability and employment, 식량안보food security, 야생동물 서식지제공animal welfare을 농업의 다원적 기능으로 인정하고 있다. 우리나라는 식량안보, 환경적 기능 그리고 농촌경관과 사회문화보존 등의 기능을 들고 있다. 1990년대 중반 이후에 농업 · 농촌의 다원적 기능에 주목하여 생산주의적 농업정책에서 지속가능한 농촌발전정책으로 농정의 방향 전환을 도모했다. 농업의 다원적 기능에 대해 국제기구가 논의한 주요 내용을 나타내면 〈표 Ⅰ-1〉과 같다.

〈표 Ⅰ-1〉의 분류에서 경관 및 문화적 전통의 유지 기능, 환경보전 기능, 농촌활력유지 기능, 식량안보 기능은 공통적으로 포함되고, 그 이외에 추가로 지적되는 항목으로 동물후생과 관련된 기능, 식품안전도의 유지기능, 과학기술 및 교육적 기능 등이 있다.

농업의 다원적 기능 이외에도 박서호(1998: 406-408)는 새로운 변화 추세 속에서 농촌의 사회공간적 기능을 다음과 같이 제시하였다.

첫째, 소득 및 취업의 장으로서의 기능으로, 농업생산 면에서 식량생산뿐만이 아니라 농업 이외의 부문 즉 비농업적 생산활동으로 소득 및 취업의 다각화가 이루어지고 있다.

둘째, 공산품의 내수시장으로서의 기능으로, 농업생산활동 부문의 생산자재와 생활필수품의 소비시장이다.

셋째, 자원의 제공기능으로, 인적 자원은 물론 물적 자원 즉, 토지 · 산림 · 천연자원을 제공한다.

넷째, 산업사회의 안전기능으로, 자연생태계를 유지하고 산업사회의 부산물인 오염정화와 쓰레기처리를 가능하게 하는 산업사회의 자연정화 공간이다.

다섯째, 정주공간으로서의 기능으로, 농민의 생활공간일 뿐 아니라 혼주화가 진행으로 인한 다양한 계층의 주민들의 삶의 공간이다. 또한 살아 있는 거처인 양택陽宅뿐만 아니라 사후 자연으로 돌아갈 자리인 음택陰宅으로서의 공간이다.

여섯째, 자연경관과 여가공간으로서의 기능으로, 자연상태를 갖는 경

〈표 Ⅰ-1〉 농업의 다원적 기능에 대한 국제기구의 주요 논의 내용

<table>
<tr><th>국제기구</th><th colspan="2">농업의 다원적 기능</th></tr>
<tr><td>WTO</td><td colspan="2">① 환경보전, ② 식량안보, ③ 농촌개발</td></tr>
<tr><td>OECD</td><td colspan="2">① 경관(Landscape), ② 종 · 생태계다양성(Species and ecosystem diversity), ③ 토양의 질(Soil quality), ④ 수질(Water quality), ⑤ 대기의 질(Air quality), ⑥ 물이용(Water use), ⑦ 경지보전(Land conservation), ⑧ 온실효과(Greenhouse gasses), ⑨ 농촌활력화(Rural viability), ⑩ 식량안보(Food security), ⑪ 문화유산(Cultural heritage), ⑫ 동물복지(Animal welfare)</td></tr>
<tr><td rowspan="5">FAO</td><td>사회적 기능</td><td>① 도시화 완화(Mitigation of urbanization)
② 농촌공동체 활력(Viability of rural communities)
③ 피난처 기능(Sheltering function)</td></tr>
<tr><td>문화적 기능</td><td>④ 전통문화계승(Transmission of cultural heritage, identity, values and tradition)
⑤ 경관제공(Offering beautiful rural landscape)</td></tr>
<tr><td>환경적 기능</td><td>⑥ 홍수방지(Preventing flood)
⑦ 수자원함양(Retention of water)
⑧ 토양보전(Soil conservation)
⑨ 생물다양성(Biodiversity)</td></tr>
<tr><td>식량안보</td><td>⑩ 국내식량공급(Supplying domestic foods)
⑪ 국가 전략적 요청(National strategic crisis)</td></tr>
<tr><td>경제적 기능</td><td>⑫ 공동체의 균형발전과 성장(Balanced development and growth of communities)
⑬ 경제위기 완화(Bufer of economic crisis)</td></tr>
<tr><td>일본</td><td colspan="2">① 국토보전, ② 수자원함양, ③ 생물다양성 보전, ④ 농촌경관의 창조, ⑤ 전통문화의 유지, ⑥ 휴양처 제공, ⑦ 식량안보</td></tr>
<tr><td rowspan="3">한국</td><td>식량안보</td><td>① 식량안보</td></tr>
<tr><td>환경적 기능</td><td>② 홍수조절효과
③ 수자원 함양효과
④ 토양유실경감효과
⑤ 대기정화효과</td></tr>
<tr><td>농촌경관과 사회 · 문화 보전 등의 기능</td><td>⑥ 자연경관유지 및 생태계 보전 기능
⑦ 사회 · 문화적 순기능</td></tr>
</table>

자료: 임형백 · 이성우, 2004: 492.

관 그 자체로서 가치 외에 여가공간으로서 중요성이 커지고 있다.

일곱째, 미개발수요를 미래 후손들을 위해 남겨두어야 할 여분의 공간으로서 기능을 갖는다.

이상과 같이 농촌은 농업, 농민, 농지 그리고 정주공간의 기능이 자본주의 발달로 인한 산업화, 도시화, 정보화, 국제화의 추세와 함께 다양해지고 있다. 따라서 농촌은 농업이 갖는 본래의 기능뿐만 아니라 생명, 환경, 관광, 여가 등 새로운 가치의 사회적 · 공간적 기능을 가지고 있다.

3) 농촌의 구성과 내용

농촌의 구성은 체계분석의 관점에서 농촌을 사람과 장소라는 삶의 변증법적 관계로 파악되는 지역의 구성개념에 적용하여, '사람'은 농민주체과 농업생산, 일으로 나누고, '장소'는 농지자연, 일터와 정주공간으로 이루어진다(박서호, 1998: 409). 이들 구성요소[8]는 체계 내에서 다시 하부체계를 형성하며 이들 구성요소 간에 또 새로운 관계개념을 파생시킨다. 즉 주체와 생산 간은 농업구조, 주체와 생산기반 간에는 토지소유, 생산과 생활 간에는 농가살림살이, 생산기반과 정주공간 간에는 공간조직이라는 개념들을 설정할 수 있다.

주체로서 농민농가은 사회변동과정을 거치면서 동질적 구성이 아닌 계층으로 분화되고 있으며, 또한 전문화 상업화의 과정에서 기업활동 및 정부정책과의 연관성이 높아졌다. 이러한 농촌의 주체로서 농업인력의 육성을 위해 「농업농촌기본법(제3장 제1절)」은 가족농의 경영안정, 후계

8. 우리나라에서는 농업에 관한 기본적인 틀인 「농업농촌기본법(법률, 제5758호 1999.2.5.)」의 내용을 분류하면 농촌의 구성요소와 관련지어 크게 농업구조(농업인력, 농지, 농업생산구조), 농산물 수급안정 및 유통, 농산물 교역 및 국제협력, 농촌지역개발 및 소득지원, 농업 · 농촌발전계획의 다섯 분야로 구분된다.

농업인의 육성, 전문농업인의 육성, 여성농업인의 육성, 영농조합법인의 육성, 농업회사법인의 육성, 농업인의 경영혁신과 자금지원, 농업관련단체의 육성에 대해 규정하고 있다.

농촌의 생산활동인 농업의 생산체계는 다시 생산요소, 소득구조, 금융 그리고 시장관계로 구분될 수 있다. 농업은 그 생산요소인 노동력, 토지, 자본 및 기술 등에 의해 상업화, 기계화, 전업화, 단작화 등 그 성격이 변하고 있다. 농업에 대한 지원체제로서 금융, 보험, 조세 또한 중요한 역할을 한다. 농가의 소득원은 크게 농업소득과 농외소득으로 나눌 수 있으며 농업소득에는 경종농업(답작, 전작, 원예, 과수, 특작, 잠업), 축산, 임업, 수산업 등이고 농외소득은 부업, 농공단지, 관광소득 등이 속한다. 농업소득원은 농업의 상업화, 농외소득의 다각화 등으로 전개되면서 농외소득의 비중이 높아지고 있다. 농업의 시장관계는 다시 가격, 유통, 수출입 그리고 소비구조 면으로 나누어 볼 수 있을 것이다.

이러한 농업생산구조의 고도화를 위해 「농업농촌기본법(제3장 제3절)」은 농업생산기반의 정비와 농업경영규모의 적정화 및 농업경영자산의 유동화를 촉진하고, 농업기계화 등의 촉진과 농업과학기술의 진흥, 벤처산업 등의 육성, 지적 재산권 등의 보호, 농업 및 농촌지역의 정보화, 농업기술개발사업의 추진을 규정하고 있다.

농산물의 수급안정과 유통구조개선을 위하여 농산물의 수급 및 가격의 안정, 유통개선, 품질관리, 농산물가공산업의 육성, 그리고 농산물의 교역과 국제협력은 대외통상 및 국제협력, 수출진흥, 수입관리가 요구되고 있다.

농촌의 자연환경인 농지는 농민의 일터로 국민식량의 안정적인 공급과 환경보전을 위한 기반으로 농업과 국가경제의 조화로운 발전에 영향을 미치는 자원이다. 농지는 토지이용 및 개량 등 자연에 대한 인위적 노력과 투자가 필요하고 농업의 다원적 기능을 유지하려는 노력의 결과로 농지의 소유와 이용 및 보전이 요구된다. 토지개량은 개간과 간척으로 인한 농지확대, 농업용수, 경지정리, 배수개설 등의 농지의 물리적 조건을 개량하는 일이다.

농촌적 생활양식인 정주공간의 주요 구성요소는 정신적 문화생활환경과 물리적 복지환경으로 나누어 볼 수 있다. 문화생활환경은 일상의 의, 식, 주, 질병, 관혼상제, 사회기풍 등을 의미한다. 복지환경은 제반 생활양식이 담길 기반으로서, 주택, 교통, 통신, 의료보건, 교육, 사회복지, 그리고 행정서비스 등을 열거할 수 있다.

이상의 구성요소들의 관계들로서 첫째, 농업구조는 노동력형태에 근거한 자작농, 협업농, 기업농으로 유형화될 수 있다. 둘째, 토지소유는 농업구조 및 농촌의 근본토대를 이룬 개념이다. 형평한 분배를 위한 경자유전의 원칙, 농지유동화와 소작제, 소유상한제가 논의되고 있다. 셋째, 공간조직이란 토지이용 규제 및 거래의 조직화측면이라고 할 수 있다. 예컨대 농지보전 및 이용에 관한 용도지역제, 국토 및 지역계획, 도시계획, 농어촌정주생활권 개발계획 등 지역개발, 그리고 행정구역 설정 등이 주요결정 변수다. 넷째, 농촌살림살이는 경제적으로 농가 생산의 수입과 소비의 지출 간 관계로서 부채와 저축으로 나타날 것이며, 문화적으로 삶의 질로, 정신적으로 정주의식으로 나타나고, 공간적으로 생활권으로 표출될 것이다(박서호, 1998: 410).

이상의 구성 요소들은 상호역학관계를 통해서 유기적인 농촌의 실체를 형성하고 있다. 이러한 농촌의 구성은 농촌 · 농업여건의 국내 · 외 변화에 따라 그 내용이 빠르게 변화되었다. 따라서 농민은 타 산업 종사자와 균형된 소득을 실현하는 경제주체로서, 농업은 식량공급과 국토환경 보전에 있어 경제적 · 공익적 기능을 수행하는 산업으로, 농촌은 고유한 전통과 문화를 보존하는 산업 · 생활공간으로 발전시켜야 한다.

2. 농촌 · 농업여건의 국내 · 외 변화

1) 세계화에 따른 농업여건

최근 들어 한 · 미 FTA 체결 전후로 우리나라에서는 다양한 형태의 반대시위와 집회가 거세게 일어났다. 그러나 신자유주의에 의한 세계화의 흐름을 살펴볼 때 수출에 국가 경제의 기반을 두고 있는 우리나라의 경우 FTA, DDA 등 시장개방은 거스를 수 없는 추세다. WTO 뉴라운드에서 시장개방과 국제표준규범 확립, 농축산물의 교역과 관련하여 식품규격을 국제기준Codex과 조화되도록 요구를 받고 있다. 따라서 세계화에 따른 농업시장 시장 지향적인 기술개발과 함께 품질 및 가격경쟁력이 있는 농 · 축산물의 생산과 유통이 요구된다.

(1) FTA 추진동향

① FTA란 무엇인가?

자유무역협정FTA: Free Trade Agreement은 특정 국가 간 상호 무역증진을 위해 물자나 서비스 이동을 자유화하는 협정으로, 나라와 나라 사이의 무역장벽을 완화하거나 철폐하기 위해 체결하는 특혜무역협정이다. 전통적으로는 국가 간에는 관세와 그 외의 다양한 제약이 있어서 상품이 국경을 넘어 들어오고 나가는 것이 자유롭지 않았다. 그러한 제약들을 없애거나 최소화해 다른 나라와도 같은 나라 안에서 물건을 사고파는 것처럼 자유롭게 하자는 것이 자유무역협정이다. 자유무역에 대한 WTO 체제에서는 크게 두 가지 형태가 있다. 하나는 모든 회원국이 자국의 고유한 관세와 수출입제도를 완전히 철폐하고 역내의 단일관세 및 수출입제도를 공동으로 유지해 가는 방식으로, 유럽연합EU이 대표적인 예다. 다른 하나는 회원국이 역내의 단일관세 및 수출입제도를 공동으로 유지하지 않고 자국의 고유관세 및 수출입제도를 그대로 유지하면서 무역장벽을 완화하거나 철폐하는 방식으로 북미자유무역협정NAFTA이 대표적인 예다. WTO가 모든 회원국에게 최혜국대우를 보장해 주는 다자주의를 원칙으로 하는 세계무역체제라면, FTA는 양자주의 및 지역주의적인 특혜무역체제로, 회원국에만 무관세나 낮은 관세를 적용한다. 시장이 크게 확대되어 비교우위에 있는 상품의 수출과 투자가 촉진되고, 동시에 무역전환효과를 거둘 수 있다는 장점이 있다. 그러나 협정 대상국에 비해 경쟁력이 낮은 산업은 시장에서 퇴출되어야 하는 상황이 발생할 수 있다는 점이 단점으로 지적된다.

② FTA 추진동향

2003년부터 FTA를 추진한 결과 칠레(2004. 4.), 싱가포르(2006. 3.), 유럽자유무역연합(EFTA, 2006. 9.), 아세안(ASEAN, 2007년 6월에 상품협정문 발효, 2007년 12월에 서비스 협상 타결)과 협정을 체결하였으며, 미국(2007. 4.)과 협상을 타결하였다. 이 밖에도 우리나라는 유럽연합EU, 캐나다, 인도, 일본, ASEAN투자분야과 FTA를 협상하고 있다.

미국과의 FTA협상은 우리나라가 체결한 FTA 가운데 가장 폭넓고 개방수준이 크다. 협상 결과로 이행 15년간 주요 농산물의 생산액 감소총액은 10조 원 가량으로 추정된다. 이는 연평균 6,698억 원의 생산액 감소에 해당한다(임송수, 2008: 63-66).

한 · 미 FTA 피해보전과 농업경쟁력 제고, 소득기반확충의 명목으로 정부는 2008~17년에 20조 4,000억 원의 농업 · 농촌 투 · 융자하는 계획을 발표하였다(〈표 I -2〉).

피해보전직불은 수입증가로 손해를 입은 품목을 대상으로 기준조수입에 근거하여 지급하는 것이 검토되고 있다. 기준조수입은 과거 5개년 평균 조수입(최고와 최저 조수입을 제외한 평균)에 80%를 곱한 수준이다.

〈표 Ⅰ-2〉 농업 · 농촌 투 · 융자계획 (단위: 억 원)

구분		지원규모	주요사업
품목별 경쟁력강화	축산	46,940	축사시설현대화(14,700), 조사료생산기반확충(8,028), 분뇨처리시설(6,418)을 포함한 17개 사업
	원예	22,822	인삼계열화(6,801), 원예작물브랜드육성(4,202), 과수고품질생산시설 현대화(3,856)를 포함한 14개 사업
	식량	206	밭작물브랜드(170), 고령지감자광역유통(36)을 포함한 2개 사업
	소계	69,968	33개 사업
농업체질 개선	맞춤형농정	88,748	농업경영체등록제(690), 경영이양직불(17,895), 교육훈련(2,980), 기계임대(2,980), 후계농육성(26,322), 농가단위 소득안정직불(17,200), 재해보험(20,719)을 포함한 8개 사업
	신성장동력	32,711	광역식품클러스터(1,000), 친환경물류센터(500), 농림기술개발(8,930), 바이오기술산업화(1,320), 해외시장개척(4,046), 한식세계화(480)를 포함한 18개 사업
	소계	121,459	26개 사업
단기피해 보전	피해보전	12,200	피해보전 직불제(7,200), 폐업지원(5,000)
	소계	12,200	2개 사업
합계		203,627	61개 사업

자료: 임송수, 2008: 67.

$$\text{피해보전직불} = \text{생산면적 또는 가축두수} \times (\text{기준조수입} - \text{실제조수입}) \times 0.85$$

〈피해보전직불 산출사례〉

① 농가재배 면적 = 1ha
② 3개년 평균 조수입 = 1,000만 원
③ 기준조수입 = 800만 원(1,000만 원 × 0.8)
④ 당년 조수입 = 700만 원
※ 피해보전직불금 = 1ha×(800만 원 − 700만 원)×0.85 = 85만 원

(2) DDA(Doha Development Agenda) 협상

① DDA협상이란?

DDA[9]협상은 국가 간 거래확대를 위한 2001년 카타르의 수도 도하에서 열린 '제4차 세계무역기구각료회의'에서 출범한 무역협상으로 1995년 WTO체제가 수립된 후 첫 번째 다자간 무역협상이다. DDA는 상품위주로 범위가 제한된 기존 우루과이라운드와는 달리 서비스와 지적 재산권 등을 포함하고 이행 강제력이 높다. 농산물, 서비스, 비농산물분야의 시장개방뿐만 아니라 반덤핑, 보조금, 지역협정, 분쟁해결에 관한 WTO 협정개정, 새로운 무역규범의 수립 등 국제무역의 주요현안을 다루고 있다.

대외무역이 GNP의 70%를 차지하는 우리나라는 DDA협상에 적극 참여하여 다른 나라의 무역장벽을 제거하고 실질적인 시장개방확대를 추구하고 있다.

DDA농업협상이 국내 농업에 미치는 영향으로는 첫째, 외국 농산물의 수입을 억제해 오던 관세의 보호기능이 줄어들어 대폭적인 수입증가가 예상되고, 둘째, 보조금의 감축의 실질적인 영향은 크지 않을 것이나 시장가격지지 정책은 축소되고 생산과 연계되지 않은 직접지불정책으로 전환이 예상되고, 마지막으로 개도국의 지위여부에 따라 DDA협상 결과를 이행하는 데 있어서 상당한 부담의 차이가 있다(송주호 · 최세균, 2009: 41-42).

② DDA협상 내용

2001년 출범 이후 진전과 정체를 반복해 오던 DDA협상은 관세나 보조 감축수준과 같은 규범을 자세히 명시한 지침인 '자유화세부원칙'

9. '개발'에 중점을 두자는 개도국의 요청으로 'Development'가 명칭에 포함되었다.

modalities 초안[10]을 근거로 추진되고 있다. 세부원칙 초안은 크게 시장접근, 국내보조, 수출경쟁분야로 구성되어 있으며, 지금까지 협상한 내용을 근거로 농업협상회의에서 합의 가능한 영역을 제시하여 협상의 근거로 삼고 있다(송주호 · 최세균, 2009: 43-46).

가. 시장접근

관세율이 높을수록 더 많이 감축하는 구간별 관세감축공식에 따라 감축률이 제시되었다(〈표 Ⅰ-3〉). 선진국의 관세감축률은 최소 48%에서 최대 73%이고, 개도국은 선진국의 2/3 수준인 최소 32%에서 최대 49%이다. 개도국의 평균 감축률이 36% 또는 40%를 초과한다면 그 이하로 감축률을 조정할 수 있다.

〈표 Ⅰ-3〉 구간별 관세감축공식

선진국			개도국		
구간(%)	감축률(%)		구간(%)	감축률(%)	
	최소	최대		최소	최대
0–20	48	52	0–30	32	34.7
20–50	55	60	30–80	36.7	40
50–75	62	65	80–130	41.3	43.3
75 초과	66	73	130 초과	44	48.6

자료: 임송수, 2008: 69.

10. 2007년 들어 주요 4개국(미국, EU, 인도, 브라질)의 합의실패로 위기를 맞이하였으나, 동년 7월에 농업협상회의(Crawford Falconer) 의장의 세부원칙 초안이 제시되었다. 세부원칙를 근거로 WTO회원국은 국가별 이행계획서(Country Schedule)를 작성하여 협상을 추진하고 있다

나. 국내보조

무역왜곡보조총액OTDS은 생산이나 가격에 영향을 주는 등 무역왜곡효과가 있어 무역협상에서 감축해야 할 대상이 되는 감축대상보조AMS: Amber Box,[11] 블루박스(Blue Box: 이 조치의 지급실적과 1995~2000년 평균 농업생산액의 5% 중 높은 수치), 최소허용보조(de minimis: 선진국은 1995~2000년 평균 농업생산액의 10%, 개도국은 20%)의 합계를 말한다(임송수, 2008: 71). 무역왜곡보조총액OTDS과 감축대상보조AMS는 양허수준에 따라 주요국별로 감축률이 제안되었다. 품목특정 AMS는 UR이행기간(1995~2000) 평균으로 정하는 것으로 제안되었으나, 기준기간에 품목특정 AMS가 최소허용보조보다 낮았더라도 이를 품목특정 AMS로 명시할 수 있다. 개도국에 허용된 대안은, 1995~2004년으로 기준기간 설정, 품목특정최소허용보조의 2배를 품목특정 AMS로 설정, 연간 AMS 양허수준의 20%를 품목특정 AMS로 설정하는 것을 포함한다(〈표 Ⅰ-4〉).

최소허용보조de minimis는 50-60%를 감축하되, 이행 기간에 균등 감축

〈표 Ⅰ-4〉 OTDS와 AMS 감축률

회원국		무역왜곡보조 감축률(%)		AMS 감축률(%)
		최소	최대	
EU		75	85	70
미국, 일본		66	73	60
기타	선진국	50	60	45
	개도국	33.3	40	26.7

주: AMS를 양허하지 않은 개도국과 순 식량수입국(NFIDC)은 OTDS 감축의무가 없다.
자료: 임송수, 2008: 71.

11. 생산이나 가격에 영향을 주는 등 무역왜곡효과가 있어 무역협상에서 감축해야 할 대상이 되는 국내보조금으로 대표적으로 쌀수매 제도가 있다.

하도록 제안되었다. 개도국감축률은 선진국의 2/3 수준으로 33.3-40%이다. AMS를 양허하지 않은 개도국, 식량순수입개도국NFIDC: Net Food-Importing Development Countries,[12] AMS 대부분을 생계농과 자원빈약 농가를 위해 지원한 개도국은 감축의무가 면제된다.

블루박스 한도는 1995~2000년 농업생산액의 2.5% 미만으로 제한되었다. 품목특정한도는 1995~2000년에 지급한 보조의 평균으로, 개도국은 농업생산액 평균의 5%로 한도를 설정하였다.

다. 수출경쟁

수출보조는 2013년까지 없애기로 합의하였고, 이행을 촉진하려고 2010년까지 수출보조 50%를 없애기로 제안되었다. 다만 개도국이 사용하는 수출농산물의 유통과 국내운송 보조는 수출보조가 철폐된 후 5년간 유지될 수 있다. 식량원조에 대해서는 수요중심, 무상원조, 상업적 수출금지, 공여국의 시장개척금지, 상업목적의 재수출 금지와 같은 강화된 지침이 제시되었다.

2) 보호산업으로서의 정부개입

FTA와 DDA 등 세계화에 따른 농업의 경쟁력강화가 주요한 농업의 전략으로 대두되고 있음에도 불구하고, 농업이 가지는 기술적 · 경제적 특수성 때문에 많은 타 산업과 비교하여 농업부문은 시장메커니즘에 의한 경쟁산업으로서보다는 보호산업으로서 인식되고 있는 실정이다. 기

12. 1996년 WTO 농업위원회에서의 결정사항으로 제시할 수 있는 최근 5년 중에서 특정 3개년간의 기초식량(basic foodstuffs)의 순수입국(net importer)인 개도국 회원국을 식량 순수입 개도국으로 지정한다.

술적으로 농업생산은 자연의존적이므로 생산량의 변동이 큰 데 반해 농산물에 대한 수요는 비탄력적이어서 농산물 가격은 불안정하고 폭등과 폭락을 반복하는 경향이 있다. 또한 농산물은 생산기간이 긴 품목이 많고, 생산요소의 가용량이 고정적인 경우가 많아서 수요가 확대되는 시기에는 공급이 탄력적으로 반응하지 못하여 가격이 상승하고, 수요가 감퇴되는 시기에는 농산물 가격이 장기적으로 하락하는 추세에 놓이게 된다.

경제적으로 농업생산자는 비농업부문의 기업에 비해 상대적으로 경영규모가 작은 반면 농업생산자재의 공급자나 농산물 유통업자는 대규모기업인 경우가 많아 이러한 시장구조가 교섭력 면에서 농업생산자에게 불리하게 작용하는 경우가 많다.

위와 같은 농업의 기술적 · 경제적 특수성은 농산물 가격의 불안정, 농업소득의 불안정을 가져온다. 또한 이러한 농업생산의 불안정은 생산자는 물론 소비자 후생에도 부정적인 영향을 미친다. 결국 농업부문은 생산자와 소비자의 복지수준이 시장메커니즘에 의한 자원배분에만 의존해서는 저하될 우려가 크다. 따라서 농업부문에 있어 이러한 경제적 · 기술적 특수성으로 인하여 정부가 농업보호를 위해 시장메커니즘에 개입하고 또한 산업사회에 있어 타 산업과의 관계에 있어 비교열위에 있는 농업을 보호산업으로서 패러다임paradigm의 변화가 이루어지고 있다.

Knutson 등은 미국 정부가 농업보호를 위해 개입하는 이유(Knutson et al., 1990: 11-12; 최정섭 외, 1993에서 재인용)를 다음과 같이 들고 있다. 첫째, 상대적으로 낮은 농산물가 격과 농업소득, 둘째, 농산물 가격과 공급의 안정화에 대한 필요성,[13] 셋째, 식량의 적정공급에 대한 중요성,[14]

13. 정부 비축 프로그램은 과잉생산기에는 초과 농산물을 시장에서 제거하고 가격이 목표 수준까지 올랐을 때 비축농산물을 시장으로 방출하는 역할을 수행한다. 또한 급속하게 상승하는 농산물가격에 대한 가격통제와 수출금지조치를 정당화했다.

14. 농업생산을 확대하는 관개사업, 농업연구 및 지도 등과 같은 정부 프로그램을 정당화했다.

넷째, 미래의 농업생산능력을 보호, 다섯째, 식량의 안전성safety이다.

이외에도 농업의 다양한 비시장적 가치와 공익적 기능 즉 농업의 다원적 기능을 유지하기 위한 정부개입의 정당성이 제기되고 있다. 다시 말하면, 농업 생산 과정에서는 상품 형태를 띠지 않는 산출물들이 농산물과 함께 결합생산물로서 생산되는데, 이들 비상품 결합생산물은 시장실패market failure를 초래하는 특성을 지니고 있어 정부의 시장개입이 필요하다(OECD, 2001 : 8-9).

3) 농촌개발의 패러다임

(1) 지속가능한 개발(ESSD)

1972년 스웨덴 스톡홀름에서 개최된 유엔인간환경회의는 인간환경선언, 원칙선언을 채택하고 지구환경의 날을 설정하는 등 환경보존을 위한 전 지구적인 행동이 필요하다는 인식을 확산시킨 최초의 국제 환경회의다. 그 후 지구환경문제를 전담하는 유엔의 공식적인 기구로 유엔환경프로그램을 설립하게 되었고 1983년에는 세계환경 및 개발위원회WCED, 일명 브룬트란트 위원회를 구성하여 2000년대를 향한 장기 지구환경보전전략을 수립하였다. 여기서 정의된 '지속가능한 개발'의 개념은 1988년 유엔총회가 이를 유엔과 각국 정부의 기본이념으로 삼을 것을 결의하게 되면서 확산되기 시작하였다.

1992년 리우환경회의에서는 지속가능성에 대해 "Sustainability is that the welfare of future generations should not the less than the welfare of the current generation."(우리가 지금 속해 있는 환경은 미래세

미국 농업은 식량공급 이외에도 세계 식량 공급사정이 악화됨에 따라 농산물을 수출하고 달러를 강화하는 요인과 대외적인 외교무기로 사용되었다.

대의 환경을 담보로 사용하고 있는 것이므로 미래 세대의 혜택이 현세대의 혜택보다 적어서는 안 된다는 것이 지속가능성이다)라고 정의하고 있다.

지속가능한 개발ESSD: Environmentally Sound and Sustainable Development의 개념을 살펴보면 '자연의 환경용량을 미래를 생각하여 이루어지는 개발'로 자연자원이 개발의 과정에서 발생하는 손상에 대해 자연계 스스로의 회복과 자생적인 환경용량의 성장이 가능한 범위 내에서의 개발을 의미하고 있다. 따라서 지속가능한 개발의 개념은 성장과 보전의 단순한 조화가 아닌 '환경용량 내'라는 제약조건이 첨부된 상태 하에서 성장과 보전의 조화와 환경용량의 증대를 지향하는 적극적인 개념이다.

그러나 현재 세계 각국의 지방정부와 국내에서 작성하였거나 진행 중인 대부분의 지방의제21은 환경용량의 한계를 명시적으로 고려하고 있지 않다는 점에서 소극적인 지속가능한 개발의 개념에 입각한 행동계획으로 볼 수 있다(최재용 외, 2000).

아울러 지구 환경보전에 대한 선진 각국의 관심이 고조되는 가운데 농업환경관리가 국가별 관리차원에서 각종 국제협약 등으로 범지구적 관리체로 전환되는 그린라운드GR에 대비하여 각국의 농업도 이에 조화되는 관리체계를 요구받고 있는 실정이다. 한편 선진국을 중심으로 정보통신기술, 생명공학기술, 주변첨단기술, 지식의 축적 및 활용으로 고부가가치 농업을 개척하면서 인적 자본, 지식, 기술, 정보의 중요성이 급격히 증대되고 있다.

(2) 녹색성장과 녹색뉴딜(Green New Deal)

녹색성장은 에너지 · 환경관련기술과 산업 등에서 미래 유망품목과 신기술을 개발하고, 기존 산업과 융합하면서 새로운 성장동력과 일자리를 얻은 것을 의미한다. 기존의 지속가능발전sustainable development 개념을 보완해 성장패턴을 보다 환경친화적으로 전환하는 것을 뜻한다. '지속가능발전'은 경제발전, 사회통합, 환경보호를 동시에 추구하는 개념인 반면 '녹색성장'은 지속가능발전 개념과 유사하나, 여기에 '지속가능발전'의 한계로 지적되는 추상성과 광범위성을 보완한 개념이다(조용성, 2009: 272).

녹색성장이 대두된 배경은 기존의 '요소투입' 위주의 성장은 자원과 환경의 위기도래로 한계에 도달하였으며, 저탄소 경제로 변화하지 않는다면 국제 온실가스 규제로 인해 국가 경쟁력의 약화를 초래할 가능성이 높다는 위기의식에서 시작되었다.

녹색성장의 3대 요소는 첫째, 동일한 성장을 하되 에너지와 자원의 사용량을 최소화하는 것이며, 둘째, 동일한 에너지와 자원을 사용하되 이산화탄소 등 환경부하를 최소화하는 것이고, 마지막으로 녹색성장을 신성장 동력으로 개발하는 것이다. 특히 녹색성장을 위한 녹색기술을 강조하고 있는데, 녹색기술Green technology이란 제품 생산에서 소비까지 경제활동의 전 과정에 걸쳐 에너지 사용을 줄이고, 오염물질과 폐기물의 배출을 최소화하는 기술을 지칭한다.

녹색뉴딜Green New Deal은 '녹색'과 '뉴딜'의 합성어로 '녹색'은 저탄소, 친환경, 자원절약 등으로 대표되는 성장전략을 의미하며, '뉴딜'은 일자리 창출을 위한 대규모 공공투자사업을 의미한다(조용성, 2009: 275).

현재 미국의 경우 Obama의 뉴딜정책으로 불리는 녹색정책으로 친환경과 에너지 효율정책으로 경제를 부활시키고, 세계선두국가로 유지하게 하는 성장동력으로 평가하고 있다. 2011년까지 최소한 250만 개의 일자리 창출을 목표로 도로, 교통 등 사회기간시설 확충 등이 포함된 대규모 사업을 추진할 계획이다. 일본의 '그린 뉴딜' 정책은 에너지 효율제품사용증진, 친환경분야투자확대, 이산화탄소배출규제 등의 사업을 2015년까지 100조 엔 규모로 늘리고 220만 개의 일자리 창출을 목표로 두고 있다. 프랑스는 '환경뉴딜'Ecological New Deal을 추진할 계획으로 친환경상품에 대한 부가세를 낮추고, 에너지효율개선방안, 탄소저감기술개발, 폐기물감축방안, 농약사용량감축방안정책 등의 내용을 담고 있는 정책을 발표하였다. 이상에서 경제위기를 타개하기 위한 방안으로 녹색성장의 과제와 방향을 제시하고 있음을 살펴볼 수 있다.

4) 식량안보

세계인구는 2000년에 60억 명을 돌파하여 곡물에 대한 수요가 점증하는 반면, 곡물생산량은 이를 따르지 못하여 2010년이면 전 세계적으로 FAO는 1억 6,200만 톤, 세계은행은 2억 1,000만 톤이 부족할 것으로 예측하고 있다(성명환 외, 2001: 12-14). 최근 지구온난화 현상 등에 따른 기상이변으로 브라질, 인도네시아 등 많은 국가에서 식량위기상황을 맞은 사례가 있으며, 세계 각국은 국가안보차원에서 식량의 안정적인 공급을 중요한 국가정책으로 다루고 있다.

3. 우리나라 농촌의 현황과 문제

1) 농촌인구의 변화(인구감소, 고령화)

인구문제는 우리농촌이 당면한 여러 가지 문제 중에서도 가장 심각한 현안이다. 농촌거주 인구의 '지속적 감소'와 '빠른 고령화'[15] 현상으로 인

15. 2005년 기준으로 전국 1,208개 면 중 82%인 991개 면이, 209개 읍 중 25%인 52개 읍이 초

〈표 Ⅰ-5〉 연도별 농가 및 농가인구 (단위: 만 가구, 만 명, %)

		2006	2007	2008	2009
농 가 수		124.5	123.1	121.2	119.5
	총가구 대비(%)	7.7	7.5	7.3	7.1
농가 인구		330.4	327.4	318.7	311.7
	총인구 대비(%)	6.8	6.8	6.6	6.4
65세 이상 농가인구		101.8	105.2	106.0	106.7
	농가고령화율	30.8	32.1	33.3	34.2
	전체고령화율	9.5	9.9	10.3	10.7

주: 고령화율 : (65세 이상 인구 / 총인구) × 100.
자료: 통계청, 2010, 2009년 농업 및 어업조사결과.

하여 농촌지역사회가 유지되기 어려운 현실이다.

2009년 12월 1일 현재 농가수는 119만 5,000가구(총가구 대비 7.1%), 농가인구는 311만 7,000명(총인구 대비 6.4%)으로 고령화에 따른 농업 포기, 전업 등으로 농가수는 전년대비 1만 7,000가구가 농업인구는 6만 9,000명이 감소하였다. 또한 농가인구의 고령화율은 34.2%로 전체인구의 고령화율 10.7%에 비해 23.5%가 높고, 농가경영주의 32.6%(38만 9,000가구)는 70세 이상 고령자, 18.4%(21만 9,000가구)는 여성으로 심각한 수준이다.

그러나 농촌인구의 감소추세가 1990년부터 다소 완화되는 경향을 보이고 있고, 이러한 원인으로 두 가지를 생각해 볼 수 있다(송미령 · 김정섭, 2008: 337-339). 먼저 농촌인구 고령화와 더불어 농촌에 젊은 연령층의 인구가 그다지 남아 있지 않게 됨으로써 이촌향도형 인구유출[16]의 규

고령사회 단계에 진입했다.

16. Todaro는 농촌에서 도시로의 인구이동을 소득과의 함수관계로 보고, 특히 도시의 기대소득(expected income)이 농촌의 소득보다 높을 때 농촌에서 도시로 이동한다고 설명하고 있다. 또한 Todaro는 농촌에서 도시로의 이동으로 도시의 인구유입으로 주택, 교통, 환경

모가 줄었다. 다른 하나는 도시지역으로부터의 인구유입이 증가[17]하기 시작했다.

이러한 지속적인 인구감소와 노령화와 여성화로 농촌지역의 자생력이 상실되고 있고, 이러한 원인으로 인한 지역농업의 쇠퇴가 농촌인구 감소의 중요한 요인으로 악순환하고 있어 농촌지역 활력유지를 위하여 지역농업 발전과 산업구조 다양화가 필요하다.

2) 농가소득

(1) 농가소득 현황

국민총생산에서 농업생산이 차지하는 비중은 30년 만에 1/8 이하로 줄어들었다(1975년: 23.4%, 2005년: 2.8%). 2007년 평균농가소득은 3,196만 7,000원으로 1998년에 비해 56.0%(1,147만 3,000원) 증가하였

〈표 Ⅰ-7〉 농가소득현황 (단위: 1,000원, %)

	1998	2000	2002	2004	2005	2006	2007
농가소득	20,494	23,072	24,475	29,001	30,503	32,303	31,967
농업소득	8,955	10,897	11,274	12,050	11,815	12,092	10,406
-농업의존도(%)	43.7	47.2	46.1	41.6	38.7	37.4	32.6
농입이외소득	11,538	12,175	13,200	16,950	18,688	20,212	21,561

주: 1) 농업이외소득은 겸업소득, 사업회소득, 이전소득, 비경상소득의 합계를 의미한다.
2) 농업의존도는 농업소득(농업총수입-농업경영비)이 농가소득에서 차지하는 비중을 의미한다.
3) 농가소득 중 농업이외소득 비중은 미국 89.2%(2006), 일본 75.4%(2005), 타이완 78.5%(2006)이다.

자료: 통계청, 각 연도, 농가경제조사.

등의 도시문제가 발생하고, 도시정부가 이러한 도시문제해결을 위해 도시재정을 투입하여 도시문제를 해결할 경우 다시 농촌으로부터 인구유입을 위한 기대소득이 높아져 악순환이 일어난다고 주장하였으며 이를 토다로의 역설(Paradox of Todaro)이라고 한다.

17. 읍 · 면지역에 거주하는 인구들 중 5년 전에는 대도시에 살다가 이주해 온 사람들의 비율이 1995년에는 8.9%였던 것이 2005년에는 12.0%로 증가했다.

고, 농업의존도는 2002년까지 45% 내외였으나 2007년 32.6%로 낮아지는 추세를 보이고 있다. 2007년 농가당 평균소득은 2006년(3,230만 3,000원) 대비 1.0% 감소한바, 이는 농업소득 감소(13.9%)에 기인하고 가축 산지가격 하락과 사료값 상승 등 축산수입감소가 주요인이다.

2007년 농가소득 중 농업이외 소득 비중은 67.4%로 선진국에 비해 아직 낮은 수준으로 다양한 농외소득 확대정책이 필요하다.

우리나라 농업의 생산성은 증가하고 소득은 감소하는 '성장과 소득의 괴리'현상이 발생하였다. 1990년대 투 · 융자 확충에 힘입어 농업 고정자본은 연평균 9% 이상 증가, 농업생산은 연평균 2% 이상 증가하였으나 생산성향상과 수입증가로 농산물실질가격은 연평균 1% 하락하였다. 또한 환율상승은 농업용품 실질가격의 상승과 농산물가격의 하락으로 이어져 소비자의 이익은 증가하나 호당 실질농업소득은 감소하였다. 경쟁력 향상의 과정에서 농산물가격의 하락은 불가피한 현상이나 농산물 가격의 급격한 하락으로 파생되는 소득문제, 지역문제가 나타나고 있다.

(2) 소득격차

1990년 중반까지만 해도 농가소득은 도시근로자가구 소득수준의 95% 이상이었으나 1995년 이후 도 · 농 간 평균소득 격차는 계속 확대되어 2002년의 경우 도시근로자가구와 비교하여 농가소득은 약 73%이었으며, 2006년 도시근로자가구 소득대비 농가소득은 78%였다.

또한 영세농은 농업소득이 계속 감소하는 반면, 대농계층은 증가 추세로 가격하락과 구조조정 과정에서 계층 간 소득격차 확대는 불가피한 현상이 나타나고 있다.

(3) 농가부채

2006년 말 평균 농가부채는 2,816만 원으로 농업용 부채가 차지하는 비중은 2006년 57%로 2003년 66%에 비하여 감소하였으나 부채용도가 농업생산을 위한 투자보다는 가계용, 기타용 부채중심으로 변화하고 있는데 이는 최근 농업부문의 수익성이 저하되고 농업에 대한 신규투자가 줄어들고 있기 때문이다.

3) 농업경쟁력

UR 농산물협상 등 시장개방으로 인한 농업 붕괴 우려 등 불안감이 커지고 있다. 이러한 불안감을 해소하기 위해서는 생산성 향상으로 인한 농업경쟁력으로 시장개방의 부정적인 영향은 최소화하여야 한다. 국내 · 외 가격차는 크고(고관세 품목) 품질차가 적은 쌀, 고추, 마늘에서 소득 감소가 집중적으로 일어나고,[18] 관세가 낮고 품질별 가격차가 큰 농산물은 시장개방의 영향이 크게 나타나지 않을 것으로 전망된다. 따라서 소득 감소가 집중적으로 나타나는 품목에 대한 소득 대책이 필요하다.

농산물의 경쟁력은 규모의 확대와 함께 품질차별화와 마케팅에 따라 결정된다. 규모의 확대로 생산비의 축소와 소비자수요의 고급화로 친환경쌀, 기능성 쌀 등 가격차별화가 점점 확대되는 추세에 맞추어 품질의 차별화가 필요하다. 또한 소비지 유통이 대형유통업체 중심으로 개편됨에 따라 적품 · 적기 · 적소 · 적량공급 등 마케팅 능력이 요구되고 있다. 소비자와 소비지유통업체의 요구를 충족시킬 수 있는 가격과 품질차별화와 산지유통체계의 확립이 농산물경쟁력강화의 중요한 요소다.

---

18. 수입쌀(관세 5% 부과 후 3만 9,000원/80㎏)과 수입고추(수입관세 50% 부과 후 3,080원/㎏)는 국내쌀(15만 5,000원/80㎏)과 고추가격(5,138원/㎏)에 비해서 각각 4배와 67%가 높다.

4) 영세농

농업생산에 있어 일부 대농으로 농지와 가축 등 생산자원이 집중되는 구조조정이 빠르게 진행되고 있다. 그러나 대부분의 농가가 영세농으로 2007년 현재 0.5ha 이하의 농가가 총 농가의 42%를 차지하고 있다. 또한 영세농은 소득이 감소하고 있으나 경영주의 94%가 40세 이상으로 전직이 어려운 현실이다. 구조조정은 진행되고 있으나 영세농 층의 누적이 지속될 전망으로 다른 선택이 없는 영세농 층에 대한 대책이 중요하다.

0.5ha 이하의 영세농가가 총 농가의 42%이지만 경지면적의 비중이 13%에 불과하기 때문에 영세농의 존재가 농업생산의 효율화 또는 규모화에 결정적인 제약요인이 되지 않는다. 농지가 시장경쟁을 통하여 경쟁력 있는 농가에 집중되어야 한다.

5) 농촌지역의 환경문제

(1) 인간의 농업활동과 환경부하

농업활동은 여러 가지 공익적 기능을 가지고 있다. 논의 담수는 홍수를 조절하고, 재배된 농작물은 식량을 제공할 뿐 아니라 광합성작용으로 탄산가스를 흡수하고 산소를 방출하여 지구온난화를 줄이는 데 기여하며, 농작물의 뿌리는 토양에 수자원 확보뿐만 아니라 토양유실을 방지하여 토양환경을 보전한다.

그러나 산업화 이후 인구증가로 인해 식량수요가 증가되었고, 이러한 수요에 부응하여 1941년 멕시코에서 시작된 '녹색혁명'은 다수확종자의 개발로 식량증산을 할 수 있었다. 그러나 이러한 '다수확품종'의 개발로 인한 증산과 더불어 농약과 화학비료 사용량의 증가는 오늘날의 토양 및 수질환경오염을 초래하게 되었다. 농약은 염소화된 탄화수소계열의 유기독성물질(예, BTEX)을 사용해서 제조하기 때문에 대체로 지속성이 크고 흡착력이 크다. 농약은 제초제, 살균제, 살충제 등으로 다양하게 농경지나 골프장에 사용되고 있다.

또한 농업의 공업화는 영농의 기계화와 다수확품종 등의 종자개량으로 일시적으로 식량의 생산량을 증가시킬 수 있었으나, 기계사용을 위한 대규모의 에너지수요, 화학비료와 농약의 사용에 의해 점차로 토양이 산성화되고 물질순환이 잘 이루어지지 않아 지력이 쇠약해짐으로써 결국은 식량생산력을 감소시켰다. 이와 같이 인간의 농업활동은 다양한 공익기능을 가지고 있는 반면에, 축산분뇨,[19] 농업쓰레기, 화학비료[20]와 농약사용문제, 그리고 폐영농자재 등으로 인해 농업환경을 오염시키고 있다(박영숙 · 이수장, 2005: 211). 따라서 친환경농산물 생산을 위하여 지역별, 수계별로 다원적 기능 유지의 필수조건인 물질순환균형이 이루어지도록 농업생산규모와 농법을 조정하는 정책추진이 요구된다.

(2) 무질서한 토지이용으로 인한 농촌의 다원적 기능 훼손

도시확산 지역에서는 인구의 집적으로 교통, 주택 등의 도시문제가 발생하고 있는 반면 농촌지역에서는 농외소득증가를 위한 소규모 공장이나 건물의 무질서한 입지가 증가하고 있다. 이러한 무질서한 토지이용은 농촌지역의 다원적 기능에 대한 이해부족으로 농촌경관을 훼손하고 있다.

---

19. 가축분뇨 등을 통한 대규모 집약축산으로 총환경부하 중 축산부문의 수질오염 기여율(BOD 기준)은 한강 48%, 낙동강 43%, 금강 · 만경강 50%, 영산강 · 섬진강 57%를 차지한다.

20. 질소, 인, 칼륨의 비료성분 투입량은 연간 약 99만 톤으로, 질소 86.4%, 인 106%, 칼륨 64.4%가 초과공급되고 있으며, 연간 약 35만~45만 톤의 비료성분이 하천과 지하수의 오염원으로 작용하고 있다.

6) 농정추진의 한계

(1) 농정의 이념과 목표

그동안의 농정시책은, 시대 흐름과 변화에 민감하게 대처하지 못한 부분도 적지 않다. 농업정책은 농업인의 관점에서 소득 및 복지 수준의 향상, 국민의 관점에서 농업의 다원적 기능의 극대화 등을 기본 목표로 하여야 한다. 이러한 목표 실현을 위해 농업구조 정책과 가격 소득 정책, 생산 정책, 지역 정책 등 다양한 정책수단을 효율적으로 사용하여야 하는 것이다. 농업인들이 도시민 못지않은 소득 및 복지 혜택을 누리고 농업을 영위하며 농촌에 살아야 농업의 다원적 기능이 발휘될 수 있다. 이러한 측면에서 볼 때 농정은 농업 위주의 정책에서 농업 · 농촌 · 농업인을 함께 생각하는 정책으로 변화되어야 한다.

(2) 정부중심의 농정 추진

세계화에 따른 농업 · 농촌의 경쟁력강화를 위하여 시장메커니즘에 의하여 기본적으로 정부의 시장개입을 최소화하여야 한다. 그러나 그동안 경쟁력 향상, 수급균형, 농업구조 변화 등을 위하여 정부중심의 다양한 정책으로 시장개입하고 있다. 따라서 정부중심의 과도한 시장개입은 정부의 역할에 대한 과잉기대를 형성하여 실망과 불신을 초래하고 있어, 정부의 역할에 대한 방향을 제시하여야 한다. 정부의 농업시장 개입은 생산의 경제적 · 기술적 특수성으로 인한 경우에 한하여 농업부문보호를 위해, 또한 타 산업과의 관계에 있어 비교열위에 있는 보호산업으로서, 농업의 다원적 기능의 보호를 위해 농업시장메커니즘에 개입하여야 한다.

⑶ 농가소득증대 및 안정장치의 부족

경쟁력 제고에 정책의 중점을 두고 경쟁력 있는 농가를 선별하여 규모화 · 전문화를 지원하는 선진농가 육성정책에 중점을 두고 있다. 그러나 대다수 농가는 선진농가군에 진입할 수 없는 구조적인 현실에 있으며, 농업발전이라는 측면에서 소수선진농가뿐만이 아니라 다수농가의 농가소득증가에도 농정의 역점을 두어야 한다.

또한 시장개방과 공급증가의 피해는 농가에게, 이익은 소비자에게 귀속되어 농가의 격렬한 농산물시장개방반대운동이 발생하고 있고, 문제가 제기될 때마다 정책지원이 추가되어 농가의 도덕적 해이와 농업의 정치논리 지배구조를 형성하고 있다.

4. 한국 농업 · 농촌의 발전과정

1) 한국 농업 · 농촌의 위상

우리나라의 농업 · 농촌은 1960년 후반부터 시작된 경제개발을 위한 산업정책과 도시화 그리고 1970년대 이후 개방농정과 1990년대 초반 이후 진행되고 있는 세계화에 따른 개방화정책의 영향으로 빠르게 위축되었다.

1960년대부터 시작된 경제개발정책에 따라 공업화를 통한 경제성장을 촉진하기 위하여 제조업과 수출산업을 계획적으로 집중육성시킴으로써 농업 · 농촌의 급속한 위축을 초래하였다(성진근, 2008: 22-24). 1980년 초반까지 국민총생산에서 농림수산업이 차지하는 비중이 20%를 넘었으나, 총예산에서 농림수산예산이 차지하는 비중은 5~6%에 불과했으며, 공업화 위주의 경제성장정책은 농촌의 값싼 노동력을 비농업부문에 공급하는 역할을 하였다.

또한 1960년대 우리의 농업, 농촌은 미국의 잉여농산물수입과 1970년 후반 4차 5개년 계획기간 이후 '개방농정'으로 인하여 가격지지정책을 포기하였다. 이후 1983년 5차 5개년 계획에서 보듯이 물가안정을 위한 국내 농산물 가격지지의 재정부담을 덜고 농촌 공업화를 통한 농외소득을 증대하고, 도 · 농 간의 소득격차를 축소하기 위하여 국내외 시장에서 경쟁력 있는 비교 우위 품목만 생산하고 나머지는 수입에 의존한다는 비교우위농정을 펼쳤다. 이는 농축산물의 전반적인 가격불안으로 이어졌다.

WTO체제하의 자유무역화와 2000년대 이후의 동시 다발적인 자유무역협정FTA의 확대 등 시장개방정책에 영향을 받아서 농업 · 농촌의 위축은 더욱 가속화되고 있다. 산업정책의 성과로 이미 선진국수준의 기술력을 갖춘 반도체, 자동차 등 제조업 부문과 일부 서비스 산업 등 고부가가치 산업부문은 경쟁력을 갖춘 반면, 노동집약적인 저부가가치 산업인 농림어업 등의 분야는 개방이 진전됨에 따라 더욱 위축될 것 같다. 현재의 추세가 지속될 경우 앞으로 궁극적인 국제분업체제를 지향하는 자유무역체제하에서 산업으로서의 농업의 비중 감소는 불가피할 것으로 전망된다.

농산물 시장개방에 대하여 현재와 같이 사후적이고 임기응변적으로 접근하여서는, 신고전파의 시각에 기초한 비교우위, 전략적인 산업정책, 그리고 개방피해보상도 충분한 대응책이 되지 못한다.

그동안 경제성장과 함께 지역개발정책으로 성장거점개발정책이 시행되어 왔으나, 기대하였던 중심지도시개발과 파급효과 확산보다는 주변지농촌에서 중심지도시로의 흡수효과가 가속화되었다. 이로 인한 지역 간 개발격차가 더욱 심화되어 도시의 과밀화와 농촌의 과소화로 상징되는 국토의 불균형개발구조가 정착되었다. 경제성장위주의 산업정책과 도시화의 진전에 따라 농업은 위축되었고, 농촌공간에서는 극심한 난개발이 진행되기 시작하였다.

이러한 농촌개발의 정체성 위기는 상당부분 정부주도로 시행되었던 농촌개발정책이 다양한 농촌지역의 변화에 대한 역동적인 시각을 견지하지 못하고 정적static인 시각에서 입안되고 제도화되기 시작한 데 기인한다(임형백 · 이성우, 2004: 453). 1970년대와 1980년대에 집중적으로 시행되었던 농공단지 조성사업은 지역의 내생적 수요에 의한 것이라기보다는 중앙정부의 공간계획과 연계되면서 지역의 특성에 맞는 산업배치와 다르게 진행되었다. 이는 결국 자생력 있는 농촌개발이라는 당초 목적과는 다르게 공동화되는 결과를 가져왔다. 지역농업육성을 위한 관광농원사업[21]의 경우도 대부분 휴 · 폐업을 하였거나 도산위기에 처해 있다. 자생적 농촌정주공간의 확보를 위해 정부의 예산지원 하에 이루어지고 있는 문화마을 조성사업은 도시민들의 휴식공간으로 전락하고 있는 등, 당초 목표했던 농촌지역의 삶의 질 확보와 경제적 자생력 확보를 통한 농촌지역개발은 부응하는 목표에 미달하였다.

지난 40년간 한국의 농촌개발과정에 따른 문제점을 종합하면 첫째, 농촌개발계획에 있어서 역동적인 농촌지역의 변화를 계획의 입안단계 및 집행과정에 고려하지 못한 점, 둘째, 농촌지역의 다양성과 특성에 맞은 특성화 전략의 부재 및 획일적인 하향식 농촌개발전략, 셋째, 지방정부의 재원 및 인적 자원 부족으로 인한 내생적 개발이론 적용의 한계로 요약할 수 있다.

21. 1984년부터 1998년까지 491개소가 지정되었지만, 1998년 현재 운영 또는 조성 중인 곳은 약 81%인 397개소이며, 현재 운영되고 있는 관광농원의 절반 이상이 휴 · 폐업을 하였거나 도산위기에 처해 있다.

우리 농업 · 농촌의 실태를 살펴보면, 공업화를 통한 국가의 발전을 이룩했다고 하지만 농촌지역은 농촌주민의 소득수준이 아직도 낮고, 농촌주민 대부분이 영세한 경제생활을 유지하고 있다. 또한 국민의 기본수요인 식량생산은 세계화로 인한 낮은 가격경쟁력으로 위축되고 있다. 따라서 기본적으로 농민의 생활수준 향상을 위한 농가소득 증대와 국민의 기본수요인 식량을 안정적으로 공급하는 두 가지 중요한 농업정책의 목적을 달성하지 못하였다. 한국 농업 · 농촌의 현실은 산업화, 도시화와 수입농산물의 여파로 농민들이 농촌을 버리고 이농을 해야 하는 형편에 처한 상황이다. 어려운 농업 · 농촌의 문제를 해결하려는 노력이 전체국민 계층 간 · 지역 간의 화합과 발전에 매우 중요하다는 점에서 오늘의 농업 · 농촌현실을 바라보아야 할 것이다.

2) 한국 농업 · 농촌의 발전과정

(1) 1960년대

1960년대 농업 및 농촌의 현실과 문제는 생활필수품인 농산물가격의 안정을 위해 낮은 농산물가격 정책을 유지함으로써 파생되었다. 더불어, 수출지향적 공업화전략에 따른 공업화와 도시화는 농촌에서 도시로의 이농으로 이어졌고, 값싼 노동력을 확보한 도시지역과는 반대로 농촌은 낮고 불안정한 농업생산력 등으로 인한 농민층 분해가 시작되었다.

1960년대 전반에 정부는 식량자급과 농업발전을 내세우는 중농주의를 표방하였다. 이 시기는 1962년 건설부가 신설된 이후 지역개발 및 계획이 도입되고 제도화되었으며(임형백 · 이성우, 2004: 395), 지역사회개발사업이 시작되면서 1958년 시범마을을 대상으로 한 농촌개발이 시작되었다. 식량증산을 위하여 농지개혁을 단행하였고, 제2차 농업증산

5개년 계획(1958~62)과 농어촌 고리채 정리사업(1961.5.)과 농업은행과 농협을 통합한 새로운 농업협동조합의 건설이 추진되었고, 또한 전체 농지의 6%에 달한 개간사업과 협업농을 육성하는 농업구조개선정책이 실시되었다. 산업화 초기단계라고 할 수 있는 1960년대의 한국의 농촌지역개발은 식량증산과 저곡가 유지를 위한 농촌개발 방식이었으며, 이를 위해 경지정리, 개간, 간척 등의 물리적 개발이 정부 농업정책의 주요한 사업으로 시행되었다.

그러나 정부는 급속한 경제성장을 위해 자본과 기술, 그리고 시장까지 해외에 의존하는 급속한 공업화를 서두르게 되었다. 자본과 기술이 부족한 우리나라로서 수출드라이브정책을 수행하기 위해서 중공업과 더불어 노동집약적 산업시설을 들여와 수출지향적 공업화 전략을 수립하게 되었다. 이러한 수출지향적인 공업화전략은 '제1, 2차 경제개발5개년계획(1962~71)'을 통하여 한국사회를 농업중심의 사회에서 공업중심의 사회로 이행시켰다. 이러한 정책으로 농업부문은 값싼 농촌 노동력의 공급과 물가안정을 이유로 낮은 가격의 농산물공급[22](수요의 가격탄력성이 낮은 농산물)의 역할을 하였다. 또한 이 시대에는 농업생산력조차도 전반적으로 낮고 매우 불안정하여 식량자급이란 농정목표와는 달리 값싼 잉여농산물 도입에 의존하게 되었다.

1960년대 후반 본격적인 공업화 정책 속에 중농정책은 우선순위에서 배제되었다. 이 과정에서 도 · 농 간의 격차는 계속 확대되었고 급속한 이농을 초래했다. 농촌을 떠난 농민 중 상당수가 도시빈민촌을 형성하였다. 즉, 한국전쟁의 여파가 채 가시지 않은 상황에서 1960년대의 농업

22. 수요의 가격탄력성이 낮은 농산물이란 수요의 가격탄력성 = 수요량의 변화율(%)/가격의 변화율(%)로 나타내며 생활필수품인 쌀, 고춧가루 등 농산물의 경우 가격이 오르거나 내리거나에 상관없이 수요량의 변화율이 낮다.

및 농촌은 발전을 제대로 이루지 못한 채 농민층 분해현상이 시작된 것이다.

(2) 1970년대

1970년대의 한국의 농촌지역개발은 1960년대와 마찬가지로 식량증산과 저곡가 유지를 위한 농촌개발 방식이었으며, 이를 위해 경지정리, 개간, 간척 등의 물리적 개발이 정부 농업정책의 주요한 사업으로 시행되었다. 1972년에 '제1차 국토종합개발계획(1972~81)'으로 농촌지역을 포함하고 있는 도 및 군 단위를 대상으로 종합개발계획을 수립할 수 있는 근거를 마련하였다(임형백 · 이성우, 2004: 395). 1960년대 말부터 시작된 불황에 직면한 우리나라는 기존 외자도입 방식에 직접투자를 유도하여 외채위기를 완화시키면서 중화학공업화를 강력히 추진하였다. 이러한 중화학 공업화와 함께 정부는 피폐해진 농업과 농촌문제를 해결하기 위한 정책으로 새마을운동을 시작하였다. 새마을운동은 마을의 기초환경 개선에 중점을 두는 사업에서부터 시작하여 정신개발사업, 생산소득사업 등을 포괄하는 종합적 개발사업으로 확대되었다. 환경개선사업으로 시작한 새마을운동은 초기에 농민의 자주적 운동이 아니라 관주도적 성격을 띠고 있었다. 중앙정부에 의한 이러한 획일적인 하향식 개발계획의 집행으로 다양한 농촌지역의 특수성이 무시되고, 농촌지역의 경관이 획일화되어, 농촌문화의 고유성과 연속성이 단절되는 등의 단점이 부각되었다.

경제개발 초기에 이미 식량의 자급이란 처음의 목표를 주곡의 자급이란 목표로 바꾼 정부는 신품종 도입을 통한 식량증산정책을 실시하였다. 이에 따라 1970년대 벼농사의 생산력은 통일계품종의 보급,[23] 농업기술

---

23. '보릿고개'란 5~6월쯤이면 식량은 바닥이 나고 여름 곡식인 보리는 미처 여물지 않아 굶

및 기계화의 발전 및 다비(수확량을 늘리기 위해 거름을 많이 줌), 조기재배, 보온못자리, 예방방제 등의 신기술도입으로 논의 평균수확량이 크게 증가하여 1975년 쌀의 자급을 실현하였다. 식량자급의 녹색혁명에는 새마을운동과 4대강 유역 종합개발을 통한 농업생산 기반 구축이 큰 역할을 했다. 1972년 수립된 '제1차 국토종합개발계획'의 일환이었던 4대강 유역 종합개발은 소양강댐(1967~73), 안동댐(1971~76), 대청댐(1975~80) 등을 건설해 홍수의 피해를 줄였고, 논의 대부분을 가뭄 피해가 없는 수리안전답으로 바꿨다.

그러나 이는 다수확 품종을 중심으로 하는 소농적 재배기술에만 지나치게 의존하여 노동력 절감이 오히려 불가능했기 때문에 필연적으로 요청되는 규모확대에 의한 농업구조 조정기능은 실현될 수 없었다는 점을 반증한다. 그나마 이루었던 농업생산력발전은 1978년 도열병 피해, 1979년 기후악화와 1970년대 말부터 시작된 개방농정의 파고로 인하여 만성적인 정체에 빠지고 말았다.

(3) 1980년대

1970년대 말의 임금상승에 따른 국제경쟁력 약화와 제2차 석유파동으로 인하여 중화학공업 육성에 중점을 두어 온 우리나라는 심각한 위기에 직면하였다. 1979년부터 수출이 감소되고 처음으로 마이너스 성장률을 기록한 가운데 농산물 가격상승과 통화량 팽창 등에 의해 물가만 상

주릴 수밖에 없었던 농촌의 어려운 사정을 표현하는 말이다. 식량자급을 가난 추방과 국가안보의 기본이라고 여겼던 대통령 박정희는 1960년대 중반 신품종 개발에 관심을 가졌다. 1971년에 농촌진흥청이 동남아 신품종을 개량해 내놓은 '통일벼'는 정식 명칭 IR667-98-1-2로 이삭 하나에 낟알이 80~90개인 보통벼와 비교하여 120~130개가 보통이었고 200~300개가 되기도 했다. 통일벼는 '우리나라 토양에 적합한 다수확 품종'으로, 1975년에 쌀 자급(自給)이 달성됐다. 신품종을 개발해 식량을 증산한 녹색혁명(Green Revolution)을 이루었으나, 그 후 밥맛이 떨어진다는 이유로 통일벼품종의 생산이 중단되었고 후속 품종들이 보급되었다.

승하는 스태그플레이션 현상이 일어났다. 이에 대해 정부는 중화학공업 부문의 투자조정과 강력한 임금과 농산물가격의 통제에 기초한 경제안정에 주력하였다. 1979년 4월의 경제안정화 종합시책으로 18개 농산품에 대하여 가격안정대를 운용하고, 8개 농산물에 대해서는 최소비축제를 실시하였다.

농산물의 특성상 수요의 가격탄력성이 낮아 농산물 가격의 상승이 저소득층의 일상생활과 국가경제에 부정적인 영향을 미치고, 또한 물가상승을 주도하고 임금상승에 대한 압박으로 작용하고 있어, 이를 억제하기 위해 수입개방을 하게 되었다. 물가안정이 최우선 과제로 이중곡가제가 포기되고 추곡수매가 인상이 동결되었으며, 부족기미를 보이는 농산물은 해외에서 수입하는 정책이 실시되었다(황수철, 1988: 347-348). 이 기간에 수입된 농산물들은 그 대부분이 콩, 밀, 옥수수 등의 사료용 곡물이었으며, 1980년에는 냉해에 의한 흉작으로 많은 양의 쌀이 도입되었다. 또 물가안정을 이유로 8개 주요 비축품목의 수입도 크게 증가시켜 1979년의 농산물수입액은 전 연도에 비해 52.3%나 증가하였다. 특히 쇠고기의 지나친 수입은 1985년의 소값 파동과 소몰이 시위를 초래하였다. 1986년부터는 유래 없는 성장을 이룩하였으나 선진국의 보호무역주의 강화와 전통적인 중화학 및 경공업부문에까지 저임금의 후진국들의 추격으로 그동안의 수출주도, 단순가공형의 축적 메커니즘을 새로운 형태로 개편해야 할 필요성이 대두되었다(김재훈, 1991: 129-135).

1980년대 중반을 넘어서면서 우리 농업은 세계 시장에 있어서 중대한 전환점을 맞이하게 되었다. 당시 우리나라는 세계 경제 여건의 호전과 이른바 3저 현상에 힘입어 무역 흑자가 누적적으로 증가하는 한편 세계 무역에서 차지하는 비중이 커지면서 무역 상대국과의 통상 마찰 문제가 대두되었다. 이 시기의 세계 농산물 시장은 1970년대 식량위기Food Crisis의 시대, 즉 식량이 부족하고 가격 파동이 빈번하게 발생하던 시대에서,

과잉 생산, 재고 누증, 경쟁적인 덤핑 수출 등이 나타나는 교역 위기Trade Crisis의 시대로 반전된 상황이었기 때문에, 농산물 분야에서도 수출국과 수입국 간에 마찰이 일어났다.

종전 후 이때까지 세계무역질서의 기본틀이었던 GATTGeneral Agreement on Tariffs and Trade[24]보다 더 강력하고 효율적인 국제 규범의 제정이 필요하다는 공감대가 형성되었고, 이에 더하여 지적 재산권, 신종 서비스 등과 같은 새로운 분야에 관한 규범도 필요하다는 요구가 확산되었다. 이러한 요구에 의해 1986년 9월 남미 우루과이에서 GATT의 여덟 번째 다자간 협상 'UR' 즉 '우루과이라운드'가 개최되었다.

우리나라의 개방농정이 전면적으로 본격화된 가장 직접적인 원인은 미국의 농산물 개방압력이었다. 이른바 미국은 통상법 301조의 무역보복조치를 앞세워 대미 무역수지 흑자국에 대해 쌍무 협상을 통한 농산물 시장 개방압력을, 그리고 세계적으로는 우루과이라운드라는 다자간 무역협상을 강요하였다(이호철, 1991: 56). 1986년 출범한 UR협상에서는 농업이 처음으로 의제에 포함되었으며 농산물 시장확대를 위한 관세를 감축하고, 무역을 왜곡하는 국내보조금과 수출보조금을 감축해야 하는 의무가 모든 GATT 회원국에게 부과되었다(송주호 · 최세균, 2009: 38).

급격히 거세진 세계화의 바람과 미국을 비롯한 농산물 수출국들의 과잉 생산이 맞물리면서 농산물 시장개방이 세계 시장에서 확산되고 있었다. 또한 UR[25]은 개방 품목에 '쌀'을 포함한 농수산물에 대한 시장개방을

24. GATT는 WTO체제 이전의 체제로, 제2차 세계 대전 후반인 1944년 뉴햄프셔 주의 브레튼우즈에서 있었던, 브레튼우즈 회의의 결과 창설되었다. GATT는 국제 협정으로, 조약과 매우 유사하다. 미국법하에서는 집행력이 있는 협정으로 분류된다. GATT는 '무조건 최혜국대우 공여원칙'에 의거하고 있다. 이는 다자간 교역규범의 가장 중요한 원칙인 비차별성을 강조한 것으로, 가장 혜택을 입는 국가에 적용되는 조건이(즉 가장 낮은 수준의 제한) 모든 다른 국가에도 적용되어야 한다는 것을 의미한다.

25. 이 회의가 있기 전까지의 일곱 차례 협상에서는 농수산물 시장개방은 논외의 문제였다. 식

요구하였다. 우리 농촌의 농가 소득에서 절대적인 비중을 차지할 뿐만 아니라 대체재를 갖지 못한 쌀의 경우에는, 농촌 경제에 있어 위기의식을 갖지 않을 수 없게 되었고, 이런 시각으로 UR을 바라보는 농업인들이 정부의 대응책에 관심을 기울이게 되었다. 따라서 개방에 따른 농촌과 도시 간, 농수산업과 제조업 간의 격차가 심화될 것에 대한 불안감이 증가하였다.

그 결과 1986년에는 18억 달러에 불과하던 농산물수입액이 1990년에는 37억 달러로 급증하였을 뿐 아니라, 1985년에 69.2%였던 수입자유화율이 1991년에는 84.7%로 상승하였다. 그리하여 1985년에는 6번째로 미국농산물을 많이 수입하던 한국이 1988년 이후부터는 2위의 지위로 부상하였다(권영근, 1990: 64).

이 시기에 들어와 지역계획적 농촌계획이 태동하여 성장거점전략에 근거한 단핵구조의 국토공간형성에서 탈피하여 지역성을 강조하고 지방의 정주성을 제고시키기 위하여 다핵성 정주생활권 개념이 도입되었다(윤원근, 1999: 15). 제2차 국토종합개발계획(1982~91)에서는 지역생활권의 개념이 도입되었고, 지금까지의 마을중심의 개발론에 대한 비판과 함께 새로운 대안적 개발방식으로서 지방정주생활권개발론, 종합적 농촌개발론, 농촌중심권 개발론이 제시되었다. 이는 농촌과 도시의 격차가 심화되면서 소득격차를 넘어 국토의 불균형개발의 단계에 이르렀고, 과잉도시화 등 사회적 추가비용이 요구되기 시작하였기 때문이다. 이러한 이유로 1980년대 들어서면서 한국의 농촌개발은 농업소득보전을 목표로 하는 농촌개발방식으로 바뀌었다. 농가소득의 증대를 위해 복합영농이 권장되고 농촌공업화를 통한 농외소득증대사업이 서둘러 실시되었다.

량 안보, 특수한 생산 여건 등 각국의 특성이 서로 양해되기도 하였고, 또 낙후된 1차 산업 개발과 농업인들의 반발이 예상되었기 때문이었다.

그러나 농촌개발방식의 기본적인 접근은 농공단지의 개발이나 농어촌정주권개발과 같이 자치단체 및 주민참여가 배제된 채 중앙정부에 의한 하향적 개발방식이었다(이성우 외, 2003: 11).

(4) 1990년대

① 농어촌구조개선사업의 시행

1990년대 우리나라의 농업 및 농촌의 현실문제는 UR 농업협정, OECD의 가입, UN 안보리 비상임 이사국 진출, APEC 추진 진전, 지방자치제도의 정착화, 세계화와 국제화에 의한 농업구조변화가 요구되었다.

UR협정으로 세계 시장에서 경쟁여건은 정부의 정책적 보호에 의한 농업구조에서 농업인 경쟁력에 의한 농업구조로의 전환이 요구되었다. 그동안 우리 농업이 수입 제한이라는 안전장치와 농업 자재 등에 대한 보조, 생산물 가격지지 등 국가의 정책과 사회적 명분이 더 이상 우리 농업을 보호해 주지 못하게 되었다. 이러한 국제적 변화에 따라 1990년대 한국농업은 생산비에도 미치지 못하는 낮은 농산물 가격과 노령화와 여성화 추세 때문에 농촌과 농업이 갖는 비중은 크게 낮을 수밖에 없었고, 농업을 보다 근본적으로 재편할 필요성을 강하게 느끼게 되었다.

농어촌 구조 개선대책은 바로 이러한 상황에 대처하기 위한 계획으로 1991년 7월 발표하였는데 그 기본논리는 다음과 같다(이일영, 1990: 67).

첫째, 농업부문에도 시장의 경쟁원리를 도입하고, 둘째, 농업을 경쟁력 있는 농업, 효율성 있는 농업, 경제성 있고 합리적인 농업을 만들기 위해 농업의 구조를 재편성하는 것이고, 셋째, 이를 위해 고도의 기술을 개발하여 생산력을 높여 수출농업을 추구하고, 넷째, 이렇게 하여 식량공급의 공장화와 나아가 농업의 공업화를 달성하는 것이 효과적이고 경쟁력 있는 것이며, 이를 위해 선발된 소수의 전업농을 집중 지원하여 그들 중심으로 농업의 구조를 재편성하겠다는 것이다.

계획 기간을 1992~2001년까지 10년으로 하고, 총 투자 규모는 41조 7,021억 원으로 한 이 사업은 이때부터 '42조 농어촌 구조 개선사업'[26]으로 불리게 된다. 1993년 12월 15일 UR협상이 타결에서 비록 관세화는 유예되었지만, 최소 시장 접근 물량을 허용하는 방식으로 쌀 시장을 개방하게 되자, '절대로 쌀 시장개방은 없을 것'이라고 공약했던 김영삼 정부는 1994년에 '농어촌발전위원회'와 「농어촌특별세법」을 만들었다.

농어촌특별세는 1994년 7월 1일부터 2004년 6월 말까지 10년간, 매년 1조 5,000억 원씩 15조 원을 조성하는 것으로 확정되었고, 농어촌발전위원회에서는 '농어촌 발전대책 및 농정 개혁 추진방안'을 발표하였다. 이때 '42조 농어촌구조개선사업'의 투자 기간을 당초 2001년까지 10개년 계획이었던 것을 1998년까지 8개년 계획으로 3년을 앞당기는 것으로 변경하였다. 아울러 국민 성금 성격의 농어촌특별세 재원 15조 원은 2004년까지 경쟁력 제고와 농어민의 삶의 질 향상을 위한 사업에 중점 투자하기로 하였다. 결국 모두 57조 원이라는 막대한 재원이 UR을 계기로 농어촌 대책 사업에 투입된 것이다.

UR농업협정이란 시장 지향적인 세계무역체제의 수립을 위하여 관세 및 비관세 무역장벽들을 완화하거나 철폐하고, 농업생산촉진을 목적으로 하는 일체의 농산물 가격지지나 소득지지를 위해 지불하는 직접 보조금 또는 농산물 수출 촉진을 위한 수출보조금을 현 수준에서 동결하거나 단계적으로 감축할 것을 요구하는 것이다. 즉 1986~88년의 3개년을 기준 연도로 설정하고 협정이 발효하는 1995년부터 약속이행기간 동안(선

26. 1993년 2월 김영삼 대통령의 '문민정부'가 출범하게 되고, 그해 7월 '신경제5개년계획'이 확정 발표되는데, 그 농업 분야 실천 계획인 '신농정5개년계획'의 기본 방향은 '42조 농어촌구조개선사업'이다.

진국은 2000년까지 6년간, 개도국은 2004년까지 10년간) 각국이 구체적으로 관세 철폐 및 인하, 보조금 감축 등 UR협정 이행계획을 수립, 추진할 것을 요구하였다.

농업구조개선정책은 농산물시장개방을 전제로 하여 경쟁력 있는 농업의 육성을 목표로 하고, 그 방법은 농지 유동화를 통한 개별 경영의 규모확대에 두었다. 즉 농가유형별로 선별적인 정책(영세농의 탈농 유도와 전업적 상층농의 규모확대)을 실시하여 농지제도의 개선에 의하여 농지의 유동화를 촉진하고, 농지소유의 상한선을 확대하며, 농업진흥지역을 지정하여 농업생산기반투자를 집중한다는 것이다. 핵심과제는 농산물 수입개방에 대응한 농업구조조정으로, 상품생산을 지향하는 전업농을 육성하기 위해 영농규모를 확대시키고 기술혁신으로 생산력을 높여 국제경쟁력을 강화시키는 것이었다. 이후 10년 동안 82조 원의 막대한 예산이 농촌에 투자되었다.

그러나 UR협상으로 쌀시장이 개방되면서 1993년 '신농정5개년 계획'을 발표하면서 시행한 '농어촌구조개선사업'은 오히려 농촌의 상황을 더 악화시켰다. 농촌 내에서의 빈익빈 부익부 현상이 심화되어, 농업 소득이 연평균 5% 이상 감소하는 농가 33%와 연평균 10% 이상 증가하는 농가 26%가 공존하는 상황이 되었고, 소득 최상위 · 최하위 20% 계층의 1인당 소득격차가 1994~2002년 사이에 5.5배에서 7.1배로 확대되었다. 이 기간 중 도시근로자 가구 대비 농가소득비중은 89.1%에서 73.0%로 줄었고, 농가부채는 같은 기간 중 가구당 568만 원에서 1,990만 원으로 늘었다. 이러한 원인은 농어촌구조개선사업이 처음부터 충분한 사전 고려가 없이 소득보전과 물리적 계획physical planning에 집중한 반면, 사회적 계획social planning은 충분히 고려되지 않았기 때문이다(임형백 · 이성우, 2004: 405).

뿐만 아니라 소위 '상향식 농정'이라는 명분으로 당시 전국의 206개 시군으로부터 일괄적으로 계획을 받아 정밀한 비교 분석이나 기획 조정이 없이 실행한 결과, 이 같은 문제점이 보편화되었다는 사실이다. 이처럼 지난 UR협상 이후 10년간의 농정에 대한 비판은 농촌 문제의 해결을 위한 방안을 모색하는 데 시사하는 바가 크다.

이 시기는 농촌계획이 제도화됨과 동시에 새로운 전환기를 맞이한 시기다. 국토이용관리법상 '준농림지역' 설정으로 농지의 무분별한 전용을 허용하여 농지의 잠식이 이루어졌다. 더욱이 IMF[27]의 한파는 농산물 소비위축 및 비료, 농약, 농자재, 사료, 에너지가 상승을 불러일으켜 농가경제를 어렵게 하였다. 1990년에 발표된 농어촌발전특별조치법에 의하여 시 · 군 농어촌발전계획을 수립하게 되었다. 1990년대에 들어서면서 1960년대부터 이어온 각종 농촌개발과 관련된 많은 사업들이 「농어촌발전특별조치법(1990)」의 시행 등과 같이 일부 제도화되는 성과를 거두기도 하였다. 그리고 「농어촌발전특별조치법」과 「오지개발촉진법」에 따르면 면 단위를 대상으로 하여 정주권개발과 오지개발이 제도화되었다(윤원근, 1999: 16-17).

특히 지방의 다양한 욕구를 충족시키기 위한 제도적 장치로서 1991년 실시된 지방자치제도는 실질적인 지역특성을 반영할 수 있는 개발계획을 수립할 수 있는 기회를 가지기도 하였으나, 역량 있는 인적 자원의 미비와 세수의 중앙정부 편중에 따른 자본의 부족으로 지역의 특수성과 자원을 활용한 진정한 의미의 내생적 농촌개발계획은 어려운 상태였다.

---

27. 1944년 체결된 브레튼우즈협정에 따라 1945년에 설립되어, 1947년 3월부터 IBRD(International Bank for Reconstruction and Development와 함께 업무를 개시한 국제금융기구다. 이 두 기구를 총칭하여 브레튼우즈기구라고도 하며, 약칭은 IMF(International Monetary Fund)이다. 2007년 현재 가맹국은 185개 국이며, 본부는 미국 워싱턴에 있다.

② 시장개방

장기간에 걸쳐 산업별 균형 개발을 추진해 왔던 선진국의 경우와는 달리, 우리나라는 2차 산업 분야에 치중하여 단기간 내에 고속 성장을 이루어온 데 따른 '쌀만은 절대 불가'라는 것이 범국민적 공감대였지만 1993년 12월 12일 '10년간 관세화 유예'라는 조건으로 UR이 타결되고, 세계 무역질서는 1995년 1월 WTO세계무역기구 체제로 넘어가게 되었다.

농산물 수출국 입장에서는 UR농업협상의 결과에 대해 만족하지 않을 수 없었고, 이것이 WTO체제하에서 소위 '도하개발의제'DDA: Doha Development Agenda를 탄생시킨 직접적인 배경이었다. DDA는 농업분야의 협상 목표를 '시장 접근을 실질적으로 개선하고, 모든 형태의 수출 보조금을 단계적으로 감축 내지 폐지하며, 무역 왜곡적 국내 보조를 실질적으로 감축한다'로 설정하고 있어 우루과이라운드보다 우리 농업에 훨씬 심각한 영향을 줄 것으로 예상된다.

③ 농업의 다원적 기능의 강조

한국은 1990년대 중반 이후에 농업 · 농촌의 다원적 기능에 주목하여 생산주의적 농업정책에서 지속가능한 농촌발전정책으로 농정의 방향전환을 도모했다. 박경(2003)은 한국 내의 WTO협상 이후 농산물개방에 대한 입장을 첫째, 자유화론자market liberaliser, 둘째, 보호주의자protectionist, 셋째, 농업 · 농촌의 다원적 기능에 주목하는 입장으로 구분하였다. 그리고 세 번째 입장은 농촌을 생산의 장이 아니라 사회문화적 가치를 창출하는 공간으로 새롭게 보는 것으로, 이것은 농정의 이념과 방향이 생산주의적 농업정책에서 지속 가능한 농촌발전정책으로 전환됨을 의미한다고 보았다.

사회적으로도 주5일제 근무제의 도입, 도시퇴직자의 증가, 농외소득 개발의 필요성 증가로 농업의 다원적 기능이 주목받게 되었고, 농촌의 내생적[28]endogenous 발전이 강조되었다. 그러나 실제로는 이러한 것들이 정책에 심도 있게 반영되지 못하였다. 대부분의 경우 녹색관광 혹은 농촌관광이라는 이름 아래 외부의 자금을 투입한 이벤트적 성격을 띠게 되었다. 농협중앙회의 팜스테이마을과 주말농장, 강원도의 새농어촌건설운동, 행정자치부의 아름마을 가꾸기사업, 환경부의 자연생태우수마을, 농림부의 녹색농촌체험시범마을사업, 농촌진흥청의 농촌전통테마마을 육성사업 등이 차별성을 갖기보다는 비슷한 사업을 중복시행하고 있다(임형백 · 이성우, 2004: 405-408).

5. 농촌의 발전방향과 농정의 패러다임

1) 농촌의 발전방향

글로벌 경쟁시대에 국내외여건 변화에 대응하기 위한 미래지향적이

28. 최근 농촌활성화와 관련하여 사용되는 내생적 발전은 경제학에서의 내생적 성장론과는 구별된다. 경제학에서는 1980년대와 1990년대 초의 제3세계의 부채위기, 한 국가 내에서 일어나는 경제성장 불균형, 해외자본유입의 저조, 선진국으로의 자본유출이 신고전학파 성장이론에 대한 비판과 새로운 이론의 필요성을 제기하였다. 이후 1980년대 중반 이후 Romer(1986), Lukas(1988) 등을 중심으로 하여 경제의 내적 요인에 의하여 지속적 성장이 가능하다는 이론들이 발표되었다. 이들의 성장모형은 Arrow(1962), Uzawa(1965)의 모형을 발전시킨 것으로, 새로운 기술진보이론을 도입한 것으로는 볼 수 없으나, 인적 자본을 포함한 광의의 자본에 대하여는 지식의 파급효과와 외부효과로 인하여 반드시 한계생산체감법칙이 작용하지 않아 지속적 성장이 이루어질 수 있다는 내생적 성장론의 기초를 이루었다. 이러한 이론은 외생적으로 주어진 기술진보에 의해 결정된다는 이론과 구별하여 내생적 성장론이라고 부른다. 내생적 성장론은 경제성장론의 경제성장이론에 속하며, 1980년대 후반 이후 소수의 신고전파경제학자와 제도학파(Institution School)경제학자에 의하여 주도되었다(임형백 · 이성우, 2004: 408).

고 효과적인 농촌 · 농업구조조정정책, 즉 국내외의 시장여건변화에 일치하면서 한국 농촌 · 농업의 지속적 발전을 선도할 수 있는 비전 제시[29]와 함께 전략적인 농촌 · 농업정책이 요구되고 있다. 세계화에 따른 시장개방으로 인한 경쟁력 약화, 도시화에 따른 이농향도로 인한 농업인구 노령화와 농업인구의 감소, 산업화에 따른 국민경제에서 농업생산의 상대적 비중 감소와 지방화 지속과 농촌정주수요의 증가 등 농촌의 여건이 변하고 있는 현실에서 이를 해결하기 위해서는 먼저 합리적인 발전방향을 제시하여야 한다.

(1) 도 · 농 간 이익추구

산업혁명 이후 2차산업 중심의 경제발전은 도시로의 급격한 인구이동 현상을 불러왔으며, 이로 인해 여러 가지 심각한 문제가 발생되고 있다. 농촌에서는 도시로의 인구이동으로 인한 농업인구의 감소로 주민들의 고령화와 함께 경쟁력저하로 소득이 감소하였으며, 지역 간 소득격차로 위화감마저 조성되었다. 또한 도시영향권지역의 농촌은 난개발로 도시화가 진행되어 주민생활환경은 더 악화되고 있다. 더욱이 도시는 인구과밀로 인한 주택부족, 교통문제, 환경오염의 문제가 발생하고 있다. 따라서 농촌문제의 해결은 도시와 농촌의 문제를 종합적으로 분석하고 문제를 도출하고 이를 토대로 도 · 농 간의 이익추구를 위한 정책이 제시되어야 한다.

농업생산품의 고급화 · 다양화 · 안전성에 따른 가격차별의 시도는 도시민의 수요도 충족시킬 뿐만 아니라 생산자농민의 소득향상에도 도움이

29. 비전이란 국가가 가야 할 방향, 국내외 여건상 갈 수밖에 없는 방향, 노력하면 갈 수 있는 방향을 제시한 것으로서, 정책의 목표가 아니라 관련된 경제주체들이 지향해야 할 목표와 행동지침을 제공하는 것이다.

되기 때문에 주목받고 있다. 또한 경제가 발전함에 따라 여가와 문화에 대한 수요 증대는 농촌지역의 경관 · 환경 · 자연에 대한 수요 충족(농촌지역과 농산물의 문화상품화)으로 이어지고, 이는 농가와 농촌주민의 소득 증대 기회가 되고 있다.

이러한 농업 · 농촌에 대한 국민적 이해와 지지 획득은 생산자와 소비자이익 즉, 사회적 이익을 발생하게 된다. 또한 농업 · 농촌의 다원적 기능에 대한 도시민의 이해는 농가소득과 농촌지역개발지원을 가능케 하고, 더 나아가 상호보완적인 관계가 형성된다.

(2) 시장경쟁을 위한 다양한 경영체의 공존

해외 시장개방으로 농촌 · 농업의 여건변화가 발생하였고, 이러한 시장경쟁에 대한 농가경영체에 대한 장 · 단기적인 대응책이 요구된다. 단기적으로는 시장개방충격의 일정부분은 정부지원으로 흡수하고, 나머지 부분은 농업생산자의 자구적 노력으로 극복하는 역할분담 체계가 확립되어야 한다. 그러나 장기적으로 시장경쟁에 대응하기 위해서는 기술진보와 경영혁신으로 농가 생산성이 우수한 선진농가 중심의 농업구조를 형성하여야 한다. 이를 위해서 부실 경영체의 퇴출, 고령농가의 은퇴와 함께 경쟁력 있는 주체에게 생산자원이 집중되고규모화, 경쟁력 있는 지역에 생산이 집중되어 전문화와 특화가 이루어져야 한다. 그러나 현재 영세농 · 겸업농이 수적으로 다수를 차지하여 전업농과 공존하면서 농촌경제사회를 구성하고 있다. 따라서 수적으로 다수를 차지하는 영세농 · 겸업농을 위해서 소량다품목의 다양한 농산물을 생산하여 도 · 농교류 기능을 담당하여야 한다.

(3) 환경친화적인 농촌개발(생태계보전)

환경친화적인 농촌개발을 위하여 농촌어메니티 자원을 활용한 고부가가치의 지식산업으로서 농촌자원을 발굴하고 유지, 개선, 보전하는 것은 21세기 새로운 농촌마을을 위해 필수적이다(조순재, 2003: 163). 농촌어메니티[30]는 농촌다움(농업, 전통성, 공동체문화), 경관미(취락형태, 자연친화성, 시지각현상), 정주편리성(접근성, 편익성, 여가활동) 등 다차원적 가치를 지닌다. 농촌어메니티자원이란 농촌고유의 휴양적 · 심미적 · 생태적 · 경제적 가치를 지닌 자연환경, 전원경관, 생산품, 역사문화, 공동체 등의 유무형적 자원을 말한다(조순재, 2003: 167). 어메니티 플랜은 지금까지의 계획처럼 지역 내에 정형화된 물적 환경을 제공하고 그 환경에 맞추어 주민들이 살아가도록 하는 것이 아니라 주민들이 '느끼기에 쾌적한 환경이 되도록 환경 및 공간 전체를 각 지역의 특성에 맞게 정비하고 창출해 나가는 것'이다.

그리고 생태마을은 마을의 공간적 환경과 사회적 환경을 농촌의 자연생태계와 조화를 이루도록 조성하여 환경친화적인 생활을 할 수 있는 마을을 의미한다. 즉, 농촌마을을 주대상으로 하여 농촌의 생활환경뿐 아니라 농업생산활동과 생활양식까지도 친환경적이 되는 마을을 말한다. 농촌에 조성되는 생태마을은 마을의 생태계라는 관점에서 자연환경, 주민, 생활공간, 생산공간, 마을조직, 마을공동체 등으로 구성되어 있다.

또한 농촌의 농업분야에서 환경부하를 감소시키고 환경농업을 지역적으로 실시범위를 확대하여 생태계를 보전하고 재생시켜야 한다. FTA 확대, 기후변화, 고유가, 세계곡물가격 변화 등 국제농업환경변화가 국

---

30. 어메니티(amenity)란 본래 라틴어(Amare=사랑하다. love라는 의미)에서 파생된 말로, 1990년대 OECD를 중심으로 한 서구 국가들에 의해 본격적으로 논의되었고, 서구 국가들에서의 농촌어메니티의 등장배경에 대해 임형백(2002: 237-240)은 생산성 향상을 통해 농업문제를 해결하려는 농업확장주의(agricultural expansionism)의 한계, WTO출범으로 농산물시장의 여건의 변화, 환경문제에 대한 사회적 관심이 증가함에 따라 환경문제를 고려한 농업정책의 부상, 농촌사회의 변화, 농촌에 대한 관광수요의 변화를 들고 있다.

내농업에 미치는 영향이 점점 커지고 있다. 따라서 IT, ET, BT, NT 등 첨단과학기술뿐만이 아니라 예술, 문화 등 다양한 분야와의 접목을 통한 농촌어메니티 자원의 새로운 가치 창출이 필요하다(민승규, 2003: 19). 농업부문도 생산과 소비 전 과정에서 에너지 사용량과 환경오염원 배출을 최소화하면서 새로운 성장동력을 창출하는 녹색성장의 개념 및 필요성이 요구되고 있다.

통상적인 녹색성장은 기존의 농업정책 틀 속에서 고투입 고산출을 위해 토지, 노동, 자본, 경영 등이 결합하여 이루어진 성장을 의미한다. 농업부문의 녹색성장은 지역, 수계별 환경용량을 고려하여 재배기술과 농법전환, 환경친화적 또는 저탄소를 지향하는 농업정책 추진 등을 통한 성장을 의미한다(김창길 · 정하균, 2008: 39-40). 녹색성장의 목표달성을 위해서는 친환경적 농업과 저탄소농업 확대 등 지속가능한 농업체계로의 전환과 환경친화적 농업, 농촌기반정비를 통해 이루어질 수 있다.

(4) 농촌경제의 소득증대 및 안정

농업취업자수의 감소 및 고령화 등으로 인해 점차적으로 생산성이 감소, 농산물시장개방이 확대되는 현실에 대응하여 농민의 소득증대와 소득안정이 절실히 요구된다. 농가의 소득증대와 소득안정을 위한 대책의 유형으로 공공대책과 시장제도와 농가대책으로 구분된다(채광석 · 오내원, 2009: 374-375). 공공대책으로는 관측, 예보, 기술개발 및 보급, 수리시설 등 생산기반정비, 재해지원과 재해보험, 직접지불제,[31] 가격정책을

31. 수입개방대책으로 직접지불제가 확대되고 있지만 소득불안정에 대책이라기보다는 평균적인 소득보전을 위한 것으로 다수 쌀재배 농가에 한해 소액으로 분할 지급되고 있으나, 소득변동이 심한 원예나 축산에 대한 소득안정대책이 요구된다.

들 수 있다. 시장제도와 농가대책으로는 영농다각화, 계약재배, 수직적 계열화, 선물거래, 출하시기조절, 민간보험가입, 농가부채 대책을 들 수 있다.

(5) 주거 · 휴양 · 산업공간으로서의 농촌가치발견

전국이 마을과 중심도시와의 접근성이 획기적으로 개선되어 모든 농촌의 공간적 불리성이 크게 해소되었다. 그동안 농민의 의식, 가치, 생활양식의 변화와 함께 농촌의 자연, 문화, 농업과 연관된 산업이 농촌의 자연과 경제적 여건에 따라 다양하게 발전하였다. 농촌이 아름답고 깨끗한 주거 · 휴양 · 산업공간으로서의 농촌가치를 발견하여야 한다. 즉 농촌의 경관 및 환경보전기능 구현, 다양한 농촌정주체계의 확립과 농가소득을 위한 산업공간이 조성되어 새로운 농촌구성체계가 형성되어야 한다.

(6) 농촌형 사회복지 체계가 구축

농촌지역의 사회 · 문화 · 교육기반이나 생활시설기반의 낙후로 인해 저하된 생활환경의 질을 개선시켜야 한다. 농촌인구 감소속도가 점차 둔화되고 있으나, 65세 이상 인구비중이 34.2%(2009년 현재)로 고령화로 인한 농촌지역 노인복지가 중요한 국가적 관심사가 될 것이다. 농촌의 인구밀도가 낮고 노인 인구비중이 높은 단점을 보완하는 농촌형 복지체계(특히 영세농, 고령농)가 확립되어야 한다.

(7) 공동체 형성과 주민 참여

농촌공동체는 마을의 사회적 조직을 말하는 것으로, 이들 창의적인 조직이 농촌의 미래지향적인 생활양식을 형성하는 데 큰 역할을 수행한다. 마을공동체는 마을주민들의 자발적이고 심리적인 동질감을 갖게 하는 사회적 공동체를 의미하며, 생활양식의 변화뿐 아니라 공동의 목표수행에 있어 중요한 요소가 된다(권태호 외 2인, 2007: 47). 또한 그 지역주민의 적극적인 참여를 유도하여 지역주민들 간의 유대감을 증진시키며 도시민과의 교류추진을 위한 주민단체를 구성하여 경제는 물론 사회적 · 문화적인 교류를 통하여 지역의 활성화를 도모하여야 한다.

2) 농정의 기조와 방향

(1) 농정에 대한 패러다임전환

농업의 경우 타 산업과 관계에 있어 경쟁산업이라기보다는 보호산업의 특성을 유지하고 있어, 정부개입이 최소한 요구되며 이를 위해 농업의 비전을 제시하고 시장기능에 의하여 해결되지 못하는 부분에 집중해야 한다. 세계화에 따른 자본주의 체제하에서 모든 농산물의 수급조절과 농업의 구조조정이 기본적으로 시장기능을 통해 이루어지도록 정부의 개입을 배제하여야 하나, 농가를 위한 최소소득 보전과 복지지원, 소비자를 위한 식품안전성, 국민을 위한 농촌의 다원적 기능 유지, 시장기능의 원활한 작용을 위한 제도 정비에 중점을 두어야 한다.

(2) 소득보전과 복지지원

농가경제의 안정을 위한 지원대책으로 소득보전직불제, 농가재해보험, 농업재해보상, 기타 사회보장적 성격의 농가대책 등이 필요하다. 이를 위한 정부의 지나친 개입은 시장왜곡을 가져올 수 있으므로, 소득안정정책을 도입하더라도 시장기능의 활성화를 통해 농업의 효율성을 추구하여야 한다. 이를 위한 정책방안으로는 가격안정을 위한 시장기구[32]

32. 생산자 조직을 결성하여 다양한 형태의 위험관리방안, 즉, 자조금 조성, 계약생산 확대로 가격위험에 대응한다. 또한 가격안정을 위한 기존의 수급조절, 출하조절사업 이외에도 선

조성, 재해보험 확충,[33] 중 · 장기적으로 농가단위 소득안정제의 도입이 필요하다(채광석 · 오내원, 2009: 391-396).

FTA와 DDA의 협상이 진행될수록 개방의 불안감을 해소하고, 시장개방의 충격을 흡수하는 장치를 마련하여야 한다. 농업부문의 피해는 몇 개 품목에 그치는 것이 아니라 농산업 전반으로 확산될 것으로 예상됨에 따라 현재의 품목별 소득보전방식보다는 농가단위 소득보전방식을 고려해야 한다.

복지지원 수준을 명시하여 기초생활을 안정보장하기 위하여 농가와 농촌주민을 위한 사회보험제도 및 국민기초생활보장제에 대한 지원수준을 제시하여야 한다.

(3) 정부의 역할

시장의 기능, 지자체 및 품목별 단체의 역할, 지역농협의 기능을 존중하고 역할을 분담하여야 한다. 정부는 정책의 개발자로서 기본계획 수립, 재원의 관리자로서 지원규모결정, 모니터링 및 평가, 교육 및 컨설팅 시스템 개발을 담당하며, 사업추진은 시범사업에 국한하여야 한다. 또한 농촌개발에 있어 자치단체와 품목별 단체 또는 지역주민이 적극 참여하도록 유도하여야 한다.

새로운 농정시스템과 역할 분담에 있어 정부가 중점을 두어야 할 분야의 역할을 살펴보면 첫째, 시장개방의 과도한 충격분담, 둘째, 경영의 위험을 제거하는 제도정비와 지원, 셋째, 진입과 퇴출의 기술적 · 제도적 · 경제적 장벽 제거, 넷째, 농산업 지원시스템 정비, 다섯째, 농식품의 안

물시장의 확대 · 도입을 고려할 수 있다.

33. 현재 보험대상은 태풍, 우박, 동상해를 주대상으로 한정하고 있는 농작물재해보험, 가축공제와 풍수해보험이 있다. 품목별 보험설계 시 주 재해만을 대상으로 하는 특정위험방식과 모든 재해를 대상으로 하는 종합위험방식을 마련하여야 한다.

전성을 보장하는 시스템 구축, 여섯째, 국토환경을 보전하기 위한 농업 생산 규제와 보상, 일곱째, 농촌생활 여건 개선을 위한 지원 등을 들 수 있다.

| 참고문헌 |

권영근, 1990, 「농축산물 수입개방의 현황과 그 영향」, 한국농어촌사회연구소 편, 『수입개방과 한국농업』, 서울: 비봉출판사.

권오상 · 이태호, 2001, 『농업의 다원적 기능관련 실증분석 방향제시 및 정책제안』, 수원: 농촌진흥청.

권태호 · 박은병 · 홍양희, 2007, 『농산촌형 RIS 구축전략』, 충북테크노파크전략산업기획단.

김재훈, 1991, 「80년대 한국자본주의 전개와 농산물수입개방」, 『자본주의 세계체제와 한국사회』, 서울: 한울, pp. 129-135.

김창길 · 정하균, 2008, 「농업부문 녹색성장의 개념과 추진과제」, 『한국농촌경제연구원 농업부문 녹색성장 심포지움자료집』.

민승규, 2003, 「개방시대의 농정방향과 농촌어메니티」, 『DDA대응 농촌경제활성화와 어메니티자원개발』, 농업과학기술원 · 삼성경제연구소 · 한국농촌계획학회 공동주최 심포지움 자료집, pp. 5-24.

박 경, 2003, 「유럽의 농촌지역정책과 LEADER 프로그램」, 유럽지역연구회 엮음, 『유럽의 지역발전정책』, 서울: 한울아카데미, pp. 18-118.

박서호, 1998, 「농촌계획」, 대한국토 · 도시계획학회, 『지역계획론: 이론과 실제』, 서울: 보성각, pp. 401-427.

박영숙 · 이수장, 2005, 『인간 그리고 환경』, 서울: 경인문화사.

서동균, 2001, 「농업의 다원적 기능 연구와 평가사례」, 『농업의 다원적 기능 평가방법』, 수원: 농촌진흥청.

성명환 외, 2001, 『21세기 식량안보 확보방안』, 한국농촌경제연구원.

성진근, 2008, 「선진화를 지향하는 농정 전환방향」, 『농업전망』 2008(1), 한국농촌경제연구원, pp. 21-50.

송미령 · 김정섭, 2008, 「농촌 정주수요 변화와 전망」, 『농업전망』 2008(1), 한국농촌경제연구원, pp. 337-339.

송주호 · 최세균, 2009, 「DDA · FTA 협상 동향과 전망」, 『농업전망』 2009(1), 한국농촌경제연구원, pp. 37-57.

왕인근, 1983, 『현대의 농촌사회학』, 서울: 박영사.

윤여덕 · 주동완, 1984, 『농어촌의 경제적 사회적 변동에 관한 기초조사』, 한국농촌경제연구원.

윤원근, 1999, 『한국농촌계획론』, 서울: 대학출판사.

이규환, 2006, 『한국지방행정학』, 서울: 법문사.

이성우 · 권오상 · 이호철, 2003, 「농촌개발을 위한 역동적 지역사회개발모형연구」, 『농촌사회』, 13(1), pp. 7-49.

이일영, 1990, 「농어촌발전종합대책의 논리와 그 문제점」, 『수입개방과 한국농업』, 서울: 비봉출판사.

이호철, 1991, 『벼랑위의 우리 농업, 어떻게 구할 것인가?』, 서울: 한길사.

임송수, 2008, 「FTA · DDA 추진 동향과 전망」, 『농업전망』 2008(1), 한국농촌경제연구원, pp. 59-80.

임형백, 2002, 「어메니티를 이용한 농촌활성화 방향」, 『한국농촌지도학회지』, 9(2), pp. 233-245.

임형백 · 이성우, 2004, 『농촌사회의 환경과 기능』, 서울: 서울대학교출판부.

조순재, 2003, 「농촌어메니티를 활용한 지역개발모형」, 『DDA대응 농촌경제활성화와 어메니티자원개발』, 농업과학기술원 · 삼성경제연구소 · 한국농촌계획학회 공동주최 심포지움 자료집, pp. 163-188.

조용성, 2009, 「농업부문 녹색성장 과제와 전망」, 『농업전망』, 2009(1), 한국농촌경제연구원, pp. 271-293.

채광석 · 오내원, 2009, 「농업경영안정을 위한 과제와 정책방향」, 『농업전망』, 2009(1), 한국농촌경제연구원, pp. 373-396.

최재용 외, 2000, 『환경친화적인 농촌개발을 위한 정책지원방안』, 한국환경정책 · 평가연구원.

최정섭 · 권오복 · 김성용, 1993, 『일본 미국의 농업투융자 동향』, 한국농촌경제연구원.

한국농촌경제연구원, 2003, 『농업 · 농촌의 비전과 농정』.

______, 2008, 『농업전망』 2008(1).

______, 2009, 『농업전망』 2009(1).

황수철, 1988, 「농산물 수입개방의 배경과 실태연구」, 『한국농업농민문제연구』, 서울: 한국농어촌사회연구소.

Arrow, K. J., 1962, "The economic implications of learning by doing," *Review of Economic Studies*, 29, pp. 155-173.

Dewey, R., 1960, "The rural-urban continuum: Real but relatively unimportant," *American Journal of Sociology*, 66, pp. 60-66.

Dunleavy, P., 1982, "The scope of urban studies in social science," P. Dunleavy et al., *Urban Change and Conflict*, Milton Keynes: The Open University Press.

Halpern, J. M., 1967, *The Changing Village Community*, New Jersey: Prentice-Hall, Inc.

Knutson, R. D. et al., 1990, *Agricultural Policies in a New Decade*, Washington, D.C.: Resources for the Future and National Planning Association.

Lucas, R. E. Jr., 1988, "On the mechanics of economic development," *Journal of Monetary Economics*, 22(1), pp. 3-42.

Mullarkey, D., J. Cooper, and D. Skully, 2001, "Multifunctionality and agriculture: Do mixed goals distort trade?," Choices, 1st Quarter, pp. 31-34.

OECD, 2001, *Multifunctionality: Towards an Analytical Framework*, Paris: OECD.

Romer, P. M., 1986, "Increasing returns and long-run growth," *The Journal of Political Economy*, 94(5), pp. 1002-1037.

Uzawa, H., 1965, "Optimal technical change in an aggregative model of economic growth," *International Economic Review*, 6, pp. 18-31.

Wirth, L., 1938, "Urbanism as a way of life," *American Journal of Sociology*, 44(1), pp. 1-24.

제 Ⅱ 장

전환기의 농촌문화

황정임
농촌진흥청 농업연구사

1. 농촌문화의 의미 구분

잘 알려진 바와 같이 '문화'란 '자연'nature에 대치되는 의미로서 지식, 신념, 예술, 도덕, 법률, 관습 등 인간이 사회의 구성원으로서 획득한 능력과 습관을 포괄하는 복합적인 개념이다.[1] 이러한 문화의 개념은 크게 3가지로 나누어질 수 있는데, 첫째, 인간의 삶과 활동을 광범위하게 포괄하는 '삶의 양식'으로서의 문화, 둘째, 음악, 미술, 무용, 조각, 건축, 문학, 연극, 영화와 같은 '예술'로서의 문화, 그리고 셋째, 개인이나 집단의 발전 과정을 가리키는 '문명'으로서의 문화다(심광현, 2003: 56). 우리가 '농촌문화'를 지칭할 때에는 첫 번째 개념에 가장 가까운 의미로 통용되고 있다고 할 수 있다. 두 번째 개념에서와 같이 농촌 고유의 음악, 공예, 건축 등이 오늘날 예술로 승화하여 그 가치를 인정받는 사례들에 대해서도 '농촌문화'라는 지칭이 가능하다. 그러나 이들의 경우에도 농촌의 일상과 밀착되어 온 역사적 뿌리가 매우 깊기 때문에 농촌의 구성원들이 공유하는 삶의 방식으로 '농촌문화'를 이해하는 것이 자연스럽게 느껴진다.

임상봉 · 김화경(2006: 97)은 '농촌문화'를 농촌 주민이 농촌이라는 자연환경을 개척하고 가꾸며 대대로 살아오면서 이룩한 산업, 생활풍습, 말투, 사고방식과 가치관, 역사유물, 유적지 등을 모두 포함하는 개념으로 보았으며, 최재율(1986: 221)은 "농촌사회에서 특유하게, 또는 흔하게 볼 수 있는 행동방식, 생활양식을 총칭하는 개념을 농촌문화"라고 정의하였다. 다시 말해서, 농촌문화는 '농촌 고유의 삶의 양식'으로 간명하게 표현될 수 있다.

1. E. B. Tylor가 『원시문화』(*Primitive Culture*)(1871)에서 정의한 고전적 개념이며, 인간의 물질적 소산을 '문명'이라 일컬어 '문화'와 구별하기도 한다(인권환, 2003).

그런데 여기서 몇 가지 재고해야 할 것이 있는데, 그 첫 번째는 '농촌문화'에 내포되어 있는 '농촌'의 개념이다. 학자들 간에는 농촌을 지리적 영역의 의미로 보는 입장과 지리적 의미를 포함한 사회학적 의미를 지니고 있다고 보는 입장 간 견해 차이가 나타나고 있다(홍동식, 1988: 17). 사실상 도시와 농촌의 구분 자체가 어려워지고 있는 현대 사회에서 농촌을 도시의 상대적인 지역 개념으로 보거나, 행정구역상의 분류로 인식하는 것은 농촌에 대한 이해를 제한하는 결과를 초래할 수 있다. 그럼에도 불구하고 농촌이 지역을 구분하고 그 특성을 규정짓는 용어로서 여전히 유효하게 사용되고 있는 만큼, 개념의 혼용은 불가피할 것으로 보인다.

두 번째, 농촌문화는 지금도 변화하고 있다는 점이다. 위에서 지적한 바와 같이, 농촌사회가 변화하고, 농촌에 대한 개념 정의가 변화함에 따라 농촌문화도 끊임없이 재정의될 수밖에 없는 개념이라는 것이다. '농촌문화'라는 용어에는 다양한 시공간적 · 영역적 범주가 혼재되어 있는 모호함이 내포되어 있다. 따라서 농촌문화에 대한 논의는 이와 같은 개념의 혼돈이 정리된 기초 위에서 시작될 수 있을 것이다.

이 장에서는 농촌문화를 다음 그림과 같이 3가지로 구분하여 접근하고자 한다. 첫 번째는 전통적 농경사회의 농촌문화다. 일반적으로 '농촌'이라고 했을 때 떠올리게 되는 '초가집과 장독, 농경지가 어우러지고 이웃 간에 정이 넘치는 곳'과 같은 이미지는 농촌문화의 원형처럼 우리 인식 속에 자리하고 있다. 이와 같은 농촌문화에 대한 통념은 전통적 농경사회로부터 비롯되었다고 할 수 있다.[2] 농촌문화에 대한 발전적 논의를 위해서는 전통적 농촌문화에 대한 이해가 필수적이라고 보고, 이에 대해

2. 전통적 농경사회의 기원, 시점 등에 대한 심도 있는 논의는 제Ⅱ장에서 다루고자 하는 범위를 넘어선다. 이 장에서는 근대화 전후 시기로 거슬러 올라가 전통적 농촌문화를 고찰하고 있다.

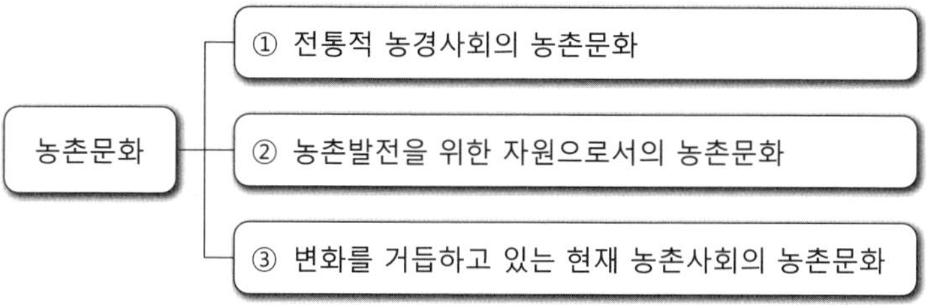

〈그림 Ⅱ-1〉 농촌문화의 외연 구분

간략하게 고찰하고자 한다. 두 번째는 전통적 농경사회의 농촌문화 가운데 현 시점에서 보전, 활용, 상속가치가 있는 농촌문화다. 농촌에 대한 정주, 여가 수요의 증대는 농촌문화에 대한 새로운 접근에의 필요성을 확대시키는 요인으로 작용하고 있다. 공동화, 노령화 추세로 급격하게 활력을 잃어가는 농촌 공간에 새로운 활로를 열어 주는 자원으로서 농촌문화에 대한 이해와 재발견이 필요하다. 세 번째는 변화를 거듭하고 있는 현대 농촌사회의 농촌문화다. 현재 농촌사회에 나타나고 있는 변화들은 새로운 농촌문화를 형성하는 요인으로 작용할 것이다.

2. 전통적 농경사회의 농촌문화

이해준(2006: 161)은 월드컵 4강과 붉은 악마의 신화 뒤에 오랜 농촌문화가 기반이 된 공동체 의식이 자리하고 있다고 해석하면서, 농촌을 가리켜 '한국적 전통 생활문화의 보고'라 하였으며, 정승진(2008: 244)은 한국인에게 푸근한 고향의 이미지를 주는 농촌이 '한국인됨'의 표상으로 작용하고 있다고 하였다. 이처럼 오랜 역사 동안 농경을 근간으로 살아온 우리 민족문화에서 농촌문화는 그 중심부를 형성하고 있다고 해도 과언이 아닐 것이다. 다시 말해서, 농촌문화는 우리 민족의 정체성과도 밀접한 연관이 있다고 알려져 있기 때문에 농촌문화의 본질을 구명하는 일은 그 자체로 심오하고 방대한 연구가 될 것이다. 따라서 여기에서는 근대사회를 주요 배경으로 전통적 농촌문화의 특징들을 간략하게 살펴보는 것으로 범위를 제한하고자 한다.

전통적 농촌사회는 농업생산을 매개로 구성된 집락 구성원 간의 긴밀한 협력관계를 기반으로 하는 '촌락공동체'village community로 특징지을 수 있다(왕인근, 1987: 44). 촌락은 농가를 기본 단위로 하며, 다른 집락에 대해서는 적대적인 태도를 보이기도 하는 독립성을 지닌 것이었다. 촌村, 동洞, 리里로 불리는 한국의 촌락은 공동체문화의 기본 단위이자, 실질적 사회생활의 울타리이며, 다양한 사회관계가 구조화되는 경제적 · 사회적 · 문화적 공간으로서 기능하였다(이해준, 2006: 160).

전통적 농경사회는 근대화 과정에서 거대한 변화를 겪게 되는데, 한국사회 전반으로는 동학혁명(1894)과 토지조사사업(1910~18)을 근대화의 계기로 보고 있으며, 농촌사회에서는 해방 후의 농지개혁, 농협운동 등 경제개혁과 정부수립 이후의 각급선거 시행, 민주사상 도입을 통해 본격적인 근대화가 시작된 것으로 보고 있다(최재율, 1986: 81). 근대화가 진행되면서 농촌의 사회관계, 농가계층, 가족형태 및 인구구조 등에 변화가 나타났다(배영동, 2008: 63). 두레의 해체와 농기계의 보급 등으로 인해 마을의 공동체의식이 약화되고 마을 밖으로 사회적 연결망이 확장되기도 하였으며, 농지개혁에 따라 순임차농이나 자작 겸 임차농의 사회경제적 지위가 향상되었다. 또한 환금작물 재배가 확대되고 농기계가 보급됨에 따라 경제적 격차가 확대되기도 하였으며, 이촌향도 현상의 본격화로 인해 농촌 인구가 감소하고, 그에 따라 가족형태도 변화하였다. 일

〈표 Ⅱ-1〉 전근대적 농촌사회와 근대적 농촌사회

	전근대 농촌사회	근대 농촌사회
농업경영의 목적	자급	상품 교환
타 집락과의 관계	봉쇄적 공동체	집락 간 경계가 약해지거나 없어짐
집락 내 사회관계	구성원의 생산과 생활이 보장되고, 이를 위한 규제 존재 동질적, 평등	구성원의 생산과 생활이 자유로우나 보장되지 않음 이질적, 불평등

자료: 왕인근, 1987: 46.

반적으로 이와 같이 근대화 과정을 거친 사회를 비합리적 · 경제외적 · 전체주의적인 특성을 지닌 전통적 농촌사회와 비교하여 합리적 · 경제적 · 개인주의적인 특성을 지닌 것으로 보고 있다(왕인근, 1987: 46).

그러나 임형백 · 이성우(2003: 42)는 우리나라가 근대화 과정에서 산업화와 근대화를 동일시하면서 한국적인 정책을 모색하기보다는 서구화를 지향하였으며, 농촌으로부터의 인구유출과 이에 따른 도시화의 진전을 근대적 합리화의 과정으로 인식하였다고 비판하면서, 농촌에 대한 인식 전환의 필요성을 역설한 바 있다. 세계 경제개발의 역사에서 유래를 찾아보기 힘든 우리나라의 고도성장의 그늘에는 농촌사회의 희생이 자리하고 있었고, 그러한 가운데 농촌문화에 대한 진지한 성찰 없이 일방적인 '개발'이나 '발전'의 논리로 그 정체성을 훼손해 온 것이 사실이다.

정지웅(1984: 333), 최재율(1986: 222), 배영동(2008: 68) 등은 근대 농촌사회의 문화를 의식주생활, 여가생활, 신앙, 의식구조로 구분하여 기술하고 있는데(〈표 Ⅱ-2〉), 이를 통해 근대화로 인해 변화하고 있는 농촌문화의 양상을 일면 확인할 수 있다. 농업생산의 변화는 농촌사회 전반에 변화를 초래하였으며, 이는 농촌문화의 성격을 크게 바꾸어 놓았다. 의식주 생활에서 농촌의 고유성이 약화되었으며, 공동체적인 예술 · 여가 활동이 크게 소멸하였다.

〈표 II-2〉 근대 농촌사회의 문화

출처	영역	특징
정지웅 (1984: 333)	의 · 식 · 주 생활구조	의: 자가 생산(→공장 생산, 실용성과 멋 중시) 식: 미맥중심(→육류소비 증가) 주: 초가집, 재래식 부엌 · 화장실 (→기와나 슬레이트 지붕, 부엌 · 화장실 개량)
	여가생활-명절, 세시풍습	전통 신앙과 밀접한 관계
	신앙구조	유교, 도교, 불교, 다신교(→기독교 전파)
최재율 (1986: 222)	의 · 식 · 주 생활	의: 한복(→양복, 기성복) 식: 미맥, 된장찌개, 김치가 주종, 막걸리 주: 초가집(→기와집, 슬레이트집, 슬라브집), 사랑방과 모정생활
	통과의례	출산의례, 관례, 혼례, 상례식 등 강조
	세시풍속(설날, 한식, 단오, 추석 등)	농업 · 음양사상과 관련, 기원적 성격
	오락(줄다리기, 화전놀이 농악놀이, 민요 등)	노동의 피로 해소, 집단유대 강화 등의 목적
	종교, 민간신앙	전통적 · 주술적 · 기복적 · 복합적
배영동 (2008: 68)	음식과 주거	음식: 곡물 이용 주식(→부식 비중 확대) 주거: 외양간, 땔감난방(→외양간 소멸, 보일러 난방)
	점풍, 농경의례	풍흉예측, 풍년기원 (→영농의 과학화에 의해 약화)
	농민예술, 여가활동	풍물, 농요, 일과 여가의 미분화 (→집단적 농경의례 소멸, 여가시간 증가)

문화는 생성과 소멸, 즉 끊임없는 변화를 특징으로 한다. 그렇지만 일제강점 하에서의 왜곡된 근대화, 1960년대 이후 급격한 산업화를 거치면서 마땅히 유지 · 보전되어야 할 농촌문화에 대해 합당한 관심이 기울여지지 않은 데 대해서는 반성과 인식의 전환이 필요하다. 1970년대 농촌 환경개선과 소득증대를 목적으로 추진된 새마을운동은 일정 정도 그 성과를 인정받기도 하지만, 행정 조직의 실적 위주 사업 관행으로 인해

장기적 배려 없이 환경을 파괴하거나 근대화란 이름 아래 민족 고유의 전통 문화를 무단히 폄하, 폐기하는 문제를 낳기도 하였다(새마을운동중앙회, 2003: 10). 또한 정승진(2008: 221)은 식민지화 이래 도시화, 산업화에 따른 촌락의 발전 · 성장만이 부각된 채 농촌사회의 의식 구조, 문화적 특징 등이 연구사에서 사라졌음을 지적한 바 있다. 농촌문화는 2000년대에 들어 문화를 지역 발전의 중요 인자로 다루는 흐름 가운데 농촌문화를 발굴, 활용하려는 움직임들이 활발해지면서 비로소 새롭게 조명을 받기 시작하였다.

3. 농촌발전을 위한 자원으로서의 농촌문화

그동안 지역개발에서 문화는 주요 관심 대상이 아니었으며, 경제 개발의 결과가 가져다줄 파급효과일 뿐, 기껏해야 지역 발전을 자극할 수 있는 분위기 정도로 인식되어 왔다. 지역개발 분야에서 문화를 지역 발전의 중요 인자로 다루게 된 것은 2000년 이후 나타난 현상이다(구본영, 2008: 16).

이러한 현상에는 세계화와 더불어 진행된 지역화의 흐름이 배경으로 작용하고 있다. 전 세계가 유사한 문화로 통합될수록 지역의 고유한 문화자산의 가치가 증가하고 그에 대한 수요가 지역개발의 자극제로서 기능하게 된 것이다. 뿐만 아니라 교육 수준의 향상, 기본적인 의식주 해결과 그에 따른 정신적 욕구 충족 추구, 정보화 사회, 지식 기반 사회로의 변화 등도 문화에 대한 관심의 증가를 설명해 주고 있다(지금종, 2009: 27).

OECD(2005a: 9)에 따르면 문화는 3가지 방법으로 지역개발에 영향을 미치는데, 첫째, 행위자들 간의 시너지를 비롯한 사업 수행에 도움이 되는 기준benchmarks을 퍼뜨림으로써, 둘째, 방문자와 여행자뿐만 아니라 거주자들에게 매력적인 환경을 창출함으로써, 셋째, 아름다움과 실용성을 결합한 상품을 개발하는 수단을 제공함으로써 그 영향력을 행사한다. 다시 말해서, 문화는 외부의 간섭이나 정형을 따르지 않는 토착적 · 자주적 발전을 가능하게 하는 원동력을 제공하며(지금종, 2009: 25), 이것이 지역의 경제적 환경 개선에도 기여할 수 있다는 것이다.

농촌개발 영역에서도 농촌지역에서의 농업 비중 감소에 따른 정책 방향 변화 필요성이 제기되어 왔는데, 장소 기반 정책from sectoral to place-based policies이 그것이다. OECD(2006: 14)는 OECD 국가들의 농촌 정책 형성에 영향을 미치는 요인들을 3가지로 정리하고 있다. 첫 번째는 어메니티에 대한 관심의 증가로서, 정책 결정자들이 이제는 농촌지역에 산재한 자원들을 발견하고 가치화하며, 다양한 주체들의 활동으로 인한 긍정적 · 부정적 외부효과를 관리할 필요를 느끼고 이를 실행하고 있다는 것이다. 둘째는 농업 정책 개혁에의 압력으로서 대내외적인 농업 지원 재정 축소 압력이다. 대외적으로는 WTO체제가 농산물 가격지지나 수출보조와 같은 시장개입정책을 제한시키고 있으며, 대내적으로는 EU 회원국의 확대로 인한 예산상의 문제를 겪고 있는 데 따른 것이다. 세 번째는 분권화와 지역 정책에서 나타난 변화에 의한 것으로서, 외부의 투자보다는 지역의 내생적 자원이나 지식의 활용에 초점이 맞추어지고, 집합적 · 협력적 거버넌스 접근이 확대되고 있다는 것이다. 이러한 요인들은 정책의 초점을 '농촌지역'에 맞추고, 지역 내 다양한 주체들 간의 협력을 통해 어메니티 가치를 실현하는 방향으로 전환할 것을 유도하고 있다.

여기서 어메니티란 '어떤 지역을 거주하거나 일하기에 매력적인 장소로 만드는 특질'로 폭넓게 정의되는데, OECD(1999: 7)는 특히 '농촌어메

〈표 Ⅱ-3〉 새로운 농촌 패러다임

	과거의 접근	새로운 접근
목표	형평성, 농가소득, 농가경쟁력	• 농촌 지역의 경쟁력 • 지역 자산의 가치화 • 사용되지 않은 자원의 활용
주요 대상 영역	농업	다양한 농촌 경제 영역 (예: 농촌관광, 제조업, 정보통신기술산업 등)
주요 수단	보조금	투자
주요 행위자	중앙정부, 농업인	• 모든 단위의 정부 (초국가, 국가, 지역 등) • 다양한 지역 이해관계자들 (공적, 사적, NGO)

자료: OECD, 2006: 60.

니티'에 대해 '자연보호지역, 농업경관, 역사적 기념물, 문화적 전통 등 농촌 지역의 자연적 · 인공적 특질을 포괄하는 개념'으로 정의하고 있다. 그리고 이와 같이 농촌 지역이 보유하고 있는 깨끗한 자연환경, 매력적인 경관, 문화 자원 등의 주요 자원을 농촌관광이라든지 지역 특산품 개발에 활용하여 지역 경제 성장을 도모하고자 하는 움직임을 어메니티 기반 개발amenity-based development이라고 칭한다(OECD, 2003: 14). 어메니티 기반 개발에서 '농촌문화'는 일부분일 수 있지만, 지역의 고유성을 나타나는 자원으로서 그 가치에 대한 관심은 증대될 수밖에 없다.

국내에서 2000년대 전후로 시작된 다양한 마을 단위 개발 사업들은 농촌어메니티, 즉 농촌문화를 근간으로 하고 있다고 할 수 있다. 〈표 Ⅱ-4〉는 마을 단위 개발 사업으로서 직 · 간접적으로 농촌 고유의 문화 자원을 매개로 지역 활력화를 도모하고자 추진되고 있는 대표적인 사업들이다.

대부분은 지역 고유의 문화를 보존, 전승하여 농촌관광이나 특산품 개발 등에 활용하는 형태로 사업을 추진하고 있다. 이 가운데 '농촌전통테마마을' 사업은 '마을의 고유한 전통문화와 지식을 발굴하여 도시민이 체

〈표 II-4〉 농촌문화 기반 지역개발사업

사업명	주관	출발 연도	사업비 규모	추진 기간	사업대상 범위	주요 사업내용
농촌전통 테마마을	농진청	2002	2억 원	2년	마을	• 도농교류사업 • 소프트웨어사업
녹색농촌 체험마을	농식품부	2002	2억 원	1년	마을	• 도농교류사업 • 소프트웨어사업
농촌마을 종합개발	농식품부	2004	40~ 70억 원	3~ 5년	마을권역 (3~5개 법정리)	• 정주기반 확충 및 지역특화 산업 활성화 • 소프트웨어산업
문화 · 역사 마을가꾸기	문광부	2004	30억 원	5년	1~2개 마을	• 지역 문화 · 역사 소재 발굴, 육성을 통한 지속가능한 마을 개발
농촌건강 장수마을	농진청	2005	1억 5,000 만 원	3년	마을	• 노인건강 지향 복지기반 확충 • 농촌문화전승 및 사회활동 지원
신문화공간 조성	농식품부	2009	40억 원	3년	시 · 군	• 농어촌 무형문화의 자원화, 유형문화재의 문화공간화를 통한 신공간 조성

자료: 송미령 · 성주인, 2004: 19를 참고하여 작성.

험하고 학습하게 하는 장을 마련함으로써 농가소득을 증대시키고 독특한 농촌문화의 맥을 이어가는 마을'을 만드는 사업[3]으로서 2002년에 시작되어 2009년 현재 140개 마을이 운영되고 있다. 농촌전통테마마을사업에서는 도시민이 방문, 체류할 수 있는 마을의 매력 요인을 창출하기 위해 마을의 명칭, 주요 체험 프로그램 등을 기획하는 단계에서 마을이 보유하고 있는 모든 자원들을 탐색하고 활용 가능성을 분석하는 과정을 거치게 된다. 이러한 과정에서 그동안 무관심하던 고유 자원을 재발견하거나, 몇 가지 자원을 연계하여 새롭게 재구성하거나, 외부의 전문성

3. 농촌전통테마마을 홈페이지(www.go2vil.org).

을 영입하는 등의 방식으로 사업을 추진하게 된다. 이렇게 개발된 체험 프로그램은 전통공예 체험, 먹을거리 체험, 농사 체험 등이 주종을 이룬다.

다음의 사례는 2005년 '농촌건강장수마을'로 지정되어 짚풀공예 전시체험관을 운영하며 전통을 이어가고 있는 음성군 짚풀공예마을 사례다. 짚풀공예는 주식인 벼농사의 부산물을 활용하여 각종 생활용품을 만들어 사용하던 우리 고유의 생활양식이 반영된 산물이다. 이 마을에서는 이러한 짚풀공예의 실용적 가치보다 미적 가치, 체험 가치를 살려 마을에 관광객을 불러오는 마을 활력화의 자원으로 활용하고 있다.

음성군 짚풀공예마을은 예로부터 벼농사를 많이 지어 오면서 짚풀을 이용한 생활용품을 만들어 사용해 왔으며, 이 때문에 손재주를 가진 사람들도 많았다. 2005년 농촌건강장수마을 사업을 계기로 짚풀공예 전시체험관을 조성하면서 짚풀공예를 농촌체험관광과 연계시켰다. 전시체험관 2층은 마을 어르신 10여 명이 새끼꼬기, 짚신만들기, 달걀꾸러미만들기 등을 연중무휴로 가르치는 공간으로, 3층은 용마루, 망태기, 똬리, 도롱이 멍석 등 100여 점에 이르는 마을 어르신들의 작품을 전시하는 공간으로 활용되고 있다. 현재는 10여 명의 어르신들 중심으로 기술을 보유하고 있으나, 후손들에게도 마을의 자랑거리로서 전수하고자 노력하고 있다. 마을 노인회장은 '우리의 정서를 가장 잘 담아낼 수 있는 친근한 자연소재를 활용하는 짚풀공예가 점점 사라지고 있는 현실이 안타까워, 보다 많은 아이들에게 이를 알려 주고자 한다'고 포부를 밝혔다(박덕병, 2009: 124에서 정리).

현재 전국적으로 약 1,000여 개의 농촌관광마을이 운영 중이며, 당분간은 증가 추세가 계속될 것으로 보인다. 농촌관광 시장은 2007년 8,100억 원 규모에서 2017년이면 2조 5,000억 원에 이를 것으로 추정되고 있다(오세익, 2007). 그러한 가운데, 농촌관광마을의 체험 프로그램들이 전국적으로 대동소이하며, 고유한 농경 · 생활양식이나 전통예술이 표피적 · 일회적으로 즐기는 놀이거리에 그치게 되는 점이 문제점으로 제기되기도 한다. 무리하게 작위적으로 개발되는 체험 프로그램으로 인해 농업이나 농촌을 오히려 잘못 이해하게 될 우려도 있다.

그러나 이와 같은 움직임으로 인해 농촌문화에 대한 관심이 농촌 안팎으로 증대되었다는 점에서는 긍정적으로 평가할 만하다. 마을 주민들에게는 일상적이고 보잘것없어 보이던 농촌문화가 소득원 개발의 자원으로 활용될 수 있음을 인식하는 계기가 되었으며, 도시민들에게는 도시에서 접하기 어렵고, 농촌에서조차 소멸되어 가는 생활양식을 체험할 수 있는 기회를 제공했다.

다음의 사례는 강원도 원주시 손곡리 사례로서 앞서 소개한 사례와는 차별적인 측면이 있다. 손곡리는 정부 정책과 무관하게 많은 예술가들이 이주하여 정착하거나 작업실을 두고 활동을 하고 있는 곳이다. 2002년부터 마을에 정착하여 활동하고 있는 광대패 '모두골'은 농촌을 민족예술의 원천으로 인식하여 '생활 속의 대동놀이문화 실천'을 위해 손곡리로 들어와 풍물반을 개설하고 예술극장 '이달의 꿈'을 운영하는 등 마을 공동체와 밀착된 예술활동을 펼치고 있다(박덕병, 2009: 121). 또한 손곡리에는 도예가, 조각가, 화가, 단청기술자, 음악철학자 등이 활동하는 '손곡예술아카데미'가 운영되고 있다. 손곡리 사례는 마을 외부로부터 전문 문화예술인들이 유입되어 마을의 문화적 자원들이 풍부하게 되었다는 측면에서, 그리고 그들이 독자적으로 활동하는 것이 아니라 마을 공동체의 인적 · 물적 자원과 연계하여 새로운 문화 마을로서의 모델을 구상하고 있다는 점에서 특징적이다. 즉, 전문 문화예술가들이 주민들에게 기능을 가르쳐 주고, 공연 시 음식 판매, 숙박 등으로 주민들이 이윤을 창출할 수 있도록 하는 등 마을과의 동화를 추구하면서, 궁극적으로 그들의 활동이 마을 발전에 기여할 수 있는 방향을 주민들과 함께 모색

〈표 Ⅱ-5〉 경기도 문화예술 창작스튜디오 현황

순번	스튜디오명	지역	유형				비고
			작가	지역	건축물	시설	
1	왕곡천예술인마을	의왕시	주거형	연계형	무허가형	임대활용형	축사개조
2	문화예술촌 쟁이골	화성시	주거형	비연계형	허가형	임대활용형	폐교활용
3	안성문화마을	안성시	주거형	연계형	허가형	위탁경영형	폐교활용 →신축
4	비닐하우스 AA	고양시	비주거형	비연계형	무허가형	위탁경영형	비닐 하우스
5	양동미술연구소	양평군	비주거형	연계형	허가형	위탁경영형	폐교활용
6	국악한수	양평군	주거형	연계형	허가형	임대활용형	창고개조
7	아름다움만들기	가평군	주거형	생활밀접형	허가형	임대활용형	폐교활용
8	여주걸은 도자문화 체험학교	여주군	주거형	연계형	허가형	임대활용형	폐교활용
9	현대도예문화원	가평군	주거형	연계형	허가형	임대활용형	폐교활용
10	우음도 생태문화학교	화성시	주거형	생활밀접형	허가형	임대활용형	폐교활용
11	창문아트센터	화성시	비주거형	생활밀접형	허가형	임대활용형	폐교활용
12	밀머리미술학교	여주군	비주거형	지역연계형	허가형	임대활용형	폐교활용

자료: 지금종, 2009: 46.

하고 있다.

〈표 Ⅱ-5〉는 이와 유사하게 전문 문화예술인들이 농촌지역의 폐교나 축사, 창고 등을 개조하여 예술활동을 펼치고 있는 사례들을 제시하고 있다. 이러한 사례들 가운데에는 지역과 연계하지 않고 단독적으로 활동하는 사례가 있는가 하면, 지역과 밀접한 연계를 갖고 지역 주민들을 가르치거나, 체험 프로그램을 운영하는 등의 활동을 통해 지역문화 활성화나 농외소득 증대에 기여하는 사례도 있다.

이상의 사례들은 문화를 지역 발전과 연계시킨다는 측면에서 공통적이나, 각각에 적용되는 문화의 성격은 '삶의 양식'으로서의 문화에서부터 '예술'로서의 문화, 혹은 이 둘이 혼재되어 있는 것까지 다양하게 나타난다. 현대적 일상의 세밀한 곳, 심지어 농촌지역에까지 침투해 있는 도시적 · 산업적 생활양식의 우세 속에서, 농촌적 생활양식이 그 고유한 특질로 인해 사람들을 유인하고 지역에 활력을 가져올 수 있는 자원으로서 인식, 활용되고 있으며, 나아가 외부의 전문 예술문화와의 접목도 이루어지고 있다. 여기서의 농촌문화는 과거나 현재 농촌을 설명하는 용어이기보다는 '전통적 농촌의 특성이 강한 일종의 문화 컨텐츠'라고 할 수 있을 것이며, 외부로부터의 전문적 · 이질적 문화와의 융합을 통해 새로운 농촌문화 탄생의 가능성을 배제할 수 없도록 하고 있다.

4. 농촌사회의 변화상과 농촌문화

현재 농촌은 전통적 농경사회의 농촌문화를 지역 발전의 자원으로 인식하고 지역의 고유한 자연 · 문화 자원들의 발굴 · 활용을 한창 진행하고 있어, 그 어느 때보다 농촌문화의 가치가 중요하게 부각되는 시점에 있다. 그러나 다른 한편으로는 농업이 국민경제에서 차지하는 비중의 감소와 함께 농촌경제, 사회 전반의 변화가 가속화되고 있기 때문에, 과거의 논의로 오늘날의 농촌문화를 설명하는 것이 불가능해 보인다. 다시 말해서 전통적인 생활양식으로서 이어져 내려오는 농촌문화와, 자원으로 발굴 · 활용하고 있는 농촌문화, 그리고 경제적 · 사회적 변화를 배경으로 여러 차원이 얽혀 지금 이 순간에도 농촌문화의 재구성이 이루어지고 있는 양상이다. 변화를 거듭하고 있는 현재 농촌사회의 농촌문화를 이해하기 위해서는 농촌사회에서 진행되고 있는 변화에 대한 고찰이 선행되어야 할 것이다.

1) 농촌의 변화상

(1) 농촌 인구 감소와 도시민 이주의 증가

전체 인구 가운데 농촌 인구 비율은 1980년 42.8%에서 2005년 18.5%로 지속적으로 감소했다. 또한 '반'을 기준으로 농촌 마을 수의 변화를 살펴보면, 1960년 13만 1,936개에서 2005년 11만 7,773개로 감소하였으며, 마을별 인구수도 1960년 마을당 평균 136명에서 2005년 마을당 평균 74명으로 감소했다(송미령 · 김정섭, 2008: 17).

이촌향도 현상으로 인한 농촌지역 인구 감소가 지속되는 가운데 농촌지역의 고령화는 도시지역에 비해 훨씬 심각한 상황이다. 〈그림 Ⅱ-2〉

〈표 Ⅱ-6〉 인구 변화 추이 (단위: 명, %)

구분	1980	1985	1990	1995	2000	2005
전국	37,406,815	40,419,652	43,390,374	44,553,710	45,985,289	47,041,434
동부	21,409,453 (57.2)	26,417,972 (65.4)	32,290,055 (74.4)	34,991,964 (78.5)	36,642,448 (79.7)	38,337,699 (81.5)
읍 · 면부	15,997,362 (42.8)	14,001,680 (34.6)	11,100,319 (25.6)	9,561,746 (21.5)	9,342,841 (20.3)	8,703,735 (18.5)

자료: 통계청, 각 연도, 인구주택총조사.

〈표 Ⅱ-7〉 농촌 마을 및 마을별 인구 변화 추이 (단위: 개, 명)

구 분	반(A)	인구(B)	마을별 인구(B/A)
1960	131,936	17,992,495	136.4
1980	124,028	15,997,362	129.0
1995	116,373	9,561,746	82.2
2005	117,773	8,703,735	73.9

자료: 송미령 · 김정섭, 2008: 17.

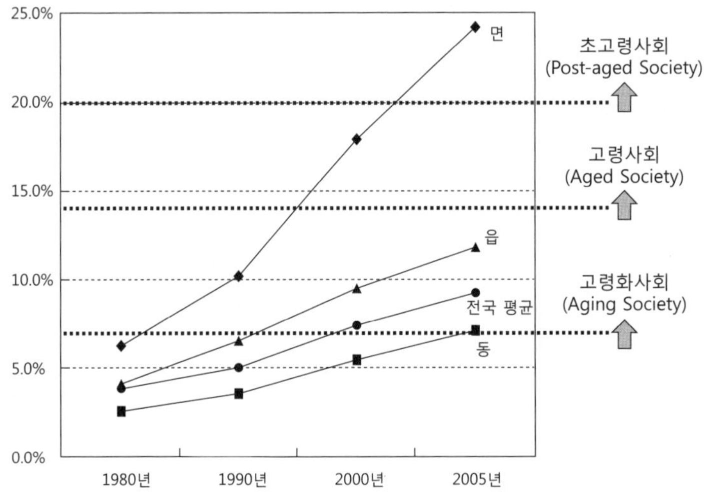

자료: 한국농촌경제연구원, 2007: 239.

〈그림 II-2〉 고령화 진행 추이

는 65세 이상 고령인구 비율이 전국 평균이나 도시지역(동 지역)에서 10%를 넘지 않는 반면, 읍 지역은 11.8%, 면 지역은 24.2%로 각각 고령화사회, 초고령사회[4]에 해당하는 수치를 나타냈다(한국농촌경제연구원, 2007).

그러나 한편으로는 국내 · 외 경제 환경의 변화와 생명 산업으로서 농업의 가능성에 도전하고자 하는 사람들, 혹은 농업을 통해 재도약을 꿈꾸는 사람들의 증가로 인해 귀농이 미약하게나마 지속적으로 늘어나고 있는 실정이다. 농림수산식품부의 집계에 따르면 2009년 귀농 가구수는 4,080가구, 구성원수로는 7,875명이 귀농하였다.[5] 이는 2008년과 비교

4. 65세 이상 노인 인구의 비율이 7%, 14%, 20%의 기준점 이상인 사회를 각각 고령화사회, 고령사회, 초고령사회라 일컫는다.

5. 문화일보 2010년 2월 25일자 '귀농 연 4,000가구 돌파'(근거: 농림수산식품부 자료).

〈표 II-8〉 연도별, 시 · 도별 귀농현황 (단위: 가구)

구분	2001	2002	2003	2004	2005	2006	2007	2008
계	880	769	885	1,302	1,240	1,754	2,384	2,218
부산	–	–	–	–	–	1	–	–
대구	–	–	–	–	–	–	–	–
인천	–	1	–	16	28	2	–	–
광주	–	–	5	6	–	1	–	–
대전	1	–	–	–	–	1	–	–
울산	–	–	–	–	7	–	–	–
경기	57	18	44	19	28	57	89	126
강원	151	26	156	227	102	134	121	141
충북	25	43	56	141	68	172	196	142
충남	28	74	46	137	237	184	157	227
전북	127	90	145	166	73	250	467	385
전남	77	67	51	37	89	249	257	289
경북	115	218	86	334	359	378	772	485
경남	243	210	265	203	242	267	277	373
제주	56	22	31	16	7	58	48	50

자료: 농림수산식품부 집계 자료.[6]

하여 2배 가까이 증가한 수치다.

또한 농업을 목적으로 하지 않더라도 전원생활이나 공동체적 삶에 대한 선호에 따른 도시민의 농촌 유입 현상도 간과할 수 없는 변화다. 단독 세대가 자연마을에 귀농 · 귀촌하여 정착하기도 하며, 여러 세대가 새로운 마을을 조성하여 입주하는 사례도 나타나고 있다. 농림수산식품부의 전원마을조성사업에 의해 조성된 '새울터'는 전북 진안군 동향면 학선리

6. '귀농'에 대한 합의된 규정이 부재한 실정이기 때문에 집계된 자료에 약간의 오차가 존재할 것으로 예상되나, 현재로서는 전국적인 귀농 추이를 판단할 수 있는 유일한 자료라고 할 수 있다.

에 위치하고 있으며, 2009년 현재 28세대가 입주하여 주민등록상으로는 106명이 거주하고 있다. 30~40대가 주요 구성원을 이루고 있기 때문에, 고등학생 이하 동반 자녀도 26명에 이른다. 이 가운데 초등학생이 10명 이상을 차지하여 인근의 마을들 가운데 초등학생이 가장 많다(성여경, 2009: 41). '새울터' 사례가 농촌에서 보편적으로 접할 수 있는 사례는 아니라고 할지라도 다양한 형태의 도시민 농촌지역 이주가 당분간 완만하게 지속될 것이라는 전망에 근거할 때, 이러한 흐름이 농촌지역의 경제사회적 환경에 크고 작은 파장을 가져올 것을 예측할 수 있다.

다시 말해서, 더 나은 일자리 기회, 교육 기회 등을 찾아 농촌을 떠나 도시로 이동하는 젊은 연령층의 이촌향도형 인구 이동이 대세를 형성하는 가운데, 미약하게나마 농업활동이나 전원생활 등 다양한 목적을 가지고 농촌 지역으로 이주하는 중장년층의 소규모 인구 유입이 공존하는 상황이라고 할 수 있을 것이다. 〈그림 Ⅱ-3〉은 전국 88개 군 지역을 대상으로 인구 순유입률을 분석한 결과로서, 20대 인구 순유입률이 (+)인 군 지역이 10% 안팎을 차지하고 있는 데 반해, 4~50대 인구 순유입률이

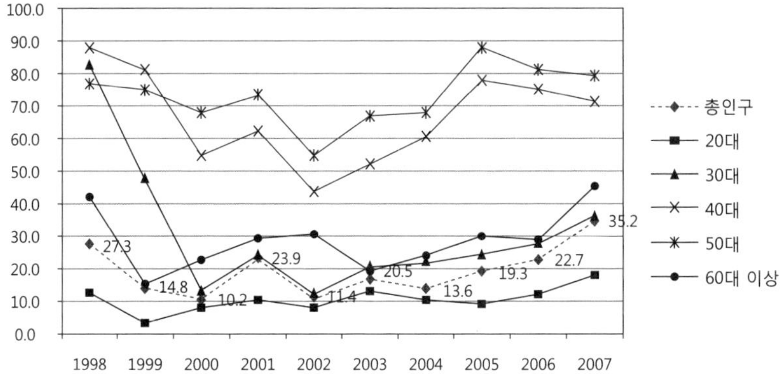

주: 전국 88개 군 지역을 대상으로 시군 간 인구 이동에 따른 인구 순유입률을 분석한 결과임.
자료: 통계청, 각 연도, 인구이동통계.

〈그림 Ⅱ-3〉 연도, 연령대별 순유입률이 (+)인 군의 비율(%)

(+)인 군 지역이 최고 88.6%(2005년)에 이르고 있음을 나타내고 있다.

(2) 농촌경제의 다각화

과거 농업이 농촌경제의 성장 동력이자 소득, 고용, 산출의 주요 원천일 때에는 농촌과 농업은 사실상 동의어로 여겨졌으나, 이제는 더 이상 농업이 농촌의 주요 산업이라고 할 수 없는 상황으로 변화하였다(OECD, 2006: 39). 〈표 Ⅱ-9〉는 농촌경제에서 차지하는 농업 비중의 감소를 보여 주고 있다. 최근 약 30년 동안 겸업농가의 비율이 17.9% 증가하였으며, 그 가운데서도 농업을 부로 하는 2종겸업농가의 비율이 크게 증가하였다.

여기서 또 한 가지 주목해야 할 점은 겸업농가의 비중에 지역 간 차이가 존재한다는 점이다. 겸업농가의 비중 증가는 모든 지역에서 나타나고 있는 공통적인 현상이지만, 그중에서도 제주도를 비롯한 경기, 강원, 충청 지역에서 겸업농가의 비중이 높게 나타나는 반면, 전라, 경상 지역의 수치는 상대적으로 낮게 나타나고 있다. 다시 말해서, 농촌경제의 다각화와 함께, 각 농촌지역의 특성 또한 다양화되고 있다. 이러한 경향에 따라 농촌 지역 구분에 대한 연구도 꾸준하게 진행되어 왔다. 가장 최근에 이루어진 강대구(2009: 568)의 연구에서는 도시지역도 농촌적 특성을 가

〈표 Ⅱ-9〉 겸업형태별 추이 (단위: 전체 농가 중 비율(%))

구분	1980	1985	1990	1995	2000	2005	2008
전업농가	76.2	78.8	59.6	56.6	65.2	62.6	58.3
겸업농가	23.8	21.2	40.4	43.4	34.8	37.4	41.7
• 1종겸업농가	13.7	8.7	22.0	18.5	16.2	13.0	13.2
• 2종겸업농가	10.1	12.5	18.4	25.0	18.6	24.5	28.5

주: 겸업농은 세대 구성원 중에 농업 이외의 업종에 종사하는 사람이 1명 이상 있는 농가를 의미함. 이는 투하노동력을 기준으로 농업을 주로 하는 1종겸업농가와 농업을 부로 하는 2종겸업농가로 구분됨.
자료: 통계청, 각 연도, 『농업조사』.

〈표 Ⅱ-10〉 농촌지역 겸업농가 비중의 지역 간 비교 (단위: 전체 농가 중 비율(%))

구분	2000	2005	2008
경기도	51.0	50.2	55.9
강원도	37.8	39.2	45.3
충청북도	34.4	35.3	42.0
충청남도	34.6	38.3	43.0
전라북도	29.3	29.2	38.1
전라남도	30.5	33.2	34.0
경상북도	26.6	29.2	33.0
경상남도	33.0	38.4	37.8
제주도	53.2	54.8	61.6

자료: 통계청, 각 연도, 『농업조사』.

질 수 있다는 것을 전제하고 시 · 군 단위 자료로 지역 구분을 시도한 결과, 도농경합지역, 도시지향지역, 농촌지역, 회색지역의 네 유형으로 지역을 구분하였다. OECD(2005b)는 '농촌성이 낮은 지역', '거주 농촌 지역', '관광 농촌 지역', '농업 농촌 지역', '농촌 주변 지역', 그리고 '농업 비중이 낮은 지역'의 6가지로 구분되는 이탈리아 투스카니 지방 사례를 통해 농촌지역의 이질화 현상을 보여 주고 있다. 농촌지역은 발전하고 있는가 혹은 낙후되고 있는가, 농업에 의존하는가 혹은 관광에 의존하는가, 도시 근교인가 혹은 외곽 지역인가 등에 따라 차별적으로 특성화할 수 있다(OECD, 2006: 38). 이와 같은 양상으로 농촌경제의 다각화 및 지역 특성화가 지속적으로 진행된다면, 농촌문화라고 지칭할 수 있는 공통분모는 지속적으로 축소될 수밖에 없을 것이다.

(3) 다문화 공간화

2009년 5월 기준으로 국내 거주하는 외국인주민은 110만 6,884명으로, 전년 대비 24.2% 증가하였으며, 이는 인구 대비 2.2%에 해당한다(행

〈표 II-11〉 농촌 지역 외국인의 국적 분포(한국국적미취득자) (단위: 명, %)

	계(전체 인구대비 비율)	중국(조선족)	베트남	중국	남부아시아	필리핀	태국	인도네시아	기타
경기도	5,151 (1.7)	1,516 (29.4)	899 (17.5)	431 (8.4)	297 (5.8)	204 (4.0)	355 (6.9)	91 (1.8)	1358 (26.4)
강원도	4,241 (1.0)	1,196 (28.2)	715 (16.9)	740 (17.4)	72 (1.7)	274 (6.5)	257 (6.1)	78 (1.8)	909 (21.4)
충청북도	13,345 (2.5)	3,248 (24.3)	2,436 (18.3)	1,406 (10.5)	1,367 (10.2)	952 (7.1)	970 (7.3)	651 (4.9)	2,315 (17.3)
충청남도	10,250 (1.5)	2,350 (22.9)	2,027 (19.8)	1,532 (14.9)	547 (5.3)	689 (6.7)	557 (5.4)	734 (7.2)	1,814 (17.7)
전라북도	4,535 (1.3)	758 (16.7)	931 (20.5)	1,451 (32.0)	121 (2.7)	284 (6.3)	129 (2.8)	90 (2.0)	771 (17.0)
전라남도	12,691 (1.5)	2,617 (20.6)	2,993 (23.6)	2,642 (20.8)	470 (3.7)	874 (6.9)	451 (3.6)	297 (2.3)	2,347 (18.5)
경상북도	8,351 (1.5)	1,263 (15.1)	2,153 (25.8)	951 (11.4)	751 (9.0)	593 (7.1)	387 (4.6)	1,053 (12.6)	1,200 (14.4)
경상남도	7,262 (1.4)	1,288 (17.7)	2,325 (32.0)	684 (9.4)	651 (9.0)	311 (4.3)	255 (3.5)	558 (7.7)	1,190 (16.4)
계	65,826	14,236 (21.6)	14,479 (22.0)	9,837 (14.9)	4,276 (6.5)	4,181 (6.4)	3,361 (5.1)	3,552 (5.4)	11,904 (18.1)

자료: 행정안전부, 2009, 외국인주민현황 및 주민등록인구통계.

정안전부, 2009).

〈표 Ⅱ-11〉은 광역시 내 농촌지역군 단위을 제외하고, 각 도 농촌지역의 외국인 수와 국적 분포를 집계한 결과로서, 충청북도 지역에 외국인 수가 가장 많으며 전라남도, 충청남도에서 다음 순위로 많은 것으로 나타나고 있었다. 국적 분포가 매우 다양해서 전체적으로는 조선족이 21.6%로 가장 높은 것으로 나타나고 있으며, 베트남, 중국, 남부아시아, 필리핀 국적자가 비교적 많았다.

한편, 외국인주민 자녀는 10만 7,689명으로 전체 외국인주민의 9.7%

를 차지하고 있으며, 이 가운데 만 6세 이하가 6만 4,040명, 만 7~12세 이하가 2만 8,922명으로 외국인주민 자녀의 86.3%에 해당한다(행정안전부, 2009). 2005년 기준 국내 국제결혼율이 13.6%인 데 반해 농촌의 국제결혼율이 30%를 넘어섰던 것을 고려하면, 외국인주민 자녀의 많은 비율이 농촌지역에 거주하고 있으리라는 것을 짐작할 수 있다(임형백, 2009: 173).

〈표 Ⅱ-11〉에서와 같이 외국인주민 자녀수가 가장 많은 전남 지역을 대상으로 전체 연령에서의 외국인주민 비율과 만 18세 이하 연령에서의 외국인주민 비율을 비교해 보면, 영암군의 경우를 제외하고는 모든 군지역에서 만 18세 이하 연령의 외국인주민 비율이 전체 연령의 외국인주민 비율보다 높게 나타나고 있음을 확인할 수 있다. 그리고 연령대를 낮추어 만 7세 이하 연령의 외국인주민 비율을 보면 그 수치가 더욱 크다. 또한 이러한 현상은 동일한 전남 지역 내에서도 도시지역시 단위보다 농촌지역군 단위에서 보다 심각한 것으로 나타나고 있다. 외국 태생 인구 비율 5%를 기준으로 다문화사회를 구분한다고 할 때(임형백, 2009: 80), 국가 전체적으로는 아직 다문화사회라는 규정이 이르지만, 일부 농촌지역에서는 이러한 기준의 적용이 무리가 아닌 것으로 보인다. 농촌의 국제결혼 증가 추이를 고려할 때, 2020년 전체 농가인구에서 이주여성농업인이 차지하는 비중은 6.2%, 19세 미만 농가인구 중 다문화 자녀가 차지하는 비중은 49%로 늘어날 것이라는 전망도 나오고 있다.[7]

7. 대한민국 정책포털 '농촌 다문화 후계세대 육성 방안에 관한 연구결과' 보도자료(2009년 4월 9일).

〈표 II-12〉 전라남도 지역 전체 인구 대비 외국인주민 비율(2009년 4월 기준)

(단위: 명, %)

구분	①주민등록 인구(전체)	②외국인주민 (전체)	비율 (②/①*100)	만 18세 이하 외국인 주민 비율	만 7세 이하 외국인 주민 비율
전라남도	1,915,819	30,309	1.6	1.8	3.7
목포시	244,862	2,781	1.1	0.8	1.5
여수시	294,456	2,720	0.9	0.7	1.7
순천시	268,732	2,414	0.9	0.9	2.1
나주시	92,082	2,234	2.4	3.7	7.2
광양시	142,433	1,470	1.0	0.7	1.7
담양군	47,890	956	2.0	3.2	7.0
곡성군	32,469	705	2.2	3.5	8.4
구례군	27,608	358	1.3	2.9	6.3
고흥군	76,050	930	1.2	3.5	8.4
보성군	49,574	783	1.6	3.3	6.5
화순군	70,182	1,380	2.0	3.3	5.4
장흥군	42,500	654	1.5	3.6	6.8
강진군	40,893	560	1.4	3.5	6.1
해남군	80,553	1,243	1.5	3.3	7.1
영암군	60,153	5,059	8.4	3.3	5.2
무안군	69,568	1,703	2.4	2.4	4.0
함평군	37,213	792	2.1	3.9	7.9
영광군	57,670	747	1.3	2.3	4.6
장성군	46,471	1,114	2.4	3.2	6.1
완도군	54,568	618	1.1	2.4	5.7
진도군	34,236	481	1.4	3.3	7.6
신안군	45,656	607	1.3	3.2	6.8

자료: 행정안전부, 2009, 외국인주민현황 및 주민등록인구통계.

2) 농촌사회 변화와 농촌문화

Brown과 Kandel(2006: 3)은 근대화 이후 계속되는 급격한 변화의 시기에 현대인들은 도시보다 영속적이고 안정적인 곳으로 여겨지는 농촌 세계에 대한 동경을 갖게 되었다고 분석하고, 이러한 인식을 '농촌 안정성의 신화'myth of rural stability라 하였다.[8] 도시 세계가 분주하고 복잡하게 변화할수록, 문화적 손실에 대한 두려움으로 인해 도시와 다른 특성, 즉 여유 있고 단순한 생활양식을 보유하고 있는 농촌 세계의 이미지를 강화하게 된다는 것이다. 이는 현대 사회에서 농촌문화가 일종의 문화 콘텐츠로서 소비 수요를 가질 수 있는 요인을 일부 설명한다. 도시민들은 도시와 다른 특성의 농촌문화를 체험, 향유하기 위해 농촌을 방문 · 체류하거나, 또는 이주를 결정하게 되는 것이다.

그럼에도 불구하고 농촌은 지속적인 변화를 거듭하고 있다. 도시화, 산업화, 정보화의 확산으로 인한 변화뿐만 아니라 다양한 배경, 직업, 의식, 국적을 가진 사람들의 유입으로 인해 경제, 사회, 문화 전반의 변화가 진행되고 있다. 도시에 비해 변화의 속도가 완만하다는 특징을 가지고 있기는 하지만, 도시민들이 기대하는 것만큼 근대화에 때 묻지 않은 순수성을 영속적으로 보유하고 있는 곳은 아니라는 것이다. Heins(2004: 394)는 도시민의 농촌 이주가 '실재'에 근거하기보다는 '인식, 해석 또는 실재에 대한 심리적 구성'에 근거하고 있음을 지적한 바 있다.

농촌사회의 변화에 따라 도시와 농촌 간 문화적 간극이 예상하는 것만큼 크지 않음은 이주민과 원주민 간 '문화 충돌'cultural clash을 다룬 연구들에서도 나타나고 있다. 1970년대 미국에서 이루어진 일련의 연구들은

8. 이와 같은 '신화'가 형성되는 요인에 대해 Logan(1996: 3)은 농촌에서 직접 살거나 일하기보다는 문학이나 언론매체 등을 통해 간접적으로만 접하기 때문이라고 지적하였다.

이주민과 원주민 간 환경, 토지이용, 성장과 개발 등의 사안에 대해 이주민과 원주민 간의 갈등 사례에 대해 다루고 있다. 그러나 다른 한편으로는 이주민과 원주민 간의 태도나 가치 인식에서 유의미한 차이가 발견되지 않는다는 연구 결과도 보고되고 있다. Wellman과 Marans(1983: 12)는 북부 미시간 지역에서의 연구를 통해, 이주민과 원주민 간 갈등의 요인이 될 수 있는 지역의 공공서비스, 성장 및 개발에 대한 인식 차이가 거의 존재하지 않음을 밝혔으며, 결과적으로 개개인의 출신지보다는 해당 지역적 맥락과 개개인이 처한 입장이 갈등 요인으로서 영향력을 지님을 강조하였다. 또한 Smith와 Krannich(2000: 396)는 양질의 어메니티로 인해 많은 이주민이 유입한 록키 산 서부의 3개 지역사회를 대상으로 한 연구에서, 인구사회학적 특성에서는 이주민과 원주민 간 연령, 교육수준, 종교 등에서 차이를 확인하였으나, 환경에 대한 관심 수준이나, 인구 증가, 경제 발전, 관광 개발 등에 대한 태도에서는 유의미한 차이를 발견하지 못했다. 두 집단 간 차이가 전혀 존재하지 않는 것은 아니지만 공통적인 요소가 더 많다고 보고 있으며, 갈등과 대립만을 부각시키는 것은 언론이나 다른 연구에서 과장하거나 극단적인 일부의 견해만을 반영한 것일 수 있음을 역설하였다.

문화는 완결된 무엇이고 그것이 구성원들의 정체성을 규정하기 때문에 외부 문화의 유입이 내부적 정체성에 혼란을 가져온다는 본질주의적 패러다임은 과거의 논의다(원용진, 1998: 179). 오히려 정체성은 그것이 처한 시 · 공간적 맥락에 따라, 많은 세력들 간의 경쟁의 결과로서 새롭게 형성되는 것이라는 논의가 힘을 얻고 있다. 따라서 현재 농촌사회는 시공간적 맥락 속에서 다양한 주체들이 새롭게 정체성을 형성해 나가고, 그러한 주체들에 의해 시 · 공간적 맥락이 재구성되는, 변화의 중심에 자리하고 있다.

5. 농촌문화의 미래상

제Ⅱ장의 마지막 단원은 농촌문화의 미래상이 '무엇'인지 예측하기보다는 '어떻게' 만들어 가야 할 것인지 방향을 논의하는 데에 목적이 있다. 먼저 농촌문화가 풍부한 문화적 토양을 상징하는 용어로 발전되어야 할 것이라 여겨진다. 이는 전통적 농촌문화의 유산들을 끊임없이 발굴 · 보전하는 것을 포함하여 외부의 전문적 예술문화와의 조화, 접목을 통해 다양한 문화가 공존하고, 때로는 경쟁하기도 하는 과정에서 농촌문화가 보다 풍성하게 구성되어야 함을 의미한다. 농촌지역의 인구가 감소하고 점차 고령화되면서 문화 담지자의 붕괴가 우려되는 현실을 두고 농촌문화를 농촌지역에 거주하는 사람들의 것으로만 제한하는 태도는 문화의 활성화를 기대하기 어렵게 한다(김창민, 2003: 78). 다양한 전문성의 농촌지역 유입은 새로운 기술과 아이디어 도입의 계기가 되어 농촌지역의 잠재력을 높일 수 있는 창조적인 긴장을 형성하는 데 기여할 수 있을 것이다(Wellman and Marans, 1983: 12). 지난 세기에는 전통문화 혹은 민족문화 등이 정치적 목적을 위해 가공, 이용된 측면이 강했다고 한다면(원용진, 1998: 193), 현재는 경제적 이익의 시각에 치우쳐 문화를 해석하는 경향이 발견되기도 한다. 그러나 시장에서 천편일률적으로 거래되는 농촌문화의 콘텐츠를 그대로 모방, 답습하는 것이 아니라 창조성을 최대한 발휘한다면 농촌문화를 풍성하게 일구어 낼 수 있는 토양은 과거에 비해 우수하다고 판단된다.

또한 농촌문화는 다양한 배경, 직업, 국적을 가진 사람들을 포용할 수 있는 확장된 공동체성을 겸비해야 할 것이다. 과거 농촌문화는 상부상조의 공동체적 생활양식을 특징으로 하고 있어, 현재까지도 마을 공동으로 각종 사업을 추진하는 근간이 되고 있다. 이제 농촌 지역사회는 외부 사회에 대한 배타적인 틀을 깨고 공동체의 경계를 한 단계 확장하여, 다양한 사람들이 공존하고, 다양한 삶의 양식이 실험될 수 있는 열린 공간으로 거듭날 필요가 있다. 익숙한 것과 새로운 것들 간의 마찰과 충돌을 조율해 나가는 오랜 시간 동안 진통을 통해 대화와 토론, 나눔과 협력으로 문제를 해결하는 문화, 서로 다른 것에 대한 배려와 존중이 있는 문화가 농촌문화의 전통으로 자리하기를 기대한다.

농촌 인구의 감소와 도시민 이주의 증가, 농촌경제의 다각화, 다문화 공간화 등 농촌 사회가 현재 직면하고 있는 변화의 소용돌이는 농촌문화의 존립 자체에 대한 의문을 제기하는 것이 사실이다. 획기적인 인구의 유입 없이 현재까지의 인구 감소 추세가 지속된다면 공동화되는 농촌 지역사회가 발생할 수 있을 것이라는 예상이 오히려 현실적으로 다가올 뿐만 아니라, 농촌경제의 다각화와 다문화 공간화로 인해 '농촌'이라는 수식어의 고유성이 점점 약화되는 듯한 인상을 받기 때문이다. 그러나 농촌문화는 이미 완성되거나 고정되어 있는 것이 아니라 끊임없이 재구성되는 것이다. 그동안 농촌문화의 고유성이 '농업'을 중심으로 형성된 것이었다고 한다면, 미래의 농촌문화는 '다양하고 풍부한 문화의 공존', '성숙된 시민문화', '환경 가치의 존중' 등이 그 고유성을 대표할지 모른다.

| 참고문헌 |

강대구, 2009,「도시와 농촌 지역 구분 기준 연구」,『농촌지도와 개발』, 16(3), pp. 557-586.

구본영, 2008,「지역문화: 문화벨트와 지역문화 활성화」, 21세기의 신성장동력 문화, 국토연구원 30주년 기념 세미나 자료, pp. 15-26.

김창민, 2003,「문화적 지역활성화의 개념과 방향」,『인문과학 논총』, 7, pp. 67-82.

박덕병, 2009,「신문화공간조성사업 관련 사례 및 주민요구분석」,『신문화공간조성사업 추진 방안 및 사례』, 신문화공간사업추진 전략 개발 워크숍 자료, pp. 111-148.

배영동, 2008,「한국 농업 근현대화에 따른 농촌문화의 변동」,『농업사연구』, 7(1), pp. 49-79.

새마을운동중앙회, 2003,『새마을운동 핸드북』. (http://saemaul.com/center/center/board/issue_view.asp?id=2236&page=1).

성여경, 2009,「귀농 · 귀촌에 대응한 농촌지도사업의 역할」,『2009 한국농촌지도학회 정기학술대회자료집』, pp. 37-47.

송미령 · 김정섭, 2008,『지자체 도시민 유치 프로그램 지원사업 선정 · 평가 · 모니터링 및 도시민 유치 프로그램 모형 정립』, 서울: 한국농촌경제연구원.

송미령 · 성주인, 2004,『주민참여형 마을개발사업의 평가와 모형 정립』, 서울: 한국농촌경제연구원.

심광현, 2003,「문화사회를 위한 문화 개념의 재구성」,『문화과학』, 38, pp. 52-79.

오세익, 2007,『농업 · 농촌 종합전망』, 농업전망 2007 발표자료.

왕인근, 1987,『농촌사회학개론』, 서울: 박영사.

원용진, 1998,「정체성의 정치학」,『문화연구 이론』, 서울: 한나래.

이해준, 2006,「한국의 마을문화와 자치 · 자율의 전통」,『한국 전통사회의 의사소통체계와 마을문화』, 대구: 계명대학교출판부.

인권환, 2003,『한국전통문화의 현대적 모색』, 서울: 태학사.

임상봉 · 김화경, 2006,「농촌 문화 관광의 활성화 방안」,『한국관광정책학 연구』, 12(2), pp. 95-113.

임형백, 2009,「한국과 서구의 다문화 사회의 차이와 정책 비교」,『다문화사회연구』, 2(1), pp. 161-192.

임형백 · 이성우, 2003,「농촌과 도시의 공존을 위한 인식론적 전환: 근대화론 비판」,『농촌사회』, 13(2), pp. 41-73.

정승진, 2008,「동아시아 촌락 담론을 통해 본 한국 촌락의 위상」,『담론』 201, 11(1), pp. 219-253.

정지웅, 1984,『한국의 농촌』, 서울: 서울대학교출판부.

지금종, 2009,「문화적 관점으로 보는 농촌마을 만들기」,『신문화공간조성사업 추진방안 및 사례, 신문화공간사업추진전략개발 워크숍자료집』, pp. 25-67.
최재율, 1986,『농촌사회학』, 서울: 유풍출판사.
한국농촌경제연구원, 2007,『농업전망』2007(I), 서울: 한국농촌경제연구원.
행정안전부, 2009, 2009년 지방자치단체 외국인주민 현황조사 결과. (https://www.laiis.go.kr/pegasusHomeIndex.do?reset=true).
홍동식, 1988,『농촌사회학의 이해』, 서울: 법문사.

Brown, D and W. A. Kandel, 2006, *Rural America Through A Demographic Lens, Population Change and Rural Society*, Dordrecht: Springer.
Heins, S., 2004, "Rural living in city and countryside: Demand and supply in the Netherlands," *Journal of Housing and the Built Environment*, 19, pp. 391-403.
Logan, J. R., 1996, "Rural America as a symbol of American value," *Rural Development Perspectives*, 12(1), pp. 24-28.
OECD, 1999, *Cultivating Rural Amenities*, Paris: OECD.
______, 2003, *The Future of Rural Policy: From Sectoral to Place-Based Policies in Rural Areas*, Paris: OECD.
______, 2005a, *Culture and Local Development*, Paris: OECD.
______, 2005b, *Place-based Policies for Rural Development: Provinces of Arezzo and Grosseto, Tuscany, Italy*, Working Party on Territorial Policy in Rural Areas.
______, 2006, *The New Rural Paradigm: Policies and Governance*, Paris: OECD.
Smith, M. D. and R. S. Krannich, 2000, "'Culture clash' revisited: Newcomer and longer-term resident's attitudes toward land use, development, and environmentral issued in rural communities in the Rocky mountain west," *Rural Sociology*, 65(3), pp. 396-421.
Sorenson, C., 1999, "National identity and the creation of the category 'peasant' in Colonial Korea," Gi-Wook Shin and Micheal Robinson(eds.), *Colonial Modernity in Korea*, Cambridge, Massachusetts: Harvard University Press, pp. 288-307.
Wellman, D. and R. W. Marans, 1983, "Social conflict associated with turnaround migration: Evidence from Northern Michigan," *Journal of the Community Development Society*, 14(1), pp. 1-15.

제 III 장

농촌 지역사회의 사회적 자본

소진광
경원대학교 교수

1. 근대화와 농촌 지역사회의 접근논리

1) 지역사회 개념과 유형

(1) 지역사회 개념

흔히 지연적地緣的 요소가 강한 '지역사회'the community와 사람끼리의 접촉에 의한 공통기반을 강조하는 '공동체'community는 동일한 것으로 다루어져 오고 있다. 그러나 '지역사회'가 공간 척도를 통해 인지되는 반면, '공동체'community는 시간함수를 통해 인지되고 있다. 물론 Tönnies(1887)의 공동사회Gemeinschaft와 이익사회Gesellschaft라는 구분이 공간축과 시간축을 모두 포함하는 현상 자체에 초점을 두고 있지만 이 양자가 지연적 속성과 공통적 인식의 성향에 따라 매우 다양한 유형의 인간집단과 연계되어 있을 가능성이 있다. 즉, Tönnies는 사람의 움직임이 작고 접촉범위가 한정된 농경사회에서 Gemeinschaft 현상을 유추할 수 있었고, 인간의 공간선택 범위가 확대되던 산업사회에서 Gesellschaft 현상을 관찰할 수 있었던 것이다. 이 양자를 2개의 축으로 하는 다양한 인간집단 유형화는 공간현상을 설명할 수 있는 유용한 좌표다.[1]

영어의 '*community*'는 '다수 혹은 모두 공유하는 공통적이고 공공적인 것'이라는 의미의 라틴어 '*communis*'에서 비롯되었다고 한다(Harper, 2001). 영어의 'community'에 해당하는 라틴어 'communitatus'는 '함께' 혹은 '더불어'를 의미하는 접두사 'Com-'와, '변화' 혹은 '이어진 변화'를 의미하는 '-Munis-', 그리고 '-tatus'는 '작은', '소형의', '긴밀한' 혹은

1. 우선 Gemeinschaft 특성이 강하고 Gesellschaft 특성이 강한 유형과 두 요소 중 하나는 약하고 다른 하나는 강한 유형 2개, 그리고 두 요소 모두 약한 유형을 도출할 수 있을 것이다.

'지방의'local를 뜻하는 접미사로 이루어져 있다. 즉, '*community*'에는 구성원끼리의 유대감, 결속이 중요했던 농업사회에서의 사회구조화 과정이 함축되어 있다. 이러한 의미는 활동범위가 확대되고, 급격한 소용돌이 속에서 방향보다는 속도에 취해 있는 경쟁사회의 출현, 그리고 전 지구적global 연결망으로 특징되는 현대사회에서 마치 '고향'과도 같은 가치로 인식되게 되었다. 특히 '지연적地緣的 지역사회'는 경쟁사회에서의 원점과도 같이 항상 되돌아가 자신을 맡길 수 있는 고향처럼 인식되고 있다.

결론적으로 '지역사회'는 가치로서의 의미와 현상으로서의 의미를 동시에 지니고 있는데, 유형화 과정에서 이러한 의미성분은 서로 교차할 수 있다. 사회적 자본social capital이 삶의 과정에서 지향해야 할 가치로 인식된다면 이를 축적하고 측정할 수 있는 단위로서의 '지역사회' 역시 가치요소에 의해 유형화될 수 있을 것이다. 사회적 자본이 인간생활과 관련한 현상의 한 단면으로서 가치중립적 의미로 인식된다면 '지역사회' 역시 하나의 현상으로 유형화될 수 있을 것이다.

첫째, 가치로서의 '지역사회'는 결속solidarity, 관여commitment, 상호의존mutuality 및 신뢰trust를 의미요소로 하고 있다(Frazer, 1999). 따라서 가치로서의 '지역사회'는 산업화로 인해 줄어들기 시작한 사회적 자본에 대한 향수를 포함하고 있다.[2] 둘째 현상으로서의 '지역사회'는 지리적 소속감을 공유하고 있는 사람들의 거주활동범위로 인식되고 있다.

어떠한 의미로든 지역사회는 '변화의 관리대상'이 될 수 있으며 이 경우 변화의 방향과 관련한 '지향점'과 '관리대상의 정의'는 '가치'와 '현상'의 접점을 이룬다. 이러한 논의는 관리대상으로서의 지역사회 유형화에 따라 달라질 수 있다. 사회적 자본이 공간적 차원에서 의미를 부여받을 수

---

2. Fukuyama(1999)는 산업화의 진전으로 도시화가 진행되면서 사회적 자본이 줄어들고 있다고 주장하고 있다.

있다면 그것은 곧 공간유형에 따라 사회적 자본 축적 정도가 다르고 공간의 관리방식에 따라 사회적 자본의 유용한 정도가 다를 수 있기 때문일 것이다.

이러한 관점에서 20세기 후반부터 고조되고 있는 사회적 자본에 대한 관심은 전통적인 지역사회에서의 인간척도human scale를 되살리려는 의도가 포함되어 있다. 물리적 척도physical scale에 의한 인류문명의 발전현상의 설명은 조건의 형성이지 실질적인 '삶의 질'의 향상과 연계되지 않는 경우가 많다. 물질적인 여건은 인류가 지향하는 '삶의 질' 향상의 일부만을 충족시켜 줄 뿐이다. 인간은 사회적 동물이라서, '삶의 질'은 구성원의 사회적 관계에 의해 결정된다.

(2) 지역사회 유형

Tönnies는 1887년 『공동사회와 이익사회』*Gemeinschaft and Gesellschaft*라는 책을 출간하였다. 그는 이 책에서 두 단계를 구분하고 있는데, 우선 공동사회Gemeinschaft에서 인간관계는 친밀하고 영구적이며, 사회에서 각자의 서열에 대한 분명한 이해에 기초하고 있다. 개인의 가치는 그가 해오고 있는 일보다는 그 사람 자체와 관련되어 있다. 따라서 신분은 타고난 것이지 노력을 통해 성취되는 것이 아니다. 두 번째 단계인 이익사회Gesellschaft는 산업화의 특징을 반영하고 있는데, 이 단계에서는 대규모 비인칭적 인간관계가 만연하고 계약을 통한 인간관계가 증가한다. 또한 신분은 타고난 것이라기보다 노력을 통해 성취되는 것이라서 개인의 행동과 동기부여가 중요하다. 이와 같이 Tönnies는 사회조직이 한 유형에서 다른 유형으로 전환하면서 변천되는 것으로 보았다. 그의 저서는 산업화가 사회적 관계나 사회집단에 대해 미치는 영향을 이론화하기 위한 시도였다.

전통적인 시각에서 '지역사회'는 Tönnies의 척도에 따라 공동사회

Gemeinschaft와 이익사회Gesellschaft를 두 축으로 하는 좌표상에서 다양하게 분류될 수 있다. 이러한 분류는 공간의 특성을 파악하는 데는 유용하지만 문제의 진단과 처방을 위한 실천적 논리를 마련하는 데는 한계를 가지고 있다. 다만 20세기 후반부터 실증적 영역에서의 이러한 지역사회 유형이 사회적 자본 개념을 도입하여 실천논리를 확보하기 시작하였지만 사회적 자본의 측정과 관련한 가치판단의 개입이라는 비판으로부터 완전히 자유롭지 않다. 〈그림 Ⅲ-1〉은 Tönnies의 공동사회Gemeinschaft 요소와 이익사회Gesellschaft 요소를 두 축으로 하여 지역사회를 유형화할 수 있는 좌표를 나타내고 있다.

〈그림 Ⅲ-1〉에서 [유형 1]은 상대적으로 공동사회 요소와 이익사회 요소가 모두 높은 수준을 유지하고 있는 지역사회를 나타내 주고 있다. 이러한 지역사회는 지연적 산업이 잘 발달되어 있고, 전통을 중시하는 중 · 소 규모의 도시에서 발견된다. 특히 이러한 유형의 지역사회에서는 사회적 자본 축적이 잘 되어 있어서 근대화된 산업활동을 통해 지역사회

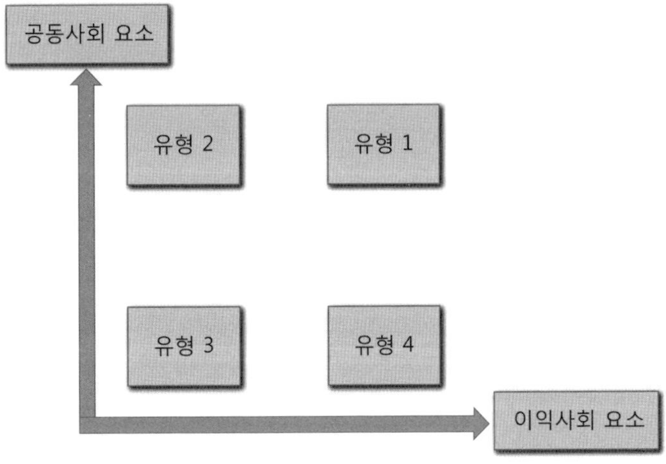

〈그림 Ⅲ-1〉 Tönnies(1887)의 척도에 의한 지역사회 유형 구분

공통가치를 실현할 가능성이 높다. 반면 [유형 2]는 공동사회 요소는 상대적으로 높지만 이익사회 요소가 상대적으로 낮은 지역사회를 보여 주고 있다. 이러한 유형의 지역사회에서는 구성원의 공통가치가 우선할 가능성이 높다. 따라서 이러한 유형의 지역사회에서는 개인의 역량을 중시하는 근대산업이 발달하기 어려울 수도 있다. [유형 3]은 공동사회 요소와 이익사회 요소 모두 상대적으로 낮은 지역사회를 나타낸다. [유형 4]는 공동사회 요소는 상대적으로 낮지만 이익사회 요소가 상대적으로 높은 지역사회를 나타내고 있다. 이러한 지역사회 유형은 대도시의 특징이기도 하는데, 종종 인구이동이 잦은 중 · 소 규모의 도시에서도 발견된다.

그러나 이러한 '지역사회 유형화' 접근방식은 공동사회Gemeinschaft와 관련한 요소를 어떻게 정의할 것인가에 따라 동일한 현상에 대해서도 각기 다른 결론에 도달할 수 있다는 비판을 면치 못한다. 최근 사회적 자본 개념을 도입하여 공동사회와 연계되어 있을 것으로 추정되는 요소와 표현인자 등이 어느 정도 성과를 거두고 있지만 사회적 자본과 같은 인간 척도는 가치판단으로부터 완전히 자유로울 수가 없다. 결국 지역사회 유형과 관련한 Tönnies의 척도는 처방을 위한 실천논리 확보차원에서 한계를 지니고 있다.

따라서 아직도 '지역사회'는 물리적 척도 혹은 현상에 근거하여 접근되고 있어서 '지역사회 재건'이라는 21세기 새로운 패러다임을 충족시키는 데 한계를 지니고 있다.[3] 즉, 공통기반과 관련한 장소적 특성, 변화의 관리근거와 관련한 선택적 이익, 그리고 관리목적에 따라 지역사회는 다양한 유형으로 구분되고 접근되고 있다. 이러한 지역사회 유형구분은 처

3. 현상에 근거하여 지역사회를 구분할 경우 처방을 위한 원인과 연계되지 못해 '지역사회 재건'(Rebuilding Community)과 같은 실천논리를 제공하지 못한다.

방의 근거가 되는 '작동과정'에서의 문제점을 인식하는 데 한계를 지니고 있다.

첫째, 지역사회는 장소적 특성, 즉, 규모, 인간활동 및 지형에 따라 그 유형을 달리한다. 지역사회의 규모는 흔히 정주권settlement, 즉 같은 공간에서 거주하는 인구수에 따라 구분된다. 취락village과 도시를 구분한다든가 마을, 소도읍(읍, 면 소재지), 소도시, 중간규모 도시, 대도시(현행 우리나라 법체계상 30만 이상의 대도시, 50만 이상의 대도시, 그리고 정치 · 행정 단위로서의 광역시(최소요건; 인구 100만 이상)가 있음)를 구분하고 있는 것은 모두 정주권의 규모에 따른 지역사회 유형이다.

또한 가능한 인간활동 즉, 공간기능에 의한 '지역사회'는 농촌, 어촌, 광산촌, 도진취락, 임촌林村, 기지촌military base, 교육도시, 상업도시, 공업도시, 위락도시, 금융도시 등으로 유형화되고 있다. 이러한 지역사회 구분은 지배적인 인간활동에 근거하고 있기 때문에 지역사회의 미세한 감성을 외면하기 쉽다. 특히 이러한 지역사회에서는 겉으로 드러난 지배적 특성을 과대평가하여 미세한 다양성을 외면하기 쉽고 결국 공동노력의 우선순위가 왜곡될 가능성이 있다.

또한 지형에 의한 '지역사회'는 해안도시, 평야도시, 산촌山村, 강촌, 도서지역, 평야지역, 사막도시오아시스, 선정扇頂마을, 선앙扇央마을, 선단扇端마을, 산록마을 등으로 유형화할 수 있다. 과거 자연에 대한 의존율이 높았던 사회에서는 이러한 지형이 인간활동에 큰 영향을 미쳤고, 따라서 지형에 대한 인식은 인간활동을 이해하는 중요한 척도였다.

둘째, 선택적 이익interest 혹은 관심에 따라 '지역사회' 유형이 구분될 수 있다. 선택적 이익이란 인간의 태도나 행위를 통해 접근될 수 있다. 이는 집단의 동질성과 다른 집단과의 차별성에 근거하고 있다. 이러한 선택적 이익에는 문화, 경제, 인종, 정치성향이 포함된다. 종교, 언어 등 문화적 관심과 관련한 선택적 이익에 의한 '지역사회'는 공간축보다는 시간축을 중심으로 유형화되고 있다. 불교문화권, 유교문화권, 이슬람문화권 등이 여기에 속한다. 종교와 언어는 장구한 시간을 공유해 온 인류 집단을 유형화하는 데 유용하다.

그리고 경제활동에 의한 '지역사회' 유형화는 공간기능과 관련되어 있다. 인간활동과 공간은 상호작용하고 있다는 관점에서(Friedmann, 1972), 인간활동의 특성은 지역사회를 유형화할 수 있는 대표적 기준이다. 즉, 인간활동은 장소적 특성을 활용하여 전개되고 있다. 다만 이러한 장소적 특성은 과거 자연조건에 의해 제약받고 있었으나 교통 · 통신 기술의 발달로 자연조건을 극복할 수 있는 인문현상으로 인식되고 있다. 절대공간을 중요시하던 과거와는 달리 상대공간이 중요해진 것이다.

또한 인종 혹은 종족분포에 의한 '지역사회' 구분은 인종과 종족에 따라 달리 나타남직한 공간인식을 유형화하는 것과 관련되어 있다. 미국 로스앤젤레스의 한인촌, 샌프란시스코의 차이나타운, 뉴욕의 유태인상가 등은 모두 이러한 지역사회 유형에 속한다.

이 밖에 정치성향도 '지역사회'를 유형화할 수 있는 중요한 지표다. 미국에서 전통적으로 민주당이 강한 지역사회와 공화당이 강세인 지역사회가 구분되고 우리나라에서도 지역별로 지지하는 정당이 달리 나타나고 있다. 이러한 성향은 지역주의regionalism와도 연관되어 있어서 사회적 자본의 공간속성을 이해할 때 중요한 지표가 된다.

셋째, 특정한 관리 목적에 따라 '지역사회'를 구분할 수 있다. 이러한 맥락에서 지역사회를 구분하기 위해 개발목적, 관리목적 등 특정 목적을 기준으로 할 수도 있다. 즉, 지역사회를 개발목적에 의해 구분하는 것은 공통적인 문제점 인식에 근거하고 있다. 도서지방의 활용도 저하에 따른 문제점을 해결하기 위해 도서지방 개발권을 획정한다든지, 태백산맥을 중심으로 나타나는 낙후문제를 해결하기 위해 태백권개발 특정지역을 구분하거나 외국의 투자유치를 위해 송도경제자유구역을 지정하는 것

등이 여기에 속한다. 또한 특정 자원을 관리할 목적으로 지역사회를 구분할 수도 있는데, 한강수계 수질보전지역, 문화유산 보전지역 등이 여기에 속한다. 이 밖에 기타 특정 목적 예를 들면 질병 등 재난 구호지역 등으로 지역사회를 유형화할 수도 있다.

2) 산업화와 지역사회의 붕괴

인류문명은 농업으로부터 시작하여 탈농업화로 이어졌다. 즉, 산업화 과정에서 전통적인 농업사회는 붕괴되기 시작하였고, 도시화가 빠르게 진행되고 있었다. 산업화로 인해 활기를 띠기 시작한 도시공간은 전통적인 농업사회의 생활방식과는 다른 인간활동을 파생시켰다. 농업사회에서의 도시생활은 농촌 지역사회에서의 생활과 큰 차이를 보이지 않았지만 새로운 산업은 농촌에서의 인간활동과 도시에서의 인간활동을 분리하는 데 기여하였다. 또한 발전의 표상이 근대화modernization로 상징되면서 탈농업脫農業은 도시와 농촌을 구분하는 척도로 인식되기 시작하였다. 근대화는 도시화와 동일한 의미로 받아들여졌고, 산업화는 농업을 근간으로 하던 국가운영논리를 전환하고 있었다. 도시와 농촌은 상호작용하면서도 분명한 차이를 가지고 있는 공간단위로 구분되기 시작한 것이다.

이처럼 산업화가 진전되면서 도시는 농촌과 대조를 이루는 공간현상으로 이해되었고, 산업화로 인한 도시사회와 공간구조의 변형은 변화에 대한 인간의 대응논리를 도출하는 데 기여하였는데, 이의 대표적인 것이 도시생태학적 시각이다. 즉, 변화무쌍한 도시공간과 도시기능을 마치 생태계의 변화처럼 이해하려는 발상이 도시공간구조에 대한 생태학적 시각이다. 변화의 축은 도시공간을 중심으로 하고 있었고, 농촌지역사회는 도시의 변화에 소극적으로 반응하는 변두리쯤으로 전락하였다. 농촌에서의 생산활동을 근간으로 유지되어 오던 농업사회에서의 도시와 산업화 시대의 도시가 근본적으로 다른 이유가 여기에 있다.

그러나 도시가 새로운 변화를 이끄는 중심축으로 기능하면서 도시와 농촌과의 유기적인 상호작용관계는 약화되기 시작하였고, 이 과정에서 도시 안에서의 문제는 더욱 심각하게 되었다. 이러한 배경에서 농촌지역사회에 대한 낭만적 향수가 태동하였고, 이는 도시에서의 편리함, 생산성 등 소위 근대화 이점과 상쇄적trade-off 관계에 있는 것으로 인식되고 있다. 따라서 농촌 지역사회의 접근논리는 도시를 보는 시각에 따라 다르다. 즉, 농촌 지역사회의 접근논리는 도시와 농촌을 유기적인 상호작용관계로 보는 시각과 도시와 농촌을 이분법적으로 구분하는 시각에 따라 달라진다. 이와 같이 농촌 지역사회의 접근논리를 도시화 현상의 반사적 입장에서 구분하는 일은 산업화에 따른 토지이용의 양극화 현상, 즉, 도시와 농촌에서의 경제활동 격차를 설명하기 위해서도 필요하고 농촌 지역사회 발전의 대안을 검토하기 위해서도 필요하다.

산업화의 중심무대로 등장한 도시공간은 풍요의 상징이 되었고, 유능한 사람들의 경연장으로 탈바꿈하기 시작하였다. 유능한 사람들의 경연은 전통적인 농업사회에서의 협력관계와는 다른 인간관계를 보여 주기 시작하였다. 이 과정에서 산업화로 인해 빠르게 성장하는 도시는 경쟁, 갈등, 계약관계 및 효용성의 상징으로 인식되기 시작하였고, 전통적인 농촌 지역사회는 구성원끼리의 협동, 통합 및 끈끈한 인간관계로 표현되곤 하였다. 이러한 시각은 콩트(Comte, 1876), 뒤르켕(Durkheim, 1960), 퇴니스(Tönnies, 1887) 그리고 베버(Weber, 1921) 등에서 두드러지게 나타나고 있다.

Comte는 성장기에 프랑스혁명을 경험하며 기존 질서가 붕괴되는 현장을 목격한 사람이다. 그는 기존질서가 붕괴되면 무정부상태가 만연될 것을 우려하였고, 곧 자유분방한 개인주의가 팽배될 것으로 생각하였다. 따라서 그에게 있어서 가장 시급한 일은 질서를 회복하는 것이었다.

Comte는 혁명으로 인해 파괴되고 있는 전통적인 공동체적 지역사회가 인간에게 있어서 가장 자연스러운 서식처라고 여겼다. 즉 공동체가 형성되면 질서가 세워지고 산업화를 주도할 수 있으며 근대화된 사회를 재건할 수 있다고 믿었던 것이다.

Durkheim(1960)은 사회적 관계가 분해되어 도덕적 무질서, 즉 아노미anomie현상이 나타나는 것을 염려하였다. 여기서 아노미현상이란 규범에 의한 인간의 행태를 더 이상 기대할 수 없는 상태를 의미한다. 그에게 산업화는 규범을 파괴하고 사회를 와해하는 것으로 비쳤다. 그는 산업화의 두드러진 특징으로 기계적 결속mechanical solidarity에 근거한 공동체가 조직적 결속organic solidarity에 근거한 공동체로 전환하는 것을 들었다. 기계적 결속이란 도덕적 사고와 사회적 가치가 모든 구성원에 의해 공유되고, 집단의 권위가 절대적이며, 그로부터의 일탈이 용납되지 않는 상태를 의미한다. 모든 사람들에게 규칙을 준수할 것이 기대되고, 또 규칙의 준수가 강요된다. 이러한 형태의 사회결속기반은 모든 사람들에게 통용되는 동질의 도덕적 신념이다.

이와는 대조적으로 조직적 결속은 사회적 차별성에 기초하고 있으며, 사회통합의 중요한 역할은 노동분업에 의해 수행된다. 이와 같이 산업화와 함께 대두된 새로운 형태의 결속은 전문 영역의 상호 의존성에 기초하고 있다. 이러한 체제 아래서 규범, 규칙 및 법률은 억압에 의해서가 아니라 제도적으로 맺어진 집단이나 개인 간 계약을 통해 형성되고 조직된다. 안정성과 통합은 필요성에 근거하여 재구축될 것이다. 아무도 자신만의 논리에 기초해서는 새롭게 산업화되고 있는 도시세상을 살아갈 수 없다. 도시에서의 모든 구성원은 서로의 활동에 의존할 수밖에 없다. Durkheim은 이러한 새로운 형태의 결속을 '조직적'organic인 것으로 불렀다.

도시화 이전 단계와 도시화 단계를 분석한 또 다른 접근논리는

Tönnies에 의해 시도되었다. 즉, Tönnies는 농업사회와 산업사회에서의 공간현상을 구분하고 이에 따라 인간관계가 변하고 있음에 주목하고 있다. 즉, Tönnies는 농업사회에서의 지배적인 인간관계를 공동사회Gemeinschaft 특성으로, 그리고 산업사회에서의 지배적인 인간관계를 이익사회Gesellschaft 특성으로 접근하고 있다. Tönnies의 두 단계 중에서 공동사회는 동질성에 기초하고 있고, 집단지향적이며, 전통에 의해 지배되고, 구성원 모두가 전체 공동체의 부분이라는 각 개인의 느낌과 감수성에 의해 이끌려진다. 공동체의 구성원이 된다는 것은 각자 자신의 일을 하는 것보다 더 중요하게 여겨진다. 따라서 개인의 욕망은 보다 광범위한 집단의 공통욕구에 종속적이다. 사회의 집단적 특성이란 개인은 전문화되지 않고, 따라서 만물박사로 취급되어짐을 의미한다. 결국 1차 관계, 즉 친구나 가까운 친척끼리 얼굴을 맞대는 관계가 가장 전형적인 사회유형에 속한다.

이와는 대조적으로, 이익사회에서는 이질성이 보다 보편적인 사회기반이고, 개인주의 성향이 강하다. 개인은 합리성에 근거하여 사고하고 공동체나 혹은 보다 넓은 사회의 집단적 이익보다는 자신의 이익을 추구하는 방향으로 행동한다. 전문화 영역이 탄생하고 사람들은 특정 분야의 전문가가 된다. 그 결과 그들은 어떠한 일을 완성하기 위해 다른 사람들과 관계를 맺어야 한다. 모든 사람을 두루두루 아는 것보다, 관계는 일시적이며 미리 정한 일을 마무리하는 작업과 연계되어 있다. 어떤 일을 추진하기 위해 특정한 전문분야의 사람들이 조직되지만 일단 그러한 일이 끝나게 되면 조직의 존재이유 또한 사라진다. 이와 같이 이익사회에서의 관계는 공동사회에서의 관계보다 유동적이다.

2. 농촌지역사회의 새로운 발전척도로서 사회적 자본

1) 지역사회 발전의 의미

발전development은 개발과 밀접하게 연관되어 있다. 일반적으로 변화를 인위적으로 관리한다는 의미의 개발은 그러한 개발이 반드시 소망스러운 결과를 가져다줄 것이라는 믿음으로부터 출발하고 있다. 영어의 'development'라는 단어가 '개발'과 '발전'이라는 의미를 동시에 가지고 있는 것도 그 때문이다. 인류는 오랫동안 경제활동, 특히 경제활동의 결과인 자본축적 정도로 발전현상을 설명해 오고 있다. 2차 대전이 끝난 후 국제연합의 한 보고서(1947)는 생활수준 향상을 경제개발계획의 주된 목표로 삼고 있었다(Arndt, 1987: 50). 여기서 생활수준의 향상은 물질적 풍요를 의미하는 것으로 대체로 총량적인 경제성장economic growth과 경제발전economic development을 동일시하고 있다.[4] 평균적 풍요가 국가 전체적인 경제정책의 기조를 이루고 있었던 것이다. Adelman(1961)은 경제발전을 "1인당 소득성장률이 작거나 감소하는 경제로부터 오랜 기간 자족적으로 증가하는 경제로 전환하는 과정"으로 정의하고 있다. 그러나 발전을 도모하고자 하는 개발의 목적이 총량적인 경제성장으로부터 정치, 사회, 문화 등 모든 영역에서 선택의 폭을 확대하는 것으로 바뀌고 있다. 소득증대를 추구하는 것은 인류가 항상 하는 많은 선택 중의 하나일 뿐이다(Haq, 1995).

발전현상을 설명하는 데 있어서 정의justice가 도입된 것은 인류역사를 통해 볼 때 그리 오랜 일이 아니다. 정의는 정당성을 확보하는 기준으로

---

4. 경제성장과 경제발전이 동일시되고는 있었으나 이러한 용어의 선택은 개발도상국과 이미 산업화된 선진국 간에 차이가 있었다. 개발도상국이 정책기조로 '경제성장'을 선호한 반면, 선진국에선 '경제발전'이라는 용어를 선호하였다(Arndt, 1987: 51).

과정논리의 성격을 띠고 있다. 따라서 발전이 결과 지향적인 관점에서 추구되던 시대에는 이러한 정의관념이 소홀하게 다루어지고 있었다. 또한 정의는 분야별로 독특한 존재방식을 띠고 있다. 이는 어느 분야의 정당성과 관련되어 있느냐에 따라 그 기준이 달리 설정되어 있음을 의미한다. 경제분야에서의 정당성은 경제정의economic justice의 관점에서, 사회분야에서의 정당성은 사회정의social justice의 관점에서, 그리고 환경분야에서의 정당성은 환경정의environmental justice의 관점에서 논의되어야 하는 것이다.

총량적인 경제성장이 정책기조를 이루고 있는 경우 경제정의가 중요하게 다루어질 수 없었음은 당연하다. 농업혁명과 산업혁명을 통해 인류가 지향하는 바는 생산성의 증대이지 생산과정이나 소득의 분배과정에서의 정당성 확보가 아니었다. 과정이 결과에 이르는 기계적 수단으로 여겨졌던 때문이다. 결과에서의 문제점을 과정의 논리로 해결할 수 있다고 믿게 되면서 정의는 중요시되었다. 19세기 말 영국에서의 Fabian Society의 등장은 경제정의의 필요성을 역설한 계기를 마련해 주었다. 그러나 경제정의가 주관적 가치체계인 당위성을 전제로 하고 있기 때문에 실증경제학의 정상과학활동 반열에서 제외되곤 하였다. 아마도 Pigou가 *The Economics of Welfare*(1920)를 출간한 것을 계기로 경제정의가 학계에서 다루어지기 시작하였을 것으로 사료된다. 물론 바람직한 상태에 대한 논의는 장구한 인류역사를 통해 끊임없이 이어지고 있었으나 그것의 정당성 문제는 쉽게 다루어지지 못했다.

경제정의가 소득분배와 관련하여 논의되면서 결과를 잉태하는 과정의 중요성이 부각되게 되었고 이러한 과정은 반드시 경제분야에만 국한된 것이 아니었다. 사회 전반적인 작동체계와 경제활동 결과를 연계하여 접근할 필요성이 제기된 것이다. 즉 개발의 사회적 측면, 예를 들면 보건, 교육, 영양상태 등 종래 경제분야에서 다루어지지 않았던 영역에 관심을 갖게 된 것이다. 또한 성장growth과 발전development을 구분하려는 시도도 나타나게 되었다. Singer(1965)는 저개발국의 문제는 성장뿐만 아니라 발전이라고 전제하고 "발전"을 "성장과 변화"로 정의하고 있다. 여기서 변화는 경제적인 것뿐만 아니라 사회적 · 문화적인 것, 그리고 양적인 것뿐만 아니라 질적인 것을 모두 포함한 것이다. 국제노동기구ILO에서는 고용창출을 새로운 목표로 도입해야 한다고 주장하였고[5] 세계은행은 1972년 '사회적 형평성과 경제성장'social equity and economic growth과의 관계를 거론하며 개발이 빈곤을 해결하지 못하고 있다고 지적하였다.[6] 이에 더하여 기본수요basic needs전략이 1975년 ILO가 주관한 세계고용에 관한 회의에서 주창되었다.[7] 이와 같이 경제 외적인 요소를 통해 발전현상을 설명하려는 시도는 Rawls가 1970년 『사회정의론』*Theory of Social Justice*을 출간한 것과 맥을 같이하고 있는 것으로 사료된다. 발전현상을 설명하는 데 있어서 경제정의에 이어 사회정의social justice가 강조되기 시작한 것이다.

한편 경제활동은 환경문제와 불가분의 관계에 있어서 이들 양자 간의

5. David Morse(당시 국제 노동기구의 사무총장)가 Cambridge에서 1970년 9월 행한 연설에서 천명한 것이다. 그는 'GNP의 실각'(Dethronement of GNP)이라는 제목의 연설을 통해 "고용문제를 개발의 중요 목표와 항목으로 취급하여야 한다"고 주장하였다. 총량적인 GNP를 성장시키기 위해 고용문제를 등한시해서는 안 되고 나아가 실업률을 낮추는 일도 중요하다는 메시지를 담고 있는 것이다(Robinson and Johnston, 1971).

6. 이는 1968년부터 세계은행 총재로 일해 온 Robert S. McNamara가 1972년 9월 행한 연설문의 제목이다. 그는 연설문에서 과거 개도국에서 국민소득증대가 가난한 자에게 의미 있는 정도로 다가가지 못했다고 전제하고 "빈곤의 문제는 제도적 틀, 특히 체계 내에서의 경제와 정치권력분배에 그 뿌리를 두고 있다"고 주장하였다(Arndt, 1987: 97-98).

7. 기본수요(basic needs)라는 용어는 이전에도 사용되었는데, 1969년 Dudley Seers의 *The Meaning of Development*, 1971년 Mahbub ul Haq의 *Employment and Income Distribution*이 그것이다. 그러나 기본수요 전략이 대안적 개발전략으로 정련된 것은 1976년 ILO가 발행한 보고서 *Employment, Growth and Basic Needs: A One-World Problem*에서다(Arndt, 1987: 101). 여기서 주목할 것은 기본수요전략이 경제지표만을 다루는 것이 아니라는 점이다.

관계를 조율할 필요성이 제기되기 시작하였다. '성장의 한계'를 인식하고 이를 연구한 로마클럽의 보고서(Meadows et al., 1972)는 현재의 관성력이 성장의 한계를 불가피하게 만든다고 전제하고 인류사회의 '지속가능성'을 확보할 수 있는 '지구의 균형상태'the state of global equilibrium를 제안한 바 있다.

1992년 리우 정상회의에서 "환경적으로 건전하고 지속가능한 개발ESSD"[8]전략이 제안되어 이후 이 분야 패러다임으로 자리 잡고 있다. 그러나 결정의 불가역성을 특징으로 하고 있는 지구환경의 관리측면에서 보면 지속가능성은 수많은 가능성의 하나에 불과하다. 인류문명은 인간의 지식에 근거하고 있다. 문제는 인간의 지식이 장기적으로 인간의 서식처인 지구에 대하여 어떠한 영향을 미칠 것인지를 판별해 내기가 쉽지 않다는 데 있다. 즉 지속가능한 지식을 판별할 수 있는 기준을 마련하기 어렵다(Bryant, 2001). 우선 새로운 지식은 인간의 경제생활을 윤택하게 한다는 명목으로 산업화되어 쓰이게 된다. 그로 인한 환경적 악영향은 이미 그러한 재화의 사용이 심각한 문제를 발생한 연후에 감지된다. 만약 성장이 스스로를 제한하는 속성을 지니고 있지 않다면, 전체적인 성장의 비용은 편익을 능가하게 되고, 이를 교정하기 위해 어떠한 조치를 취해야 하는 것이다. 또한 자연적인 한계가 존재한다면 그러한 한계를 피동적으로 맞이하기보다는 적극적으로 그러한 한계를 극복하거나 연장하기 위해 노력해야 하는 것이다. 따라서 '지속가능성'은 인간의 실천의지에 달려 있다.

지구환경문제를 해결하기 위해서는 우선 그러한 환경오염의 책임자와 피해자가 정의될 수 있어야 한다. 환경오염의 책임과 피해가 명

---

8. Development를 발전으로 해석하려는 입장도 있으나 여기서는 발전을 포함한 변화의 관리 방식을 강조하는 의미에서 개발로 번역하고 있다.

확하게 정의되더라도 이를 실천적으로 해결하기 위해서는 '환경정의' environmental justice가 세워져야 한다.[9] '환경정의'가 '지속가능성'과 관련하여 강조되고 있는 것은 전 지구적 환경오염으로부터 가장 취약한 곳이 후진국, 그중에서도 저소득층이기 때문이다. 그러나 전 지구적 환경오염의 대부분은 선진국, 상류층의 생산과 소비패턴에 의해 유발되어 왔다. 따라서 선진국 발전과정을 모방하는 것이 환경적으로 위험한 결과를 초래할 가능성이 크다. 발전의 척도를 달리하지 않는 한 이러한 시행착오는 반복되기 쉽다. 실제로 서구적 산업화를 도모하고 있는 많은 개발도상국가들에 의해 환경오염은 더욱 심각해지고 있다. 결국 환경정의는 환경의 파괴자와 피해자와의 관계, 동일한 지구적 환경오염으로부터 피해 정도의 불균형을 시정하는 일과 관련되어 있다. 환경오염에 노출되는 정도는 또 다른 계층 간의 격차를 유발하고 있는 것이다. 환경정의가 실현되지 않는다면 그만큼 환경문제의 해결은 요원하게 된다.

이와 같이 발전의 의미는 시대별로 또 영역별로 달리 해석될 수 있다. 뿐만 아니라 발전현상을 정당화하는 기준인 정의justice의 대상도 경제, 사회, 그리고 환경 영역으로 그 무게를 달리하고 있다. 그럼에도 불구하고 지역사회 발전현상의 척도는 아직도 인간활동의 한 단면에 불과한 전통적인 자본축적 정도를 중심으로 논의되어 오고 있다. 그러나 어떠한 유형의 전통자본도 여건이 동일하다고 해서 반드시 동일한 결과로 이어지지 않는다는 일반적인 변화의 양태를 설명해 주지 못한다. 특히 발전

9. 환경정의는 사람들이 그들 환경이 안전하고, 자양이 있으며 생산적이라고 믿고, 상호작용할 수 있는 지속가능한 지역사회(sustainable communities)를 유지하기 위해 필요한 문화적 규범, 가치, 규칙, 규제, 행태, 정책, 그리고 의사결정과 관련하여 논의되고 있다. 환경정의는 사람들이 가지고 있는 모든 잠재력을 실현할 수 있을 때 작동된다. 또한 환경정의는 어느 정도의 임금수준과 안전한 직업, 훌륭한 학교시설과 오락, 주거안정과 적절한 건강관리, 민주적 의사결정과 개인의 권리신장, 폭력 · 마약 · 빈곤으로부터 자유로운 지역사회에서 유지된다. 이러한 지역사회에서는 문화적 다양성과 생물적 다양성이 존중되고 숭배되며 분배의 정의가 실현된다(Bryant, 1995: 6).

의 대전제인 '지속가능성'은 전통적인 자본의 특성과는 조화를 이루기 어려운 속성을 지니고 있다.[10]

결국 전통적인 자본은 인류가 '삶의 질'을 향상시키기 위해 사용할 수 있는 많은 수단 중의 하나일 뿐이다. 그러나 '삶의 질' 역시 시간과 공간에 따라 다르게 접근해야 하는 모호한 개념이다. 지역사회 발전을 도모하고자 하는 수많은 계획들이 지역에서의 '삶의 질'을 제고하려는 데 그 목적을 두고 있으면서도 모두 물리적인 '삶의 여건', 즉 시설중심으로 구성되어 왔고, 적법절차due process of law에 의한 계획의 정당성을 화려한 설계도면으로 대체하는 등 목표와 수단을 연계시키지 못하고 있다. 즉 '삶의 질'을 제고하기 위해서는 시설 등 물리적인 여건도 중요하지만 그러한 물리적인 시설을 활용할 수 있는 사람과 사람의 관계나 사회구조의 형성이 더욱 중요하다. 현재 우리나라 각종기관에서 평가하고 있는 도시별 '삶의 질'평가인자만 보더라도 대부분이 물리적인 시설지표로 이루어져 있어서 구조와 기능을 동일시하는 오류를 범하고 있는 것이다. 공간구조와 기능을 연계시켜 '삶의 질'을 제고하기 위해서는 전통적인 금융자본, 물리적 자본(도로, 주택, 공원 등), 환경자본, 인간자본보다는 상호신뢰와 상호관계로 이루어져 있는 사회적 자본social capital 형성이 더욱 중요하다.

이제 지역사회 발전은 물리적인 시설이나 경제활동 결과 등 전통적인 자본축적 정도로만 평가될 수 없다. 발전 정도를 '삶의 질' 수준으로 접근하면서도 아직도 물리적인 시설이 이에 상응한 시민 만족도와 동일한 것으로 취급되고 있다. 이 양자 간의 연계는 구조와 기능을 상응케 하는 사회적 자본 형성을 통해 구체화될 수 있을 것이다. 또한 계획과정에서의

10. 지속가능성을 담보하는 환경요소는 시장기구를 통해 조작될 수 없는 부분이 많다. 환경문제는 상당 부분 인간의 실천의지와 관련되어 있기 때문이다.

주민참여 역시 사회적 자본 기반이 미약한 상태에서 적법절차due process of law라는 형식논리에 함몰되어 사회적 생산력 증대에 한계를 지니고 있다.[11] 사회적 자본은 소유의 관점에서 접근해 오고 있는 전통적인 자본과는 달리 활용의 관점에서 인지되어 정의되고 있다.[12]

주민참여기회가 확대되지 않는다면 구성원 간 신뢰기반, 연계망, 사회안전망 등은 구축되기 어렵다. 마찬가지로 구성원 간 신뢰기반, 연계망 및 사회안전망이 구축되지 못하면 지역사회 구성원 간 호혜적 관계 혹은 이타주의는 형성되기 어렵다. 또한 지역사회 구성원 간 호혜적 관계와 이타주의 형성은 시민사회의 기반이다. 이러한 시민사회는 지역사회 자원배분을 최적화하고 지역사회 주민들에게 다양한 기회를 제공하며, 경제정의, 사회정의 및 환경정의의 실현을 촉진한다.

결국 주민들의 자발적 참여는 사회적 자본을 축적하여 시민사회를 성

---

11. 산업화는 산업자본을 중심으로 거의 모든 사회현상을 설명하는 데 성공한 것처럼 보였다. 산업자본이 전통자본의 골간을 이루고 있음이 그 증거다. 따라서 인종, 문화, 그리고 언어가 달라도 산업화의 정도는 곧 발전현상을 형량할 수 있는 가장 기본적이고 대표적인 척도로 인식되게 되었다. 그러나 새로운 논리의 부각으로 산업화에 근거한 전통적인 자본만으로는 설명할 수 없는 사회현상이 출현하였고, 그 빈도가 점차 늘어가고 있다. 수평적 · 개방적 · 분산적 인식논리가 보편화되고 있음이 그 예다. 그러한 새로운 논리는 사회조직화과정에 있어서 새로운 환경의 조성과 밀접하게 관련되어 있다.

    요즘 활발하게 논의되고 있는 사회적 자본은 이와 같이 새로운 환경조성과 관련하여 사회적 · 경제적 결과에 영향을 미치는 과정에 대한 인식논리의 성격을 띠고 있다. 특히 우리나라의 경우 새로운 인식논리의 근저에는 지방자치제도의 부활이 큰 비중을 차지하고 있다. 사회적 자본의 개념이 아직도 학계에서 논의의 초점을 이루고 있는 이유는 새로운 인식논리가 정착하지 못했고, 그와 관련되어 있는 환경변화가 급속하게 일어나고 있기 때문이다. 다른 한편으로는 그간 산업화를 중심으로 형성되어 온 논리체계의 범위 안에서 새로운 인식논리와 현상을 이해하려는 타성이 사회적 자본개념의 유용성을 과소평가하는 데 기여하고 있기 때문이기도 하다.

12. 이러한 맥락에서 사회적 자본을 사회자본으로 번역하는 것은 적절치 못하다. 사회적 자본은 다른 사람과의 관계에서 형성되고 활용될 수 있는 과정의 논리를 띠고 있기 때문이다. 사회자본으로 번역할 경우, 단순히 개인자본의 대칭개념으로 오해할 소지가 있기도 하다. 사회적 자본은 소유의 맥락에서 인지되는 개념이 아니다. 사회적 자본이 사회구조화 과정에서 창출되고는 있으나 어느 특정 집단의 소유물이 아니라 그러한 집단의 작동체계 혹은 과정 자체를 의미하고 있기 때문이다.

숙시키고 이러한 시민사회를 근간으로 지역사회 발전의 다양한 구성요소를 충족시킬 수 있게 된다. 경제정의, 사회정의 및 환경정의가 실현되지 못한다면 어떠한 개발도 인류문명의 지속가능성을 담보할 수 없다. 개발이 발전과 동일시되기 위해서는 변화의 방향과 속도가 지속가능한 범위 안에서 통제되어야 함을 의미한다. 따라서 모든 발전현상은 지속가능성을 전제로 하고 있는 셈이다.

20세기 후반부터 전개되고 있는 지역사회 재건운동[13]은 시민사회 형성을 전제로 하고 있기 때문에 인간척도human scale를 지역사회 발전의 요소로 중요시하고 있다. 여기서 인간척도란 물리적 여건의 조성만으로는 지역사회 발전을 담보할 수 없다고 보고 그러한 여건을 삶의 만족으로 연계시키기 위한 구성원의 사회적 관계에 주목해야 한다는 입장을 의미한다. 이러한 입장은 우선 지역사회 공동의 노력을 여건을 조성하는 데 한정하였던 종래의 패러다임을 구성원의 삶의 질을 고려한 여건을 정의하는 일로부터 지역사회 개발논리를 세워야 한다는 패러다임으로 전환하는데 기여하였다. 즉, 공급(물리적인 여건)이 수요(주민들의 삶의 만족도)를 충족시킬 것이라는 종래의 지역사회 개발접근논리가 수요를 고려한 공급 체제로 전환하고 있다.

2) 지역사회 발전척도로서의 사회적 자본

개인적 생산력과 사회적 생산력은 각기 다른 원리에 의해 지배되고 있고 그러한 구분은 전통적인 자본의 규모에 따른 효과와는 별개의 것이다. 동일한 규모의 자본 투자에 의해서도 결과적인 이윤 발생정도가 모

13. 1970년대부터 시작한 한국의 새마을운동은 산업화에 따른 도시-농촌의 양극화 현상을 치유하기 위해 도입된 지역사회 재건운동의 대표적 사례다.

두 다르다.[14] 이러한 차이는 자본을 누가, 무엇을 생산하는 데 사용하는 문제와도 별개의 것이다.[15] 이는 개별 구성원을 전체 사회로 통합하는 과정에서 구성원 간 상호작용에 영향을 미치는 중요한 요소를 간과하고 있기 때문이다. 개별 단위의 존재가치 외에 구성원 간의 신뢰trust라든지[16] 네트워크와 같은 또 다른 유형의 자본이 개입되어 있을 가능성이 있다. 즉 개별 구성원을 단순히 합해 놓았다고 해서 전체 사회를 이루는 게 아니라면 개인적 자본personal capital과는 별개의 사회적 자본이 사회형성과정에서 개입되어 있을 가능성이 높다.[17]

이와 같이 사회적 자본은 사람들 사이의 수많은 일상적 상호작용으로부터 창출된다. 그런 의미에서 사회적 자본은 개인이나 혹은 사회구조 안에 있는 것이 아니라 사람과 사람 사이의 공간space 안에 있다(Bullen and Onyx, 1998). 조직이나 시장market 혹은 국가가 사회적 자본의 생산과 관련되어 있긴 하지만 사회적 자본은 특정 조직이나 시장, 혹은 국가의 전유물이 아니다. 사회적 자본은 개인의 생산성을 증대시키는 도구인

14. 동일한 공간상에서 대규모 공장의 이윤율이 소규모 공장의 그것보다 낮거나, 동일 업종의 동일규모 공장이 대도시에서보다 작은 지역사회에서 많은 이윤을 발생시키는 경우는 규모의 경제(economies of scale) 관점에서 설명될 수 없다.

15. 누가 자본을 사용하느냐에 따라 이윤발생 정도가 다른 경우는 인간자본 개념으로 설명이 가능하고, 자본을 무엇을 생산하는 데 사용하느냐에 따라 이윤발생 정도가 다른 경우는 산업구조론 측면에서 설명이 가능하다.

16. Fukuyama(1995)는 사회 구성원 간의 신뢰도가 낮은 사회는 경제성장도 낮다고 하여, 지역사회 구성원 간 신뢰도가 또 다른 생산수단으로 기능할 수 있음을 암시하고 있다.

17. 사회적 자본의 기원이 비록 19세기 고전적 사회학에 그 뿌리를 두고 있지만 현재와 같이 활발한 연구대상으로 부각된 계기는 Pierre Bourdieu(1986)와 James Coleman(1988)에 의해 마련되었다. Bourdieu(1986)는 사회적 자본이란 용어를 1970년대 어떤 지역사회에서 회원제(membership)를 통해 주민들에게 발생하는 추가 이익과 기회창출의 의미로 사용하기 시작하였다. Coleman(1988)은 사회적 자본을 정밀하게 정의하고 있지는 않지만 주민들의 사회적 연대(social ties)로부터 나타나는 개인적 자원이란 의미로 이 용어를 사용하고 있다. Coleman(1988)에 있어 사회적 자본은 은행계정에서 확인할 수 있는 금융자본(financial capital)과 인간의 두뇌 안에 있는 인간자본과는 달리 사람과 사람 사이의 관계 의미를 포함하고 있다.

물리적 자본physical capital 및 훈련을 통해 축적되는 인간자본human capital과 유사하게 상호 이익을 도모하기 위한 조정과 행동을 쉽게 해 주는 네트워크, 규범 및 사회적 신뢰와 같은 사회조직의 특징과도 관련되어 있다.

Putnam(1993a)은 물리적 자본 및 인간자본과 마찬가지로 사회적 자본을 사회의 생산적 잠재력을 증진시켜 주는 네트워크, 규범 그리고 신뢰trust와 같이 사회조직의 특징과 연관시켜 정의하고 있다. Fukuyama (1995) 또한 사회구성원 간의 신뢰를 사회적 자본으로 보고 있다. Fukuyama는 최근 연구(1999)에서 산업혁명을 전환점으로 기술진전이 개인주의 성향을 가져왔다고 전제하고, 개인의 선택자유를 신장시킨다는 미명 아래 규범과 규칙을 끊임없이 혼란시켜 오고 있는 사회는 점차 조직이 와해될 것이며, 원자화되고, 고립되어 결국 공통의 목표와 일을 추진할 수 없게 된다고 보았다. 기술혁신을 무한정 추구하는 사회는 또한 개인의 다양한 행태에도 한계를 두기 어려워서 결과적으로 범죄증가, 가족와해, 자식양육의무에 대한 부모의 무관심, 이웃 간에 책임 떠넘기기, 공중도덕에 대한 시민들의 외면 등 사회질서의 붕괴를 가져온다. Fukuyama(1999: 60-68)는 이러한 사회질서의 붕괴를 사회적 자본감소로 보고 그 원인을 3가지로 요약하고 있다. 즉 첫째는 (상대적) 빈곤의 심화와 소득불균형증대이고, 둘째는 근대 복지국가의 산물로서 정부정책이 실패하였기 때문이며, 셋째는 보다 광범위한 문화변동의 결과로서, 예를 들어 종교의 몰락과 지역사회에 대한 의무를 다하지 않은 채 개인적 자아만족을 추구하려는 개인주의 성향을 들고 있다.

이와 같이 사회적 자본은 새로운 현상을 설명하기 위한 개념이 아니라 기존의 자본 개념으로 설명할 수 없었던 기존 현상의 암영대shadow zone를 보다 잘 이해하기 위한 개념으로 정립되어 가고 있다. 사회적 자본에 대한 개념정의는 학문 분야에 따라, 또 학자에 따라 다양하나 SCIG(1998)는 이를 다른 사람 혹은 단체에 대하여 한 개인 혹은 다른 단체가 가지고 있는 동정심과 책임감에서 비롯되는 잠재적 이익, 편의 및 우대preferential treatment로 정의하고 있다.[18] 이처럼 사회적 자본을 현재 가치가 아닌 잠재적 가치로 정의하고 있는 것은 그만큼 사회적 자본형성과정 여하에 따라 그 결과가 크게 달라질 수 있기 때문이다.

무엇보다도 사회적 자본의 핵심적인 특징은 다른 자본형태와 비교하여 그 기원이 '사회적'이라는 데 있다. 즉 금융자본financial capital이 금융시장으로부터 기원하고 있고, 인간자본human capital이 기술과 재능교육 및 훈련과 관련하여 논의되어 오고 있으며, 물리적 자본physical capital이 서비스를 생산하기 위해 만들어진 물질적 재화의 수용과정에서 대두되는 것과는 달리 사회적 자본은 사회적 관계social relations로부터 기원하는 것이다. 이러한 사회적 관계는 참여participation를 통해 형성되고 신뢰trust와 이타주의altruism에 의해 유지된다.

Putnam(2000)은 주민참여를 통해 사회적 자본을 가장 효율적으로 축적할 수 있다고 전제하고 주민참여의 유형을 정치참여political participation, 공식집단에의 참여civic participation, 종교참여religious participation, 직장에서의 연계connections in the workplace, 비공식 사회집단 연계informal social connections, 이타주의, 자발성volunteering, 자선philanthropy, 호혜reciprocity, 정직honesty 및 신뢰로 나누어 각각이 사회적 자본과 갖는 관계를 분석하고 있다. 특히 사회변동으로 인해 각종 제도나 집단에 대한 주민참여의 형태도 바뀌게 되는데 이 과정에서 지역사회의 사회적 자본은 달라지게 된다. 이 중에서 특히 연계망, 신뢰기반 그리고 이를 통한 구성원 간 호혜적 관계와 이

18. SCIG(Social Capital Interest Group)는 미국 미시간 주립대학교에 설치되어 있는 사회적 자본에 대한 연구단체인데 사회적 자본에 관한 여러 차례의 국제세미나를 개최한 바 있다. SCIG는 학기 중 1주일에 한 번씩 정례 세미나를 개최하고 있으며 세계은행(World Bank)의 지원을 받고 있다. 1999년부터는 명칭을 SCI(Social Capital Initiative)로 변경하여 운영되고 있다. SCI는 2001년 10월 IBRD 후원을 얻어 남미의 칠레에서 빈곤퇴치와 사회적 자본을 연계하려는 대규모 국제세미나를 개최한 바 있다.

타주의는 시민사회를 형성하기 위해 반드시 필요한 요소다.

사회적 자본은 정체성을 지닌 어떤 사회를 형성하는 과정에서 생산력을 증대시킬 수 있는 공식적인 제도뿐만 아니라 이를 유지시켜 주는 규범과 비공식 기능까지를 포함하는 광범위한 사회적 관계의 관리능력을 말한다. 동시에 사회적 자본은 지역사회 안전망, 지역사회 연계망 그리고 지역사회 신뢰기반을 통해 측정 가능하고 이를 통해 구성원 간 호혜적 관계가 조성되며 이타주의가 형성된다. 사회적 자본은 구성원 각자가 이를 배타적으로 소유할 수는 없지만 그 영향은 전체적으로뿐만 아니라 개별적으로도 나타나는 특징을 지니고 있다. 그러나 사회적 자본은 이의 인지방향이나 사용목적에 따라 다양하게 접근될 수 있다. 사회적 자본의 기원이 개별 구성원의 조직화과정에 있고 이러한 조직화과정 역시 다양한 형태를 띠고 있기 때문이다.

이러한 맥락에서 사회적 자본은 ① 생산수단으로서의 의미와 ② 가치로서의 의미를 동시에 지니고 있다. 우선 생산수단으로서의 사회적 자본은 사회적 자본형성 자체보다는 경제활동의 생산성을 향상시킬 수 있는 경제환경조성에 더 큰 비중을 두고 정의될 수 있다. 경제활동에 투입되는 생산요소의 네트워크, 거래비용을 줄일 수 있는 제도나 기능, 전통적인 자본의 효율성을 증대시킬 수 있는 새로운 논리의 수용이 생산수단으로서의 사회적 자본과 관련되어 있다. 가치로서의 사회적 자본은 사회적 자본형성 자체가 사회체제의 목표로 수용되는 경우에 의미가 있다. 특히 가치로서의 사회적 자본은 산업화 시대에 더욱 심각해진 도시문제의 접근논리와 연계되어 Tönnies의 공동사회 요소에 대한 일종의 향수를 반영하고 있다.

결국 이 경우 사회적 자본은 지역사회가 공동으로 추구할 수 있는 가치이자 지역사회 발전을 가늠할 수 있는 척도 혹은 기준이 된다. 무엇보다도 이러한 사회적 자본은 이제까지 검토한 발전현상의 가치체계인 경제정의, 사회정의, 그리고 환경정의를 실현하는 데 있어서 금융자본, 물리적 자본, 인간자본보다 더 효과적이다. 또한 인류문명의 지속가능한 발전은 지역사회 자원배분이 최적화되고, 다양한 기회가 존중되어야 하며, 경제정의, 사회정의 그리고 환경정의가 전제되어야 실현될 수 있는 덕목이다. 이러한 덕목은 인간관계를 관리할 수 있는 가장 효율적인 실천수단이다.

소진광(2004b)은 사회적 자본은 표현인자를 매개로 하여 개념요소와 기능이 연계되어야 한다고 보고 사회적 자본의 측정지표를 개발하였다. 사회적 자본은 그 유용성을 어느 방향에서 접근하느냐에 따라 달리 정의될 수 있고, 이로 인해 사회적 자본의 개념요소도 달리 구성될 수 있다. 따라서 사회적 자본의 표현인자는 사회적 자본의 유용성 혹은 기능과 연계될 수 있을 때 그를 통한 조사결과의 타당성이 인정되기 때문이다.

즉, 소진광(2004a)에 따르면 지역사회의 공통기반을 확보하기 위해서는 구성원 간 신뢰를 세고하여야 하고, 지역사회 공동의 목표를 정립하기 위해서는 주민들의 참여를 늘려야 한다. 또한 이웃과 지역사회를 유지하기 위해서는 구성원 간 네트워크를 구축하고, 지역사회의 자원을 동원하고 안전망을 확보하기 위해서는 제도와 규범을 형성하고 지켜야 한다. 또한 지역사회 공동의 이익을 창출하기 위해서는 자원봉사활동을 통해 이타주의를 보급하여야 한다. 즉 사회적 자본은 그 유용성에 따라 개념요소를 달리할 수 있고, 지역사회특성에 따라 그 존재방식, 존재유형 및 형태가 달리 표현될 수 있다.

3. 농촌 지역사회의 사회적 자본 축적전략

1) 농촌 지역사회와 사회적 자본의 연계성

지역사회는 사회적 자본을 담을 수 있는 '그릇'에 해당한다. 지역사회의 다양한 의미요소 중에서도 공간규모와 위치 및 활동범위는 사회적 자본과 밀접하게 관련되어 있다. Putnam(1993a, 1993b, 1995, 2000)의 저술들은 우리나라 조선시대 실학파인 이중환의 『택리지』擇里志 접근방식과 유사한 점이 많다. 다만 『택리지』가 환경결정론에 좀 더 가깝고, Putnam의 접근방식이 환경가능론에 좀 더 가깝다는 차이가 있을 뿐이다. 따라서 이중환에게 있어서 공간은 선택의 대상이었지만, Putnam에게 공간은 사회적 맥락을 조작함으로써, 비록 시간은 많이 걸리겠지만 어느 정도는 개조 가능한 것으로 비치고 있다. 그러나 두 사람 모두 역사와 장소는 현재의 공간을 잉태한 가장 중요한 원인이며, 일정한 맥락을 형성하고 있고, 이것은 시간과 공간이라는 두 가지 척도로 비교될 수 있다는 데에는 의견을 같이하고 있는 것으로 보인다.

Putnam의 공간인식은 1970년대부터 이탈리아의 다양한 지방정부를 조사할 때와 2000년, 이제까지 사회적 자본에 관한 그의 연구를 집대성한 *Bowling Alone*을 발행할 때를 비교하면 약간 변화하고 있음을 느낄 수 있다. 이는 이탈리아와 미국이라는 조사대상의 차이에서 나타나는 당연한 귀결인지도 모른다. 1993년 *Making Democracy Work: Civic Traditions in Modern Italy*에서 Putnam은 이탈리아의 다양한 지방정부는 각각 고유한 장소place적 입장에서 이해되고 있으나, *Bowling Alone*에서는 기능 면에서 어떤 동일한 척도로 비교가 가능한 공간space적 의미가 더 강하게 부상하고 있다.

Putnam(2000: 204-215)은 특히 사람의 장소적 이동이 잦으면 식물을 옮겨 심는 경우처럼 삶의 뿌리가 바뀌게 되고, 이 과정에서 지역사회에 대한 연대의식이 약화된다고 보았다. 즉 최근에 어떤 지역사회로 이주해 온 사람들은 투표에 참여할 확률도 작고, 친구나 이웃과 관계를 맺기도 어려우며, 주민단체에 가담할 가능성도 작다는 것이다. 그뿐만 아니라 향후 5년 이내에 이주가 예상되는 사람들은 계속 머물려고 생각하는 사람들보다 교회나 어떤 단체모임에 참여하려는 의사도 약하고, 자원봉사 혹은 지역사회 일에 관여하기를 꺼려한다는 것이다. 이와 같이 자주 옮겨 다니는 사람이 지역사회와의 유대가 약한 것처럼, 인구이동률이 높은 지역사회 또한 결속이 약하다. 그런 맥락에서 인구이동이 잦은 지역사회에서는 범죄발생률이 높고, 학교행사가 적다. 그런 지역사회에서는 비록 그곳에서 오랫동안 살아오는 주민들조차도 그들 이웃과의 유대가 약하다고 Putnam은 주장하고 있다. 이와 같이 인구의 이동성향은 시민참여와 지역사회에 근거한 사회적 자본을 훼손하고 있는 것이다.

Putnam(2000: 206-207)은 미국의 경우 도시인구규모와 주민활동 참여율, 교회에 나가 예배에 참여하는 횟수와의 상관관계를 분석하고 이들 간의 뚜렷한 성향을 도출한 바 있다. 즉, 대도시일수록 주민들의 지역사회행사 참여율과 교회예배 참가율이 감소하고 있었다. 또한 Putnam은 미국에 있어서 교외화suburbanization는 직주분리와 종족 및 계층 간 분리현상을 더욱 확대하고 있다고 전제하고, 그 성격을 제2차 세계대전을 기점으로 비교하고 있다. 전통적으로 미국의 도시주변지역은 동질적인 지역사회특징을 보여 주있지만, 전후 점차 이질화되어 가고 있고, 민족, 계층, 교육수준, 생애단계 등에 따라 '생활방식에 의한 고립지역'lifestyle enclaves화되는 현상이 현저하게 나타나고 있다는 것이다.

이와 같이 1980년대 번창한 '동호인 개발'common interest developments과 하나의 출입구를 두고 울타리를 친 지역사회gated communities의 출현은 각각의 집단거주지가 이웃 지역사회와 눈에 보이지는 않지만 격리되는 결과를 낳았다. 1983년 캘리포니아의 오렌지카운티에서 있었던 주택단지 개발사업의 15%가 담을 친 주거단지였는데, 5년 후 이러한 비율은 두 배로 증가하였다고 한다. 교외화는 주민들의 자동차에 대한 투자를 증대시켰고, 시간소비와 관련하여 주민들의 행태도 변화시켜 오고 있다. 이러한 변화는 사람들의 일상생활에서 공간인식을 바꾸고 있다. 이와 같이 혼자 차 안에서 보내는 시간이 늘어가고 있기 때문에 많은 사람들이 차를 운전하는 시간을 '혼자 생각하고 즐길 수 있는 기회'로 여기게 되었다. 그러나 Putnam에게 있어서 혼자 자동차를 타고 오랜 시간 통근하는 것은 지역사회생활에 악영향으로 비쳐졌다. 그는 매일 통근에 10분을 더 할당하게 되면 지역사회 일에 참여하는 비율이 10% 정도 낮아진다고 보았다.

Putnam(2000: 214)은 미국에 있어서 지난 한 30~40년간 대도시주변의 교외화suburbanization 현상이 사회적 자본을 잠식해 오고 있다고 결론짓고, 그 이유를 다음과 같이 들고 있다. 첫째는 교외화가 자동차를 운전하며 혼자 있는 시간을 증대시켜, 주민들의 지역사회참여를 줄인다는 것이고, 둘째는 교외화가 사회적 분리추세와 연관되면서 단지별 동질성이 참여로 인한 특혜인식을 저감하였고, 계층과 종족을 초월한 사회적 연계 구축의 기회를 감소시키고 있다는 것이며, 마지막으로 교외화는 지역사회의 구역인식boundedness을 약화시키고 있다는 것이다. 교외화는 직장, 거주, 쇼핑 등을 공간적으로 분리해 오고 있고, 이는 누구도 한 지역사회의 일에 몰두할 수 없도록 하고 있는 것이다. 지역주의에서와 마찬가지로 계획의 실마리는 균형을 이루려는 필요성에서 찾을 수 있다(Odum and Moore, 1938: 258).

특히 정보 · 통신기술이 발달하면서 간접접촉을 통한 새로운 유형의 시민 네트워크 형성은 기존의 전통적인 시민 네트워크 방식을 대체할 수 있다. 이들 '네티즌 사회'netizen society에서는 새로운 유형의 접촉이 빈번

해지면서 공동의 이익을 실현하기 위한 새로운 방법이 등장하고 있는데, 한국축구 대표단을 응원하기 위해 결성되고 실제 행동을 보여 준 '붉은 악마'는 좋은 예다. 이들은 한국의 사회적 자본을 증대시켜 준 실증적 사례로 기록될 것이다.

이와 같이 사회적 자본의 요소는 이를 접근하는 입장과 또 지역사회 특성 및 사회변천과정과 맞물려 있어서 연구대상에 따라 달리 구성되어야 하고 또 항목별 가중치 또한 달라져야 한다. 특히 지역사회의 위기관리 능력은 평소 지표화할 수 없는 특성을 지니고 있기 때문에 사회적 자본 평가에 반영되기 어렵다. 그럼에도 불구하고 사회적 자본의 생산력은 위기 시에 더욱 큰 힘을 발휘한다. 1995년 일본의 고베 시에서 발생한 화산폭발은 지역사회에 근거한 사회적 자본이 얼마나 큰 힘을 발휘할 수 있는지를 잘 보여 주고 있다(Calthorpe and Fulton, 2001: 31). 주민들은 평소 긴밀한 연계를 유지하고 있었기 때문에 화산이 폭발했을 때, 어떻게 대피해야 하고 노약자나 장애자를 어떻게 도와주어야 하는지를 잘 알고 있었고, 사후 수습에 있어서도 이웃을 잘 알고 있었기 때문에 누가 실종되고, 누가 출타 중인지를 쉽게 파악할 수 있었다.

한편 인구이동성향과 사회적 자본, 그리고 교외화와 사회적 자본과의 관계를 분석한 또 다른 Putnam(2000)의 연구 결과는 공간관리 측면에서 시사하는 바가 크다. 즉 정주의식을 높일 수 있는 공간정책을 정의하는 일, 도시별 자족성을 어느 정도로 확보하여 지역사회 내 결속을 도모하고, 다른 한편으로 주변 지역사회와의 역할 분담을 통한 연계를 확보할 것인지에 관한 논리의 개발, 그리고 신도시를 건설할 때 기존 주변 대도시와의 거리, 그들 기존 도시와의 상호작용을 어떻게 정의할지 등은 전통적인 물리적 자본에 의해서만 논의될 일이 아니다. 이러한 공간개발이 궁극적으로 추구하고 있는 것은 그 안에서 사는 사람들의 삶의 질을 제고하는 것일진대 삶의 질이라는 것이 전통적인 자본만을 척도로 접근될 수 없기 때문이다.

결론적으로 지역주의가 공간좌표상에서 역사성을 설명하려고 시도한 반면, 사회적 자본은 시간좌표상에서 공간발전 현상을 설명하고 있다. 사회적 자본은 공간적 성분과 시간적 성분으로 구성되어 있다. 즉, 지역사회 통합기반은 언어, 종교, 관습 등 역사적 맥락의 공통분모를 도출하는 과정에서 접근될 수 있고, 사회적 자본의 영향범위는 지역사회 공간적 특성과 연계되어 있다. 이 과정에서 지역사회별로 다를 수 있는 공간적 특성은 사회적 자본을 통해 연계되고 공간기능을 분담할 수 있게 된다.

결국 지역주의는 사회적 자본의 관점에서 지역별 차별화의 경제를 도모할 수 있는 준거다. 모든 지역사회가 같은 것을 같은 방식으로 추구하게 되면 지역의 특수성을 살릴 수 없고 그리되면 인접 지역사회끼리의 상호 보완관계 형성이 어렵다. 어느 특정의 지역사회가 다른 지역사회를 필요로 하게 하여 서로 보완적 관계를 창출할 수 있도록 유도할 수 있는 힘의 원천이 사회적 자본인 셈이다. 이러한 관점에서 사회적 자본을 측정하기 위한 지역사회를 그 규모와 형성단계에 따라 유형화할 수 있다. 즉 사회적 자본을 축적하기 위해 가장 효율적인 지역사회 규모를 도출하고 지역사회 속성에 따라 달리 축적된 사회적 자본의 실태를 분석하게 되면 변화의 관리방식과 관련한 처방이 가능하게 될 것이다.

이러한 관점에서 농촌 지역사회발전의 접근논리는 도시발전의 전통적인 접근논리와는 달리 사회적 자본 형성에 근거하여야 한다. 물리적인 여건을 마련하는 데 있어서 농촌 지역사회가 도시 지역사회를 능가할 수 없을 것이고, 농촌에서의 생산성이 도시에서의 그것을 압도하기 어렵다면 지역사회 발전의 다른 척도를 도입하지 않는 한 농촌 지역사회는 도시에 비해 상대적으로 낙후될 수밖에 없다. 도시 지역사회에서의 문제점으로부터 자유로울 수 있는 농촌 지역사회의 장점을 발견하고 이를 살려

나갈 수 있는 처방이 필요하다. 농촌 지역사회는 도시 지역사회와는 달리 전통이 더 잘 지켜지고, 주민들의 자발적 조직이 유지되고 있으며, 마을 단위의 공동노력을 통해 공통의 가치를 실현하는 풍습이 도시에 비해 많이 남아 있다. 이들 농촌 지역사회에서의 사회적 자본은 농촌에서의 삶의 질과 연계되어 있는 새로운 지역사회 발전척도로 작동한다.

비록 부족하고, 여린 여건이지만 주민들의 자발적 참여, 서로에 대한 신뢰와 배려가 이루어진다면 다른 사람과의 관계에서 인지되는 '발전'의 가능성은 높게 평가될 수 있다.[19] 농촌발전을 논의함에 있어서 사회적 자본 개념을 도입하는 이유가 여기에 있다. 우선 농촌에서는 직주가 근접하여 구성원끼리의 접촉빈도가 높고, 주민들의 인구이동이 상대적으로 적어 시간흐름을 공유할 가능성이 높으며, 마을이라는 공간 단위가 협동을 통한 공동노력의 터전으로 인식되어 오고 있다. '두레'와 '향약'이 마을을 단위로 운영되고 있었음은 이를 증명해 준다.

2) 농촌 지역사회 발전 작동과정

개발development이란 용어는 가치 있다고 평가되는 '과거의 변화'를 보다 적극적으로 자원을 투입하여 미래 시점에서 유도해 내기 위한 노력을 의미한다. 수단으로서의 개발은 발전이라는 결과와 연계되어야 한다. 이러한 연계성은 계획을 통해 확보된다. 변화의 성분을 방향과 속도로 나눌 때, 이제까지 개발행위의 정당성은 속도성분에 더 큰 비중을 두고 인간욕구와 현재 상황 간의 시차적 문제를 해결하려는 과정에서 절차논리 중심으로 논의되어 오고 있었다. 그러나 보다 중요한 발전현상은 변화의 방향에서 논의될 수 있다. 또한 과거의 변화가 추구할 가치를 부여받기

19. 여기서 발전이란 만족도를 나타낸다.

위해서는 상당한 시간을 필요로 하기 때문에 과거 변화의 전제조건과 방향이 함께 검토되지 못한 채 그 속도만 고려되는 경우가 특히 개발도상국이나 저개발 국가에서 흔히 나타났다.

한편 종종 발전현상을 도모하려는 지역사회개발의 목표가치는 '삶의 질' 향상과 같이 구체적인 행동지표와 연계시키기 어려운 방식으로 표현되고 있다. 그러나 보다 적극적인 자원투입, 새로운 규범의 형성 등 인간의 집단적 노력을 요하는 개발행위는 변화방향과 변화의 속도를 조율하는 구체적인 방법을 별개의 것으로 접근하여 정당화될 수 없다.

그러한 맥락에서 농촌 지역사회개발논리는 사회적 자본 형성과정과 밀접하게 관련되어 있다. 사회적 자본이 특별히 논의될 필요성이 대두되는 것은 정체성을 지닌 지역사회나 지역사회 전체의 동원 가능한 자본, 즉 수단화할 수 있는 잠재력이 단순히 구성원 개개인이 가지고 있는 자본을 합산한 것과 같지 않다는 데 있다. 물리적으로 동일한 여건에 놓여 있는 별개의 지역사회가 반드시 동일한 주민만족수준을 보이고 있지 않음으로 해서 삶의 질에 대한 과정 논리가 필요했던 것과 마찬가지로, 지역사회 구성원들의 개인적 자본을 모두 합했다고 하여 지역사회 총체적인 생산력과 일치하지 않는다면 지역사회는 사회적 자본 계정을 도입하여 잠재력을 극대화할 수 있을 것이다.

지역사회의 잠재력을 극대화한다는 것은 지역주민들에게 다양한 기회를 제공하는 일과 관련되어 있다. 지역사회에서 다양한 기회를 창출하기 위해서는 주민들의 자발적 참여가 전제되어야 한다. 주민들의 자발적 참여는 다양한 지역사회 구성요소를 연계하여 변화의 방향과 속도를 조율해 주기 때문이다. 이러한 조절장치는 성숙된 시민사회의 전형이다. 결국 주민들의 자발적 참여는 지역사회발전의 근간이면서 사회적 자본의 축적과정이다.

따라서 사회적 자본은 이제까지 당연시 여겨 왔던 '조건=결과'의 등식이 성립되지 않는 경우에 대한 저간의 경험적 관찰결과를 설명하는 과정에서 인지되기 시작한 자연스러운 척도이자 목표다. 즉 주민 개별행동과 지역사회 전체의 행동 사이에는 일종의 매개요인이 내재되어 있어 이의 과정논리에 대한 보다 정교하고 치밀한 분석이 필요하게 되었다.

특히 지방자치시대 지역사회개발 분야에서 사회적 자본형성과정에 대한 논의는 사회적 동원과정을 통해 지역사회 잠재력을 체계적으로 현재화顯在化하기 위한 지역의 공동노력과 관련하여 그 실익이 있다. 뿐만 아니라 사회적 자본형성 과정이 상향적bottom-up 속성을 지니고 있고, 신뢰원칙, 상호 호혜주의 및 행동규범에 근거한 사회적 연계social connections와 네트워크로 이어지기 때문에 지역사회에서의 사회적 자본 형성은 지역사회 발전의 본질을 충족시켜 주고 있다.

지역사회 발전의 대원칙으로 부각되고 있는 지속가능성sustainability은 사회전체가 그 운명에 책임을 져야 하고 각각의 환경에 맞는 개발방식을 선택해야 한다는 점을 강조하면서, 선택과 참여의 범위를 개인 차원을 넘어 전체 사회로 확대하고 있다. 따라서 지역사회 발전의 덕목인 지속가능성은 본질적으로 사회규제의 자발적 형태인 사회적 자본에 의존하고 있는 셈이다. 지방자치 실시로 인해 주민참여가 활성화되면 사회적 자본의 구조적 표현요소인 사회안전망, 연계망, 신뢰기반이 구축된다. 이러한 주민조직활성화는 궁극적으로 국가와 지역사회의 상호작용을 촉진시켜 민주주의 이념을 실현하고 상호이해를 증진시켜 사회적 자본의 기능적 요소인 구성원 간 호혜적 관계와 이타주의를 촉발한다.

결국 지역사회 발전은 구성원 간 네트워크를 구축하여 시민사회를 성숙시키고, 산업화로 인해 무너진 공동사회 요소를 회복하는 것과 밀접하게 연관되어 있다. 여기서 공동사회란 다양한 개별 요소의 조화를 의미하는 것으로 획일화와는 다르다. 즉, 사회적 자본은 지역사회 특성에 맞는 다양한 기회를 창출하고 지역사회 자원배분의 최적화를 가능케 하며 경제정의, 사회정의 및 환경정의를 실현할 수 있는 공통의 기반을 제공한다. 이러한 과정과 결과는 모두 지역사회가 지향하고 있는 주민들의 '삶의 질' 향상, 지속가능한 발전과 관련되어 있다. 따라서 사회적 자본은 지역사회 발전을 매개하는 변수이자 지역사회 발전을 가늠할 수 있는 척도이기도 하다.

3) 농촌 지역사회의 사회적 자본 형성전략

앞서 언급한 바와 같이 농촌 지역사회는 공간 특성상 도시에 비해 사회적 자본을 축적할 가능성이 높다. 그러나 사회적 자본을 새로운 지역사회 발전 척도로 도입하고 이를 축적하기 위한 전략을 수립하기 위해서는 지역사회 특성에 맞는 사회적 자본 개념요소, 표현인자를 개발하고 이를 사회적 자본 기능과 연계시켜야 한다. 사회적 자본의 개념은 분야에 따라 그리고 학자마다 다양하게 정의되고 있다. 그러나 사회적 자본이 지역사회 발전척도로 활용되기 위해서는 지역사회 공통기반을 확보하고, 공동의 목표를 정립할 수 있어야 하며, 이웃과 지역사회를 유지하고, 지역사회에서의 자원동원과 안전망 확보에 기여하여야 하며 공동이익을 창출하여야 한다.

우선 지역사회 공통기반을 확보하기 위해서는 구성원끼리의 신뢰가 축적되어야 하는데, 이러한 신뢰는 지역사회 공동노력과정에서의 투명성과 연계되어 있다. 이러한 지역사회 투명성은 지역사회 정보에 근거하고 있는데, 지역사회 정보는 주민들 스스로 해당 마을의 현황에 대해 바르게 인식하고 지역사회에 대해 강한 애착을 느낄 경우 확보된다. 특히 이러한 지역사회 정보는 지역사회 문제점을 인식하고 제약요소를 확인하며 외부자원을 끌어들일 때 기준이 된다. 즉, 마을 주민들이 스스로 지역사회에 대해 애착을 가지고, 현황을 올바로 인식하고 있을 경우 정확한 지역사회 정보가 생산될 수 있고, 이에 근거하여 지역사회의 공동노력은 투명하게 관리될 수 있다. 농촌 지역사회에서의 투명한 공동노력과정은 구성원끼리의 신뢰를 축적할 수 있는 기반이다.

둘째, 농촌 지역사회 공동의 목표는 주민들의 자발적 참여를 통해 가능하다. 마찬가지로 마을 단위의 공동목표를 도출하는 과정에서 주민들의 자발적 참여는 촉발된다. 공동목표 정립과정에서 배제는 곧 상대적 박탈을 의미하기 때문이다. 참여는 모든 이해당사자를 정의하고, 약자를 배려하는 과정에서 정당화된다. 이해당사자의 정의는 혜택의 분배뿐만 아니라 비용의 분담을 위해서도 중요하다. 즉, 이해당사자는 권리를 획득할 뿐만 아니라 의무부담을 동시에 가지게 된다. 통상 이해당사자의 행위는 의사결정과정에서 권리를 행사하나, 그러한 권리행사는 곧바로 의무와 연계되어 있고, 이러한 과정을 거쳐 주민들의 자기 책임감은 높아진다. 따라서 마을 단위의 공동목표를 주민들 스스로 결정하게 하면 수요에 맞는 공급을 관리할 수 있다. 즉, 참여는 불필요한 공공재 공급을 방지하는 자가 조절장치self-control system다.

또한 참여를 촉발하기 위해서도 자발적인 정보생산은 중요하다. 스스로 정보를 생산할 수 없는 이해당사자는 공정성 시비에 휩싸여 공동의 노력과정에 지속적으로 참여할 수 없다. 따라서 농촌 지역사회 주민들의 참여를 높이기 위해서는 정부의 역할이 다시 정립되어야 한다. 소위 '통치로부터 거버넌스로'의 패러다임 전환이 이를 반영하고 있다. 정부 주도의 공공재 생산방식에서 벗어나 주민과 함께하는 지역사회 거버넌스 체제를 구축함으로써 한정된 자원을 보다 효율적으로 활용하여 주민 만족도를 제고할 수 있게 된다. 〈표 Ⅲ-1〉은 종래의 통치체제와 거버넌스 체제를 비교한 것이다.

이러한 상황변화에 대처하기 위해서는 정부부문의 역할이 다시 정의되어야 하고 이와 관련하여 시민사회 구축이 시급한 과제로 떠오르고 있다. 공익을 빌미로 정부부문의 역할범위를 확대하기보다는 일부 공익부문을 정부와 시민사회가 공동으로 정의하고 관리할 수 있는 '거버넌스'체계가 필요하게 된 것이다. 따라서 '거버넌스'체계는 시민을 조직화함으로써 싹이 트고, 시민들의 적극적인 참여를 통해 성장하며, 구성원의 권리와 의무를 통해 유지, 관리된다. 결국 주민참여 동기를 부여하기 위해서는 정부의 역할을 재정립하고 '거버넌스'체제를 구축하여야 한다. 통상 농촌 지역사회개발은 추진방식과 추진조직의 두 맥락에서 접근되고 있는데, 이러한 두 맥락은 통치와 거버넌스 관점에서 비교될 수 있다. 추진조직은 지역사회의 구조적 틀과, 추진방식은 지역사회의 기능적 요소와 연계되어 있다. 이러한 관점에서 〈표 Ⅲ-1〉은 농촌 지역사회 발전을 추진하는 과정에서 '통치'적 성격과 '거버넌스'적 성격을 판별할 수 있는 분석틀을 보여 주고 있다.

즉, 농촌 지역사회에서 주민 참여를 증진시키기 위해서는 지역사회 개발추진조직을 분산형태로 전환하고, 모든 이해당사자가 협상을 통해 자

〈표 Ⅲ-1〉 '통치'와 '거버넌스' 비교분석틀

구분		통치	거버넌스
추진 조직	조직형태	집중형태	분산형태
	지도층	정부 공무원	모든 이해당사자 간 협상 주도자
	조직가치	전통적인 자본의 추적	사회적 자본 축적
	조직의 공동 목표	국가형성	시민사회 구축
추진 방식	권한행사방식	계층적, 일방적	모든 이해당사자 간 공유
	의사결정 방식	다수결에 의한 지시와 통제	역할에 따른 다자간 협상
	정보생산능력	공공부문>민간부문	공공부문<민간부문
	공공재 생산에 있어서 시민의 역할	소비자 혹은 의뢰인	소비자인 동시에 공동 생산자
	자원조달체계	내생적 자원투입 위주	내·외생적 자원의 결합

자료: 소진광, 2007.

기 의사를 분명히 밝힐 수 있어야 하며, 물리적인 시설을 확보하기보다는 사회적 자본 축적에 중점을 두고, 국가형성보다는 시민사회 구축을 우선해야 한다. 또한 지역사회 개발의 주도권을 모든 이해당사자가 공유하고 역할 분담에 따른 다자간 협상에 의해 의사결정이 이루어지며, 민간부문 스스로 공공재 관련 정보를 생산할 수 있어야 하고, 주민의 역할이 공공재의 소비자일 뿐만 아니라 공동 생산자로 전환하여야 하며, 지역사회 내부 자원뿐만 아니라 외부자원을 결합할 수 있어야 한다.

셋째, 이웃과 지역사회를 유지하기 위해서는 구성원주민끼리의 연결망네트워크이 구축되어야 한다. 연결망은 주민조직을 통해 확인될 수 있는데, 전통적인 농업사회에서의 '두레'와 '향약' 등이 대표적인 자발적 주민조직이다. 이러한 연결망은 일탈에 대한 제재수단과 구성원끼리의 결속을 강화하기 위한 유인책을 동시에 가지고 있다. 자원이 많을 경우 유인책을 통해 주민조직을 강화할 수 있지만 통상적으로 자원이 한정되어 있는 농촌 지역사회에서는 이러한 유인책 확보가 쉽지 않다. 따라서 전통적인 농촌 지역사회에서는 호혜적인 상호부조의 순환적 내부자원 활용방식을 통한 주민조직이 성행하였다. 각종 계모임(위친계, 동갑계, 친목계, 동계 등), 두레 등이 여기에 속한다. 이러한 맥락에서 1970년 시작된 한국의 새마을운동은 마을 공동사업을 추진하는 과정에서 주민들의 자발적 조직을 구축하고 이를 통해 사회적 자본을 축적한 대표적 사례였다.

넷째, 지역사회 자원을 동원하고 안전망을 확보하기 위해서는 자체 규범과 제도형성이 필요하다. 지역사회발전은 외부자원에만 의존하여 실현할 수 없다. 도시와는 달리 상대적으로 역동성이 떨어지는 농촌 지역사회의 경우 외부자원을 끌어오기가 쉽지 않기 때문에 자체 규범과 제도를 통해 내부 자원을 효율적으로 동원하여야 한다. 새마을운동 초기 주민교육과 각종 새마을 협의회, 새마을 지도자 및 주민총회는 이러한 지역사회 자체 규범형성에 기여하였다. 이러한 규범은 지역사회 경제적 ·

사회적 · 문화적 지속가능성을 높여 준다. 농촌 지역사회가 도시에 비해 상대적으로 사회적 자본을 축적하기가 쉬운 이유가 여기에 있다.

마지막으로 지역사회 공동이익을 창출하기 위해서는 남을 배려할 줄 아는 이타주의altruism가 형성되어야 한다. 이러한 이타주의는 상호부조의 시차적 배분과정에서 강화된다. 특히 이타주의는 인간의 '사회적 속성'을 충족시켜 주는 매개체다. 흔히 '더불어 잘 사는 방식'이 다름 아닌 이타주의의 본질이다. '잘 사는 것'은 상대적인 개념이라서 '나 홀로 잘 사는 것'은 의미가 없다. 결국 '잘 사는 것'은 '더불어 잘 사는 것'을 의미하고, '더불어' 잘 산다는 것은 남을 배려해야 함을 의미한다. 결국 삶의 본질을 충족시키는 지역사회 인식이 사회적 자본을 축적할 수 있는 출발점인 셈이다. 누구도 지역사회를 벗어나 삶의 만족을 느낄 수 없기 때문이다.

지역축제는 어느 정도 지역사회 정체성 확립에 기여하고 있다. 특히 지역특성, 역사성을 기리는 지역축제의 경우 주민들의 소속감을 증대시켜 주고, 이를 통해 지역인식을 높일 수 있다. 통상 축제는 '나 홀로 만족' 범위를 벗어나 참여자 공동의 만족을 지향한다. 계층 간 격차가 커질 경우 이러한 공동의 만족은 얻어내기 어렵다. 즉, 이타주의는 지역사회 공통기반을 근거로 삶의 만족도를 극대화하려는 욕구에서 촉발되고 공동의 가치를 실현하는 과정에서 성숙된다. 도시사회와는 달리 동질적인 농촌 지역사회는 따라서 사회적 자본을 축적하기 좋은 여건을 확보하고 있는 셈이다.

| 참고문헌 |

김상묵 · 박희봉 · 강제상, 2001, 「지적자본 형성 및 효과: 조직내 사회자본과의 관계를 중심으로」, 『'21세기 지방행정의 과제와 비전' 세미나 발표논문집』, 한국행정학회.

김선희 외, 2008, 『국토관리 분야의 사회적 자본 확충 방안(I): 사회적 자본 영향요인 분석』, 국토연구원.

______, 2009, 『국토관리 분야의 사회적 자본 확충 방안(II)』, 국토연구원.

김용학, 1996, 「연결망과 거래비용」, 『사회비평』, 제14호.

김일태, 1999, 「21세기 시민사회를 위한 사회적 자본의 필요성과 역할」, 『'사회적 사본과 시민사회의 발전' 제13회 대도시행정세미나 발표논문집』, 서울시립대학교.

김혜란, 2001, 「사회자본과 여성정책」, 『한국행정학회 하계학술대회 발표논문집』.

박희봉, 2001, 「사회자본과 지방정부 경쟁력」, 『'지방정부 경쟁력 제고와 지역발전전략' 세미나 발표논문집』, 한국행정학회.

박희봉 · 김명환, 2000, 「지역사회 사회자본과 거버넌스 능력」, 『한국행정학회 추계학술대회 발표논문집』.

서순탁, 2001, 「사회자본 집근빙법의 정책적 함의: 도시계획을 중심으로」, 『한국행정학회 하계학술대회 발표논문집』.

______, 2002, 「사회적 자본증진을 위한 도시계획의 역할과 과제: 접근방법과 정책적 함의」, 『국토연구』, 제33권, pp. 73-87.

소진광, 1999a, 「사회적 자본형성을 위한 지역사회개발논리」, 『지역사회개발연구』, 24(1), pp. 29-47.

______, 1999b, 「지방자치시대 지역발전척도로서의 사회적 자본」, 『자치공론』, 5(12), pp. 60-69.

______, 1999c, 「지역개발 목표가치로서의 사회적 자본」, 『'21세기 국토개발과 지역발전의 과제' 한국지역개발학회 하계학술세미나 발표논문집』.

______, 2000, 「지방자치와 사회적 자본」, 『한국지방지치학회보』, 12(4), pp. 93 122.

______, 2001, 「퍼트남의 사회적 자본 이론과 지역주의」, 『사회과학연구』, 8, 경원대학교 사회과학연구소.

______, 2002, 「지역주의와 사회적 자본」, 『'지역개발의 새로운 지평: 해양과 지역발전' 한국지역개발학회 추계학술대회 발표논문집』.

______, 2003, 「성남지역사회의 사회적 자본」, 『성남발전연구』, 3, 경원대학교 성남발전연구소.

______, 2004a, 「사회적 자본의 지역격차」, 『한국지역개발학회 학술세미나 발표논문집』.

______, 2004b, 「사회적 자본 측정지표에 관한 연구」, 『한국지역개발학회지』, 16(1), pp. 89-

118.
______, 2005a,「농촌지역사회와 사회적 자본」,『농촌자원과 생활』, 통권101호(봄호), 농촌진흥청 농촌자원개발연구소.
______, 2005b,『지방자치와 지역발전』, 서울: 박영사.
______, 2007,「지역사회 거버넌스와 한국의 새마을운동」,『한국지방자치학회보』, 19(3), pp. 93-112.
소진광 외, 2006,『지역특성을 고려한 사회적 자본 측정지표 개발』, 서울: 푸른솔.
안성호 · 송기한 외, 2005,『지역정체성과 사회자본 II』, 서울: 도서출판 다운샘.
안성호 외, 2004,『지역정체성과 사회자본 I』, 서울: 도서출판 다운샘.
안혁근 · 윤두섭 · 소진광, 2004,「사회적 자본의 유용성」,『한국지역개발학회 학술세미나 발표논문집』.
오철호, 2001,「정보통신기술, 사회자본 그리고 전자민주주의: 하나의 연구설계」,『한국행정학회 하계학술대회 발표논문집』.
유재원, 2000,「사회자본과 자발적 결사체」,『한국행정학회 동계학술대회 발표논문집』.
윤두섭 · 안혁근, 2004,「사회적 자본의 연구동향」,『'도시 및 지역계획에 있어서의 사회적 자본' 한국지역개발학회 학술세미나 발표논문집』, pp. 1-17.
이미정, 2002,「사회자본(social capital)을 통한 공공부문 IT아웃소싱의 조직내-조직간 relationship 개선방안」,『한국행정학회 동계학술대회 발표논문집』.
이재열, 1998,「민주주의, 사회적 신뢰, 사회적 자본」, 계간『사상』, 여름호.
이정규, 2003,「학교-직업 이행에 있어서 사회적 자본과 직업탐색의 효과」,『제3회 한국노동패널 학술대회 발표논문집』, 한국노동연구원.
임경수, 2002,「도시빈곤층의 위기와 공동체 운동」,『도시행정학보』, 15(1), pp. 69-86.
______, 2004,「지역발전척도로서의 사회적 자본」,『한국지역개발학회 발표논문집』.
임경수 · 소진광, 2005,「지역사회 빈곤퇴치와 사회적 자본」,『한국지역개발학회지』, 17(1), pp. 35-54.
정기환, 2003,『농촌지역 사회자본의 존재양태 분석』, 한국농촌경제연구원.
정기환 · 심재만, 2004,『사회자본 측정지표 개발』, 한국농촌경제연구원.
주성수, 1998,「'시민사회'는 글로벌 패러다임인가?: 시민사회의 '사회자본' 논의를 중심으로」,『'국가와 시민사회에 관한 심포지엄 III' 발표논문집』, 아시아시민사회운동연구원.
최창수, 2000,「사회적 자본의 형성을 위한 지방정부의 역할: 미국의 교훈」,『한국지방행정연구』, 14(1), pp. 213-230.
홍경준, 2001,「빈곤에 대한 또 다른 탐색: 사회적 자본을 중심으로」,『상황과 복지』, 9, 한국사회복지연구회.
홍영란 외, 2007,『사회적 자본 지표개발 및 측정에 관한 연구』, 한국교육개발원.

Adelman, I., 1961, *The Theories of Economic Growth and Development*, Stanford University Press.

Adelman, I. and R. Sherman, 1973, *Economic Growth and Social Equity in Developing Countries*, Stanford University Press.

Adler, P. S. and Seok-Woo Kwon, 2000, "Social capital: The good, the bad, and the ugly," in Eric L. Lesser (ed.), *Knowledge and Social Capital: Foundation and Application*, Boston: Burtworth Heinemann.

Agyeman, J., 2003, "The role of civic environmentalism in the pursuit of sustainable communities," *Journal of Environmental Planning & Management*, 46(3), pp. 345-364.

Amnesty International, 2001, *Amnesty International Report 2001*.

Arndt, H. W., 1987, *Economic Development: The History of an Idea*, The University of Chicago Press.

Arrow, K. J., 2000, "Observation on social capital," in P. Dasgupta and I. Serageldin (eds.), *Social Capital: A Multifaceted Perspective*, Washington, D.C.: The World Bank.

Bolin, K., B. Lindgren, M. Lindstrom, and P. Nystedt, 2003, "Investments in social capital-implications of social interactions for the production of health," *Social Science & Medicine*, 56(12), pp. 2379-2391.

Bourdieu, P., 1986, "The forms of capital," in J. Richardson (ed.), *Handbook of Theory and Research for the Sociology of Education*, Westport, CT: Greenwood Press.

Bryant, B. (ed.), 1995, "Introduction: Environmental justice: Issucs," *Policies and Solutions*, Island Press.

______(ed.), 2001, "Environmental justice and the quality of life," A Paper presented at the International Symposium for Sharing Productive Welfare Experience, Grand Inter-Continental Hotel. Seoul, Korea. (Sept., 6-7, 2001).

Bullen, P. and J. Onyx, 1998, "Measuring social capital in five communities in NSW," *Centre for Australian Community Organisations and Management* (CACOM), Sydney: University of Technology.

Calthorpe, P. and W. Fulton, 2001, *The Regional City: Planning for The End of Sprawl*, Washington, D.C.: Island Press.

Camhis, M., 1979, *Planning Theory and Philosophy*, London: Tavistock Publications.

Cannuscio, C., J. Block, and Ichiro Kawachi, 2003, *Social Capital and Successful Aging: The Role of Senior Housing Part* 2, 139(5), pp. 395-400.

Coleman, J. S., 1988, "Social capital in the creation of human capital," *American Journal of Sociology* (Supplement), 94, pp. 95-120.

______, 1990, *Foundations of Social Theory*, Cambridge: Harvard University Press.

Coleman, J. S., 2000, "Social capital in the creation of human capital," in P. Dasgupta and I. Serageldin (eds.), *Social Capital: A Multifaceted Perspective*, Washington, D.C.: The World Bank.

Comte, A., 1976, *Cours de philosophie positive*, 6 vol, Paris, 1830-42.

Durkheim, E., 1960, *The Division of Labour in Society*, New York: Free Press.

Edmondson, R., 2003, "Social capital: A strategy for enhancing health?," *Social Science & Medicine*, 57(9), pp. 1723-1734.

Field, J., 2003, *Social Capital*, London: Routledge.

Fine, B., 2001, *Social Capital versus Social Theory*, London and New York: Routledge.

______, 2003, "Social capital: The World Bank's fungible friend," *Journal of Agrarian Change*, 3, pp. 589-604.

Frazer, E., 1999, *The Problem of Communitarian Politics: Unity and Conflict*, Oxford: Oxford University Press.

Friedmann, J., 1972, "The general theory of polarized development," in N. Hansen (ed.), *Growth Centers in Regional Economic Development*, New York: Free Press.

Freitag, M., 2003, *Social Capital in (Dis) Similar Democracies: The Development of Generalized Trust in Japan and Switzerland*, 36(8), pp. 936-966.

Fukuyama, F., 1995, *Trust: the Social Virtues and the Creation of Prosperity*, New York: Free Press.

______, 1999, "The great disruption: Human nature and the reconstruction of social order," *The Atlantic Monthly* (May, 1999), pp. 55-80.

Grootaert, C., 1998, *What is Social Capital?*, The World Bank Resource Paper.

Grootaert, C., D. Narayan, V. Nyhan Johns, and M. Woolcock, 2003, *Integrated Question-naire for the Measurement of Social Capital*, The World Bank.

Harper, D., 2001, *Online Etymology Dictionary*. (http://www.etymonline.com/index.php?term=community)

Haq, Mahbub ul., 1995, *Reflections on Human Development*, Oxford University Press.

Hoselitz, B. F., 1971, "Development and the theory of social systems," in Manfred Stanley (ed.), *Social Development: Critical Perspectives*, New York: Basic Books, Inc.

Kilpatrick, S., J. Field, and I. Falk, 2003, "Social capital: An analytical tool for exploring lifelong learning and community development," *British Educational Research Journal*, 29(3), pp. 417-433.

Knack, S. and P. Keefer, 1997, "Does social capital have an economic payoff? A cross-country investigation," *The Quarterly Journal of Economics* (November), pp. 1251-1288.

Lakatos, I., 1970, "Falsification and the methodology of scientific research programmes," in I. Lakatos and A. Musgrave (eds.), *Criticism and the Growth of Knowledge*, London: Cambridge University Press.

Meadows, D. H., D. L. Meadows, J. Randers, and W. W. Behrens III, 1972, *The Limits to Growth*, A Potomac Associations Book.

Morrison, N., 2003, "Neighbourhood and social cohesion: Experiences from Europe," *International Planning Studies*, 8(2), pp. 115-139.

North, D. C., 1990, *Institutions, Institutional Change and Economic Performance*, NY: Cambridge University Press.

Odum, H. and H. E. Moore, 1938, *American Regionalism: A Cultural-Historical Approach to National Integration*, New York: Henry Holt and Company.

Preston, J., 2003, "Enrolling alone? Lifelong learning and social capital in England," *Internal Journal of Lifelong Education*, 22(3), pp. 235-249.

Portes, A. and P. Landholt, 2000, "Social capital: Promise and pitfalls of its role in development," *Journal of Latin American Studies*, 32(3), pp. 529-547.

Putnam, R. D., 1993a, "The prosperous community: Social capital and public life," *American Prospect*, 13, pp. 35-42.

______, 1993b, *Making Democracy Work: Civic Traditions in Modern Italy*, Princeton: Princeton University Press.

______, 1995, "Bowling alone: America's declining social capital," *Journal of Democracy*, 6, pp. 65-78.

______, 2000, *Bowling Alone: The Collapse and Revival of American Community*, NY: Simon & Schuster.

Rawls, J., 1971, *A Theory of Justice*, Oxford University Press.

Rich, P. and D. Merchant, 2003, "Policy studies and civil society: A centennial debate[sup 1]," *Policy Studies Journal*, 31(3), pp. vii-xv.

Robinson, R. and P. Johnston (eds.), 1971, *Prospects for Employment Opportunities in the 1970s*, London: HMSO.

Sen, A., 1999, *Development as Freedom*, New York: Anchor Books.

______, 2000, *Culture and Development*, The Presentation Paper on the World Bank Tokyo Meeting.

Schmid, A. A., 2000, "Institutions and social capital (Unpublished)," *Journal File presented at the SCIG* (Sept.15, 2000), sponsored by World Bank and MSU.

SCIG, 1998, *Abstracts: Social Capital Conference*(April 20-22, 1998), Kellogg Center, Michigan State University.

Serageldin, I and C. Grootaert, 2000, "Defining social capital: An integrating view," in P. Dasgupta and I. Serageldin (eds.), *Social Capital: A Multifaceted Perspective*, Washington, D.C.: The World Bank.

Singer, H. W., 1965, "Social development: Key growth sector," *International Development Review*, March 1965, pp. 3-8.

So, Jin Kwang, 2000, "Social capital and regional development paradigm," *Journal of the Korean Regional Development Association*, 12(3), pp. 1-16.

Solomon, R. C. and F. Flores, 2001, *Building Trust in Business, Politics, Relationships, and Life*, Oxford University Press.

Solow, R. M., 2000, "Notes on social capital and economic performance," in P. Dasgupta and I. Serageldin (eds.), *Social Capital: A Multifaceted Perspective*, pp. 6-10.

Tocqueville, Alexis de, 1968, *Democracy in America*, London: Fontana.

Tönnies, F., 1887, *Gemeinschaft und Gesellschaft*.

______, 1955, *Community and Society*, London: Routledge.

UNDP, 2002, *Human Development Reports*.

Uslaner, E. M., 2000, *Trust, Democracy, and Governance*, A Resource Paper presented at the Social Capital Initiative (Nov. 10, 2000) sponsored by the World Bank and Michigan State University.

Weber, M., 1921, *The Cities*, Chicago: Free Press.

Whiteley, P. F., 1999, "The origins of social capital," in Jan W. Deth, Marco Maraffi, Kenneth Newton, and Paul F. Whiteley (eds.), *Social Capital and European Democracy*, London: Routledge.

Young, S., 2003, *Moral Capitalism*, San Francisco: Berrett-Koehler Publishers. Inc.

http://www.malteo.net/freeboard.

제 Ⅳ 장

농촌마을 가꾸기

임경수
성결대학교 교수

1. 농촌마을 가꾸기의 대두배경

1) 농촌마을의 정주공간에 관한 논의

하나의 자연적 공간에 인간의 정주settlement가 시작되면서 마을이나 부락 등의 취락이 점点으로 형성된다. 시간이 흐름에 따라 이들 점들 간에 흐름이 발생하게 되고 그 흐름은 선線이 되고 다시 그 선들은 하나의 체계화된 망網을 형성한다. 선과 선이 만나는 곳에 결절結節이 만들어지며 결절들 간의 기능상의 차이 또는 중심성의 차이에 따라 계층階層이 생기며 높은 계층의 결절이 낮은 계층의 결절들과 점을 포섭하면서 하나의 유기적인 면面 또는 권圈을 형성한다. 이렇게 인간의 정주공간은 점→선→망→권으로 발전하면서 지역공간 또는 국가공간을 조성한다. 이때 정주생활권의 중심결절을 중심지 또는 중심도시라고 한다.

지역을 연구하는 많은 학자들이 인간의 정주에는 어떤 법칙성 내지는 체계를 가지고 있을 것이라는 가정 하에서 정주의 크기를 그 중심성에 기초하여 분류하였다. 예컨대 Christaller는 그의 중심지이론central place theory에서 인간의 정주체계를 7가지 형태로 분류하였다. Doxiadis는 인간의 정주요소로 자연환경nature, 인간man, 사회society, 공간shells, 연결망networks의 5가지를 제시하고 이러한 요소들이 정주의 크기를 결정한다고 하였다. 그가 제시한 정주 크기는 가장 최소규모로 인간man으로부터 최대규모로 세계도시ecumenopolis의 15단계를 제시하였다.[1] Highsmith

1. Christaller는 ① Market hamlet, ② Township centre, ③ County seat, ④ District city, ⑤ Small state capital, ⑥ Provincial head city, ⑦ Regional capital city의 7단계로 구분하였고, Doxiadis는 ① Man, ② Room, ③ Dwelling, ④ Dwelling group, ⑤ Small neighbourhood, ⑥ Neighbourhood, ⑦ Small town, ⑧ Town, ⑨ Large city, ⑩ Metropolis, ⑪ Conurbation, ⑫ Megalopolis, ⑬ Urban region, ⑭ Urbanized continent, ⑮ Ecumenopolis 15단계의 정주체계를 제시하였다(Hawley, 1971: 222; 김선

〈표 Ⅳ-1〉 인간의 정주체계

순위	정주명		인구
1	Hamlet	작은 어촌이나 산촌마을	16~150
2	Village	마을	150~1,000
3	Town	읍 단위 또는 농촌중심지	1,000~2,500
4	Small city	소도시	2,500~25,000
5	Medium city	중도시	25,000~100,000
6	Large city	대도시	100,000~800,000
7	Metropolis	거대도시	800,000 이상
8	Megalopolis	초거대도시	적어도 수백만 이상의 인구 규모
9	Ecumenopolis	세계도시	적어도 1,000만 이상의 인구 규모

주: 정주명의 우리말 이름은 필자의 번역임.
자료: Highsmith and Northam, 1968; 김영모, 1999: 129에서 재인용.

와 Northam은 Doxiadis의 정주체계를 조정하여 9단계의 정주체계를 제시하였다(〈표 Ⅳ-1〉 참조).

농촌마을은 이러한 정주체계 가운데 가장 낮은 순위에 있다. 공간적 범위도 작을 뿐만 아니라 인구 규모도 가장 작은 정주체계를 갖고 있다. 농촌마을 가꾸기에 있어서 공간적 범위를 규정하는 것은 사업수행의 첫 단계인데 그동안 시행되었던 정부정책을 보면 대체로 면 단위 이하의 자연부락을 대상으로 하였음을 알 수 있다. 〈표 Ⅳ-1〉에서 볼 때 농촌마을 가꾸기의 공간적 대상은 작은 마을이나 마을 단위가 될 것이다. 그러나 사업규모를 좀 더 확대한다면 면 단위까지 가능할 것이다. 개발의 규모가 작으면 효율성 면에서 다소 뒤떨어지고 너무 크면 사실상 농촌 규모에서 할 수 있는 사업의 범위를 벗어나게 될 것이기 때문에 농촌마을 가꾸기에서 가정 적정한 공간범위는 면 단위 이하로 보아야 할 것이다.

범, 1998: 86-93).

2) 국가공간정책과 농촌의 사회공간적 변화

건국 이후 우리나라 공간정책의 변화과정을 일별해 볼 때 1970년대 이전까지는 해방과 전쟁의 소용돌이에서 하루빨리 벗어나 정상적인 발전을 하기 위한 몸부림의 시기였다고 볼 수 있을 것이다.[2] 1945년 해방 이후 1960년대 말까지의 기간은 일제의 잔재를 청산할 뿐만 아니라 전쟁으로 인한 폐허를 복구하기 위한 사업들이 주류를 이루었다. 이 시기에 주로 지역사회개발사업에 의한 농촌마을 개발이 이루어졌고 1962년부터 시작된 경제개발5개년계획이 연차적으로 성공을 거두면서 농촌개발도 농촌지도에 의한 계몽적 · 수동적 성격의 변화를 시도하였다.

1970년대에 농촌인구가 도시로 이동하는 이농향도현상이 급증하였고 이로 인해 농촌의 과소화 현상과 농촌소외, 지역격차 등의 문제가 등장하였다. 특히 1972년 제1차 국토종합개발계획이 수립된 이후 농촌공간에 대한 개선 노력들이 부분적으로 가시화되었으나 도시지역 내지 성장거점 지역에 비해서는 턱없이 부족한 형편이었다.[3] 농촌지역을 위한 정책으로는 사실상 새마을 사업을 통한 지역사회개발사업이 비교적 전국규모로 이루어졌는데, 이는 자조노력에 부응하는 지원이라는 점에서

---

2. 1960년대를 뛰어넘어 1970년대를 굳이 지칭하는 이유는 다음과 같다. 첫째, 1970년이 우리나라 인구구성에서 도시인구가 농촌인구를 추월한 첫해다. 이후 농촌인구의 감소폭은 더욱 커져 왔다. 둘째, 1962년도부터 시작되었던 경제개발5개년계획이 연차적으로 성공을 거두면서 1970년대에 도 · 농격차, 지역불균형 문제가 더욱 확대되고 있었다. 셋째, 이러한 급속한 경제성장에 따른 부작용을 해결하고 나아가 국토를 보다 효율적으로 이용하기 위해 제1차 국토종합개발계획이 1972년에 수립되어 농촌공간에 관한 계획도 이에 근거하게 되었다.

3. 1970년대는 국가경제구조를 중화학공업정책으로 전환하여 고도성장을 추구하였던 시기였다. 이에 따라 지역개발정책도 성장잠재력이 높은 지역에 집중 투자하는 불균형성장 정책기조를 택하였으며 그 대표적인 것이 성장거점정책이었다. 이러한 성장거점정책은 경부축과 동남해안공업벨트지역, 그리고 대도시지역의 성장을 촉진시켰고 1970년대 고도 경제성장을 달성하는 데 일조를 하였으나 서해안지역, 중부내륙지역의 상대적 저발전과 도 · 농 간 지역 불균형을 심화시킨 원인이 되었다.

국가공간정책의 큰 틀인 성장거점정책과는 거리가 멀었다. 그럼에도 불구하고 이 사업은 농촌근대화에 큰 선을 긋는 획기적 사업이었다.

1980년대의 주요한 공간전략은 수도권의 억제와 여타 지역의 개발촉진을 통한 지역균형개발이었다. 농촌과 관련해서는 이 시기에 「도서개발촉진법(1986)」, 「농어촌지역개발기본법(1986)」, 「중소기업진흥법(1987)」, 「오지개발촉진법(1988)」 등이 속속 발표되었고 각각에 해당하는 사업들이 착수되었다. 그리고 1980년대 후반에서 1990년대로 넘어오는 이 시기에 한국경제의 파이pie가 전체적으로 커지면서 농촌사회의 생활양식에도 많은 변화가 초래되었고 이에 따라 농촌공간구조에 대한 체계적 접근의 필요성이 점증하였다.

1990년대는 그동안의 지역불균형 문제에 대한 지속적인 완화 정책과 환경문제에 대한 적극적인 대처, 그리고 지방분산형의 개발패러다임을 견지하였다. 이를 위해 3차 국토종합개발계획(1992~2001)에서는 국민복지 향상과 환경보전을 목표로 산입지대 조성 등 지방분신형 개발을 추진하였다. 한편 1990년대는 국제적으로는 환경패러다임이 주도하는 시기이기도 하였다. 더불어 컴퓨터 및 정보통신기술의 발전에 힘입어 세계화, 정보화의 흐름이 크게 확산되었던 시기이기도 하였다. 이 시기에 농촌마을 역시 다양한 정책들이 전개되었는데 지방자치제의 실시와 더불어 농촌마을의 정주환경도 자치단체에 따라 다양하게 전개되는 모습을 보이기도 하였다.

2000년대는 농촌공간에 대한 전통적 인식에 현저한 변화가 노정된 시기다. 농촌과 도시의 이분법적 인식보다는 농촌에서도 도시적 편익을 누리되 농촌을 보다 농촌답게 개선하려는 움직임이 나타났다. 여기에는 두 가지 방향성이 있다. 하나는 농촌마을 안으로 향하는 방향이다. 즉 농촌을 도시처럼 만드는 것이 아니라 가장 농촌적으로 만드는 것이다. 다른 하나는 농촌마을 밖으로 향하는 방향이다. 이는 농촌의 공간적 폐쇄성을 극복하고 전국의 정보화 흐름에 편승하여 세계로 열린 공간을 창출하는 것이다. '신활력사업', '살기 좋은 지역 만들기' 같은 것이 대표적인 사례로 볼 수 있다. 특히 자치단체의 문화예술, 전통, 지역판촉전략 등과 맞물려 농촌공간에 대한 인식이 상당 부분 바뀌기도 하였다. 과거 생산과 주거가 분리되지 않은 공간개념에서 이제는 독자적인 공간이미지를 창출하고 이를 마케팅함으로써 농촌공간이 곧 농촌소득과 연결될 수 있다는 인식이 확산되었다.

〈표 Ⅳ-2〉 국토공간과 농촌공간에 관한 인식 변화

		1970년대	1980년대	1990년대	2000년대
전국 공간 계획	계획	제1차국토종합 개발계획 (1972~81)	제2차국토종합 개발계획 (1982~91)	제3차국토종합 개발계획 (1992~2001)	제4차국토종합 계획 (2002~20)
	개발 전략	성장거점전략	지역생활권 조성과 성장거점 동시 추구	통일기반 및 국제화, 개방화를 고려한 지역균형전략	세계화, 환경과 문화 등을 고려한 통합적 관리전략
농촌 공간 계획	대표 적사 업명	새마을 사업, 농촌주거환경정비 사업	도서, 오지 개발 등	정주권사업, 문화마을사업 등	신활력사업, 살기 좋은 지역 만들기
	농촌 계획 기조	농촌-도시 이분법적 접근	농촌-도시 이분법적 접근	지방분권적 통합적 접근	세계로 열린 공간으로서의 통합적 접근
	농촌 공간 인식	공업화 정책에 대한 지원 기능	공업화 정책에 대한 지원 기능	지방자치제에 따른 농촌공간의 특성 추구	농촌의 경제적 · 문화적 수익창출 능력 고도화 추구

2. 농촌마을 관련 개발사업의 전개과정

농촌마을과 관련된 각종 사업의 전개과정은 두 가지 차원에서 조명해 볼 수 있다. 하나는 시대별로 연대기적 조명을 하는 것과 다른 하나는 사업유형에 따라 조명하는 것이 있을 수 있다. 여기서는 편의상 연대기적인 전개과정을 기준으로 각 시대별 사업추진내용을 살펴보고자 한다. 먼저 시대별 구분은 해방 후부터 1960년대 말까지, 그리고 1970년대 이후는 10년 주기로 1970년대, 1980년대, 1990년대, 2000년대로 나누어 살펴보고자 한다.[4] 물론 1990년대 이후의 농촌마을과 관련된 사업에는 다양한 정책들이 전개되어 왔기 때문에 이 부분은 좀 더 상술할 필요가 있다. 특히 2000년대에 시행되어 온 농촌마을과 관련된 사업들은 국토균형발전이라는 큰 맥락에 조응하면서도 우리나라 경제성장에 따르는 농촌의 경제사회적 변화를 수용하는 정책들이 대두되었기 때문에 이에 관해서는 별도로 항을 나누어 살펴보고자 한다.

1) 해방 이후부터 1960년대 말까지 농촌개발정책

해방 이후 농촌마을의 정주체계를 개선하기 위한 정부의 노력은 지역사회개발사업에 의해 이루어졌다. 1958년 9월에 '역사회개발위원회'규정의 공포와 더불어 전후 복구사업의 일환으로 지역사회개발사업을 실

4. 윤원근(1999: 165-169)은 농촌마을과 관련된 사업의 진행과정을 크게 4단계로 구분하여 기술하고 있다. 제1단계는 "마을부분 공간개발단계(1958~75)", 제2단계는 "마을 전체 공간개발단계(1976~81)", 제3단계는 "마을 상위공간 정책단계(1982~90)", 제4단계는 "마을 공간 정책 다양화 단계(1991년 이후)"로 설정하고 각 단계별 사업명과 정책추진과정을 설명하고 있다.

시하였다. 한미합동실무반에서 농촌의 지역사회개발 가능성을 파악하기 위한 조사에서 ① 한국의 농민들은 자력으로 마을을 개선할 수 있다. ② 한국의 농촌지역사회는 그의 발전을 위하여 외부에서 다소의 물질적 · 기술적인 지원과 지도가 필요하다는 것을 결론으로 제안하였다. 이에 따라 1958년 20명의 지도원과 12개의 시범부락으로 시작된 이 사업이 1960년에는 389명의 지도원과 818개의 부락으로, 1962년에는 887명의 지도원과 2,137개의 마을로 확대되면서 해를 거듭하면서 발전하였다(최상호, 1996: 353-358). 5 · 16혁명 이후 정부의 직제개편과 농촌지도체제의 일원화 방침에 따라 지역사회개발사업은 "시범농촌개발사업"으로 이름이 개칭되어 진행되었으나 부처 간 협조와 조정의 불일치, 지역사회개발에 대한 중앙정부의 인식부족, 주민들의 자주적 참여동기의 약화 등의 문제점을 노정시키면서 사업이 약화되었다(권태준 · 김광웅, 1972: 200-201). 한편 재건국민운동이 혁명정부에 의해 시작되어 농촌에 청년회관 건립, 농지개간, 농로 개설 등 향토개발사업이 진행되었으나 큰 성과를 거두지 못하고 정치적 소용돌이에 말려 1964년 8월 말에 근거법의 폐지와 더불어 활동이 종료되었다.

1960년대 중반 이후에는 농촌주거환경을 좀 더 근대화하기 위한 사업으로 '농어촌지붕개량사업'이 실시되었다. 이 사업은 1966년 12월 31일 국회에서 「농어촌지붕개량법안」이 통과되고 그 이듬해 3월 23일에 농림부에서 이사업을 대대적으로 전개할 것을 계획하였으나 실제 사업추진은 1970년대로 넘어가 시행되었다. 사실상 이 사업은 공간으로서의 농촌마을 전체를 대상으로 한 사업이라기보다는 그동안 빈곤에 찌들었던 농촌주거환경을 좀 더 근대화하려는 의도에서 시작된 사업이었다.

2) 1970년대의 농촌개발정책

1970년대의 농촌개발은 새마을운동에서부터 시작되었다. 새마을운동에 관해서는 여러 가지 견해가 있을 수 있으나 농촌마을과 관련한 것만을 선별하여 그 일정을 보면 다음과 같다.

〈표 Ⅳ-3〉에서 보듯이 농촌지붕개량사업은 1972년부터 1978년까지 시행되었다. 지붕개량사업은 농촌주택의 본격적인 개량사업과 농촌취락의 정비사업을 착수하기에 앞서 새마을운동의 점화사업으로 전개된 사업이다. 이 사업의 목적은 농가의 주거수준 향상과 농어촌의 생활환경의 개선에 있었으나 부수적으로는 농어촌의 초가지붕을 기와나 슬레이트 또는 함석 등으로 바꾸어 이음으로써 남은 볏짚을 이용하여 공업원료로 사용하고 이를 통해 농외소득을 증대코자 하는 데 있었다. 뿐만 아니라 볏짚을 연료, 퇴비로 활용하여 산림자원을 보호하고 식량증산에 기여하는 등 다목적 효과를 가져오기 위하여 새마을운동의 시작과 함께 추진되었다.

이 사업은 1972년부터 1978년까지 추진되었는데 1972년 정부지원 41억 원, 주민자력 87억 원, 합계 128억 원을 투입하여 41만 3,000동의 지붕개량을 마침으로써 목표 245만 6,000동의 107%인 261만 8,000동을 개량하였다.

1972년부터 1978년까지의 추진실적을 보면 〈표 Ⅳ-4〉와 같다.

〈표 Ⅳ-3〉 1970년대 내무부의 농촌개발정책

순서	시기	관련부처	내용
1	1971.12.	내무부	농촌근대화 사업의 하나로 새마을 가꾸기 사업에 이어 전국 농촌 지붕개량계획 발표
2	1972.1.4.	내무부	농어촌의 생활환경을 개선하고 영농의 합리화를 위해 분산 농가의 집단화 사업을 실시키로 결정
3	1972.1.17.	내무부	1972년 내무행정의 역점을 '새마을농촌건설'에 두기로 확정

〈표 Ⅳ-4〉 지붕개량사업 추진실적 (단위: 1,000동)

년도	1972	1973	1974	1975	1976	1977	1978
실적	413	476	401	338	466	494	30
누계	413	889	1,290	1,628	2,094	2,588	2,618

자료: 내무부, 1980: 484-485.

이와 같은 지붕개량사업이 주민들의 호응으로 농촌의 주거환경을 변화시키자 이에 힘입어 내무부에서는 지붕개량사업을 확대하여 1976년도부터 농촌주택개량사업을 본격적으로 실시하였다. 이를 위해 내무부는 농촌주민들의 주택선호경향을 분석하여 1977년도부터 시범사업을 실시하였으며 1978년도에는 전국에 걸쳐 농촌주택개량사업을 추진하였다. 농촌주택개량사업의 목표를 요약하면 다음과 같다.

① 협동정신을 바탕으로 근대화된 농촌을 건설한다.

② 농촌주민들의 생활에 어울리는 주거환경을 조성한다.

③ 복지농촌을 건설한다.

이상과 같은 배경 하에 1976년부터 1990년까지의 주택개량사업실적을 보면 〈표 Ⅳ-5〉와 같다.

〈표 Ⅳ-5〉에 나타난 바와 같이 1976~90년간 총 32만 5,987동을 개량하였고 이 가운데 정부지원에 의한 개량이 16만 5,148동(50.7%), 농가의 자력개량이 16만 839동(49.3%)이었다. 여기서 정부지원의 감소 추세는 사실상 농가부채의 누증累增과 비례관계에 있는바, 이를 주택개량투입비에서 보면 나타난다.

주택개량투입비를 보면 사업기간 전체 투입비 7조 674억 원 중 정부보조금은 약 300억 원으로 3.9% 정도에 지나지 않고 나머지 융자금에 대한 경비가 5,390억 원으로 70.2%, 주민부담금이 1,984억 원으로 약 25.8%였다. 융자금 역시 농민이 상환해야 될 경비인 것을 감안하면 전체 기간 동안의 주민부담률은 96.1%로서 거의 주택개량사업은 농민의

〈표 Ⅳ-5〉 주택개량사업추진실적 (단위: 동, 100만 원(%))

구분	사업량			사업비			
	계	지원	자력	계	융자	보조	주민부담
계	325,987 (100.0)	165,148 (50.7)	160,83 (49.3)	767,412 (100.0)	539,042 (70.2)	29,994 (3.9)	198,376 (25.8)
1976	4,254 (100.0)	4,254 (100.0)	–	5,104 (100.0)	2,552 (50.0)	638 (12.5)	1,914 (37.5)
1980	39,475 (100.0)	20,000 (50.7)	19,475 (49.3)	106,985 (100.0)	83,520 (78.1)	2,585 (2.4)	20,880 (19.5)
1985	17,031 (100.0)	7,062 (41.5)	9,969 (58.5)	78,276 (100.0)	48,689 (62.2)	3,531 (4.5)	26,056 (33.3)
1990	5,677	–	–	122,659 (100.0)	49,960 (40.7)	65 (0.1)	72,634 (59.2)

자료: 내무부, 1986: 159; 1990: 16–17.

자부담에 의해 이루어진 것을 알 수 있다.

한편 농촌주택개량사업은 획일적으로 추진되어 농촌의 경제적 · 사회적 · 문화적 특성을 도외시한 계획이었을 뿐만 아니라 농민들의 과소비 풍조마저 조장하고 일부 농가는 정부보조와 자기자본금으로 부족하여 사채를 얻는 예도 있어 주택신축에 따른 공사채의 부담만을 가중시켰다.

농촌주택개량사업과 더불어 추진된 취락구조개선사업은 1976년에 시작되었다. 주로 주택개량사업에 중심을 두되 자연부락단위의 도로나 배수로 등 농촌생활기반 내지 주거환경시설을 개선하고자 하는 사업이었다. 사업시행의 주체는 시장, 군수이지만 실제로는 마을의 '리동개발위원회'에서 주민들이 사업을 요청하면 도지사가 심의하여 마을당 1억 원의 주택자금을 융자하여 주고 이를 통해 사업을 집행하였다. 이러한 취락구조개선사업이 주택개량사업과 병행하여 이루어져 온 것임에 비해 취락지구개발계획은 건설교통부의 소관으로 국토이용관리법에 의해 농촌중심지를 대상으로 사업이 시행되었다. 소도읍계획도 같은 기간(1976년)

〈표 Ⅳ-6〉 1970년대의 농촌개발사업

구분		취락구조개선사업	취락지구개발계획	소도읍계획
계획 개관	시작연도	1976	1973	1976
	성격	주택개량중심적 사업	토지이용계획적 사업	소도읍의 정비사업
	법적 근거	행정지침	국토이용관리법	행정지침
	주관부처	행정자치부	건설교통부	행정자치부
계획 수립	대상	자연부락	농촌중심지	소도읍의 부락
	수립주체	리동개발위원회 (실제로는 시 · 군)	시장 · 군수	시장 · 군수
	계획기간	1년	5년	1년
	수립방식	주민	위탁	행정기관
	심의확정	도지사	건교부장관	-
	계획내용	토지이용계획 기반시설 도로, 배수로, 주택, 기타 주거환경시설	용도지구, 가로망, 공동시설, 주택배치계획 등	생활환경, 유통, 소득 기반시설
계획 집행	주체	시장 · 군수	시장 · 군수	시장 · 군수
	방법	도급, 마을직영(주택개량사업병행)	택지개발촉진법 및 토지구획정리사업에 의거	지침에 의거
	지원	기반정비보조(마을당 1억), 주택자금융자	없음	국 · 도비보조금 교부세

자료: 김정연, 1995.

에 시작된 사업이지만 이 사업은 소도읍부락을 대상으로 생활환경, 유통, 소득기반시설 등에 투자한 사업이었다(〈표 Ⅳ-6〉 참조).

3) 1980년대의 농촌개발정책

1980년대의 농촌마을 공간개발은 주로 농촌주택의 화장실 개선, 입식부엌으로의 개조 등 주거환경개선과 농어촌진흥공사의 정주권개발사업, 내무부의 오지개발사업, 도서개발사업 등으로 대표된다.[5] 이 중에서 농촌불량변소개량사업을 살펴보자. 내무부에서는 1981년 농촌에 산재된 재래식 변소에 대한 표본조사 결과 자연부락 단위는 89%, 소도읍 지역은 50%의 불량변소가 있었으며 분뇨를 정화조나 저장탱크를 이용하여 위생적으로 처리하는 변소는 51%, 지하매몰이나 퇴비사용 등으로 유출되는 변소는 49%나 되어 농촌환경에 나쁜 영향을 미치고 있는 것으로 조사되었다. 그 후 정부에서는 농가불량변소 총 123만 동을 연차별, 단계별 계획에 의하여 1990년 초까지 완전히 개량할 목표 아래 1단계인 1982~85년에 전체 물량의 30%인 37만 동을, 2단계인 1986~90년에 나머지 86만 동을 개량하도록 계획하였다. 그러나 당초 계획과는 달리 1986년까지 전체의 20%인 24만 동을 개량하는 것에 그쳤고 1987년도에는 관광지나 집단개량 희망 마을을 중점대상으로 동당 20만 원씩 총 60억 원을 지원하여 3만 동을 개량하였다. 1990년도에는 연초 계획 3만 2,000동을 초과하여 3만 4,671동을 개량하였고 투입된 사업비는 정부보조 96억 8,400만 원(39%), 자부담금 153억 3,700만 원(61%)으로 자부담이 많았다.

농촌정주생활권개발사업은 농촌지역의 생활환경, 산업기반 및 편익 · 복지시설 등을 종합적으로 정비 · 확충하여 농어민의 복지를 향상시키고, 도 · 농 간 격차를 해소함으로써 활력 있는 농어촌을 건설하기 위한 목적으로 실시되었다. 1990년 4월 7일에 「농어촌발전특별조치법」이 제정 공포되어 이를 근거로 1990~91년에 16개 면 시범사업 등 135개 면 개발과 문화마을 2개 지구를 착수하였다. 그 후 1994년 12월 22일

5. 오지개발사업이나 도서개발사업은 각각 「오지개발촉진법」(1988.12. 31. 제정), 「도서개발촉진법」(1986. 12. 31. 제정)에 의해 추진되어 온 사업인데 이들 사업은 2000년대까지 지속된 사업이기 때문에 편의상 후술하기로 한다.

〈표 Ⅳ-7〉 농촌정주권개발사업의 부문별 사업내용

부문별	사업내용
ㅇ 마을기반정비	마을 내 도로, 상수도, 하수도 등
ㅇ 농촌도로정비	마을 간 도로, 연결도로, 교량, 공동주차장, 버스승강장 등
ㅇ 문화복지시설	복지회관, 마을회관, 공원, 향토문화보전시설 등
ㅇ 산업시설	집하장, 공동작업장, 가공 · 저장시설, 공동판매장 등
ㅇ 환경보전시설	폐기물처리장, 생활하수처리장, 분뇨처리장 등
ㅇ 농어촌주택	주택신축, 주택개량

「농어촌정비법」이 제정 공포되어 농촌지역에 대한 생활환경정비사업의 법적 근거가 마련되었다. 이로서 면 단위지역의 생활환경, 산업기반 및 편익 · 복지시설 등을 종합적으로 정비 · 확충할 수 있게 되었다. 농촌정주권사업의 부문별 사업내용을 보면 〈표 Ⅳ-7〉과 같다.

한편 정주권개발사업은 ① 정책 목표인 중심마을종합정비방식과 종합개발방식에 대한 정책 방향은 비교적 올바르게 책정되어 추진되었고, ② 소규모 주민숙원사업 해결에 공헌하고 있고, ③ 농촌지역 공간정비의 제도적 기틀 마련에 일조를 한 것으로 분석되었다. 그러나 정주권개발사업이 계획과 투자와의 연계를 주요한 정책 수단으로 삼고 있는 데 비해 실제에 있어서는 계획과 투자 간에 많은 괴리가 있는 것으로 나타났고 원래의 정책 취지인 중심마을재정비 측면에서는 그 효과가 미흡한 것으로 평가되었다(박시현 · 박병오, 1997).

4) 1990년대의 농촌개발정책

1990년대의 농촌마을 개발사업은 매우 다양하게 전개되었다. 이는 그 동안 우리나라의 경제성장으로 인해 농촌의 생활환경, 공간환경이 현저하게 변화되었기 때문이기도 하고 나아가 농촌주민들의 수요가 매우 다양하게 나타난 것에 기인하기도 하였다. 예컨대 농업, 농촌인구가 절대적으로 감소하는 가운데 농업생산성을 증대시키기 위해서는 상업농으로의 전환, 영농방식 기계화, 영농규모의 적정화 등이 필요한데 이러한 변화를 수용하기 위해서는 기존의 영농방식을 현대화하고 취락구조를 개선할 필요가 있었기 때문이다. 사실 전국의 약 6만 7,000여 개의 농어촌 마을은 소규모이며 분산적인 취락구조의 자연발생적인 마을이다. 이를 그대로 방치하고 도농균형발전을 도모한다는 것은 사실상 불가능한 일이기도 하다. 또한 농촌주민들의 문화적 생활에 대한 욕구는 정보화의 발달로 도시와 큰 편차를 보이지 않는다. 여기에 환경에 대한 문제가 1990년대 중요한 화두로 제기되면서 농촌의 생활쓰레기, 농촌축산폐수 등으로 인한 환경오염의 문제를 해결할 필요가 있었고 이러한 과제를 해결하기 위해서는 농촌공간에 대한 실질적 수요를 파악하여 그에 맞는 적절한 대안을 제시할 필요가 있었기 때문이다.

먼저 문화마을 사업에 관하여 살펴보자. 문화마을 조성사업은 정주생활권개발사업의 일환으로 2000년대를 향한 농촌공간을 활력 있는 공간으로 만들기 위해 농업생산기반조성과 더불어 생활환경을 개선하기 위해 농어촌진흥공사에서 시행한 사업이다. 조성목적은 농어촌지역 기초생활권의 중심이 되는 거점마을을 근간으로 취락구조를 재정비 개발하고, 거점마을에 취락집단을 위한 택지개발을 시행하여 현대적 생활환경을 조성함과 동시에 집중생산시설, 유통, 가공시설을 구비하는 등 농어촌의 생산성 향상과 소득증대사업을 추진함으로써 안정된 소득과 쾌적한 생활환경이 조화된 농촌마을을 조성하는 데 있다. 이러한 문화마을 조성사업의 추진과정을 보면 〈그림 Ⅳ-1〉과 같다.

문화마을 조성사업의 사업내용과 사업규모를 보면 〈표 Ⅳ-8〉과 같다.

한편 그동안 추진되어 왔던 각종 농촌마을 관련 사업의 추진실적을 보면 〈표 Ⅳ-9〉, 〈표 Ⅳ-10〉과 같다(농림수산식품부, 2008).

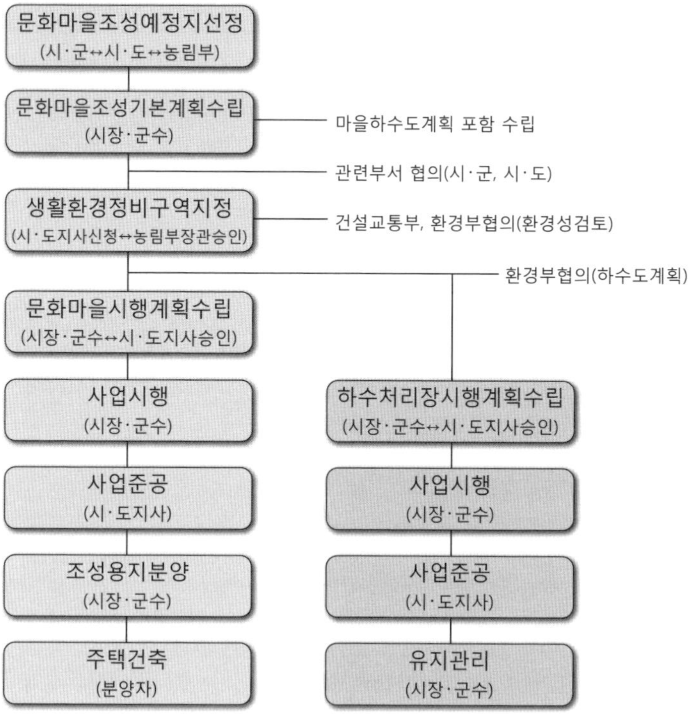

〈그림 Ⅳ-1〉 문화마을 조성사업 추진체계

〈표 Ⅳ-8〉 문화마을 사업내용과 사업규모

사업내용	사업규모
• 현대적 생활기반시설을 갖춘 일정규모 이상의 신규마을 조성과 기존마을 재정비 • 기반시설(택지조성, 단지진입로, 마을안길정비, 생활용수 및 배수, 전기 · 통신시설 등)과 현대적 주택의 신축 및 개량 • 복지회관, 공동주차장, 어린이놀이터, 공동작업장 등 주민편익시설 • 마을하수도, 쓰레기처리장 등 환경보전시설 • 농수산물집하장, 농수산물가공시설, 농기계수리소, 공동건조장, 보관시설 등 산업시설 유치	• 단지조성: 33,057~66,115㎡ (약 1~2만 평) 규모 • 주택건설: 50 ~ 100호 • 지구별 사업비: 50억 원 수준 • 보조: 20억 원(지방양여금 70%, 지방비 30%) • 융자: 30억 원(농특회계) • 사업기간: 2~3년 • 마을하수도시설: 지구당 4억 원 수준보조(국고 100%)

〈표 Ⅳ-9〉 생활환경 정비사업 개발대상 면(面) 현황(2007년 12월 말 현재)

계	정주권 개발	오지 개발	도서 개발	주민 미거주
1,206면(15구)	782면(15구)	361면	53면	10면

주: 정주권개발 면에는 광역시 15개 자치구(준농어촌지역) 포함.
자료: 농촌정책국 농촌지역개발과.

〈표 Ⅳ-10〉 생활환경 정비사업 사업비 지원 실적

구분	단위	계	2004까지	2005	2006	2007	2008(P)
정주기반 (완료)	면	(2단계 797) (1단계 770)	- 770	300 -	300 -	300 -	307 -
문화마을	지구	197	197	-	-	-	-
전원마을	지구	97 (8)	2	25 (3)	22 (3)	13 (2)	35
합계	100만 원	3,894,761	2,898,940	217,812	233,404	268,888	275,717
국고	100만 원	3,140,615	2,323,565	191,628	216,000	215,136	194,286
지방비	100만 원	754,146	575,375	26,184	17,404	53,752	81,431

주: 1) 2004년까지 국고는 지방양여금, 2005년부터 균특회계.
2) 문화 · 전원마을 사업량은 착수기준, ( )는 취소(중단)지구수(사업량숫자에 미포함).
3) 2008년은 잠정치 통계임.
자료: 농촌정책국 농촌지역개발과, 도농교류과.

5) 2000년 이후의 농촌개발정책

2000년대의 농촌관련 사업들은 몇 가지 점에서 그 이전과 다른 특성을 보인다. 첫째, 사업의 공간규모가 과거에 비해 면 단위 내지 군 단위로 확대되었다. 개별적인 마을 단위의 사업보다는 면, 군 단위의 사업을 통해 개별 마을 단위까지 발전의 파이pie를 공유하는 전략이다. 둘째, 농촌 주민의 삶의 질에 초점을 둔 사업이다. 도시와의 수평적 비교에 따른 격차 줄이기 식의 개발이 아닌 농촌만의 고유한 특성과 내재적 가치를 극대화하는 사업에 중심을 두었다. 셋째, 중앙정부의 시혜적 배분에 의한 사업이 아니라 경쟁에 의해 성공가능성이 높은 사업을 선별하고 선별된 사업에 재정지원을 하는 배타적 경쟁시스템을 도입하였다. 넷째, 중복사업, 유사사업을 일원화하고 정리하여 사업효율성을 제고하고자 하였다. 예컨대 행정자치부(현 행정안전부)에서 시행해 오던 '오지종합개발사업'과 '농어촌주택개량사업'을 농림수산식품부로 이관하여 농촌 관련 사업의 일관성을 유지하게 한 것이 그 예다. 다섯째, 그동안 진행되어 왔던 세계화의 물결에 대해 농촌이 보다 적극적으로 대응하면서 중앙정부 차원에서도 농촌공간을 도시와 견줄 수 있는 경제 · 문화공간으로 인식하여 각 지방자치단체의 개발수요와 특성을 반영한 개발전략들이 추구되었다.

이러한 변화에 따라 농촌개발은 역대 정부에서 시행해 왔던 사업들을 계승하는 한편 농촌 주민의 수요와 지방자치단체의 발전역량을 반영한 다양한 개발프로그램들이 대두되었다. 사실 2000년대에 들어 이러한 다양한 개발프로그램들은 '개발'이라기보다 '가꾸기', 또는 '만들기'라는 표현으로 불리어졌다. '살기 좋은 지역 만들기', '농촌마을 가꾸기' 등이 그러한 예다. 이제 이에 대한 자세한 내용을 참여정부와 이명박 정부로 나누어 고찰하고자 한다.

먼저 이전부터 시행되어 왔던 계속 사업으로 오지개발사업, 도서개발사업 등으로 보면 〈표 Ⅳ-11〉과 같다.

위 표에서 오지종합개발사업이나 도서종합개발사업은 이전부터 시행해 왔던 사업의 계속사업들이다. 먼저 오지종합개발사업은 원래 「오지개발촉진법」[6]에 의해 2000년 2월 14일 '제2차 오지종합개발 5개년계획'을

6. 「오지개발촉진법」은 1988년 12월 31일 제정될 때 1999년 12월 31일까지 한시법으로 제정 · 공포되었으나 수차례의 개정을 통해 2000년대까지 시행되어 오다가 2008년 3월 28일부로 「농어촌정비법」이 제정되면서 폐지되었다.

〈표 Ⅳ-11〉 오지, 도서 및 접경지역개발사업계획

구분	오지종합개발계획	도서종합개발계획	접경지역지원사업계획
기간	• 2000~04(5년간)	• 1998~2007(10년간)	• 2003~12(10년간)
대상	• 399개 오지면	• 410개 도서	• 98개 읍 · 면 · 동
사업량	• 5,878건	• 3,475건	• 274건
사업비	• 8,018억 원(양여금 5,613억 원, 지방비 2,405억 원)	• 9,683억 원(국비 6,343억 원, 지방비 2,723억 원, 민 · 융자 등 617억 원)	• 9,671억 원(국비 6,726억 원, 지방비 2,883억 원, 민 · 융자 등 62억 원)

자료: 행정자치부, 2006: 304.

확정하여 현재 시행하고 있다(개발대상지구: 399면). 도서개발사업은 오지개발사업과 마찬가지로 「도서개발촉진법」이 1986년 12월 31일 제정될 때 1997년 12월 31일까지 한시적인 법이었는데 사업의 계속성을 위해 수차례의 개정을 통해 한시적인 제한을 삭제하고 2009년 현재까지 시행되고 있다. 1988년부터 중앙정부 8개 부처 지원사업으로 추진된 도서종합개발사업은 제1차 도서종합개발계획이 1988~97년까지 시행되었다. 이들 사업의 목적을 보면 오지개발, 도서개발 및 농어촌정주권개발사업들은 생활기반시설 조성사업이나 주민소득원 개발사업 등 공공적인 성격과 소규모적 사업임을 알 수 있다. 접경지역지원사업은 「접경지역지원법(2000년 제정)」에 의해 강원도, 경기도 일원의 접경지역 98개 읍 · 면 · 동을 대상으로 하는 사업으로 접경지역의 종합적 이용과 주민복지의 증진, 자연환경의 보전 · 관리 및 통일기반을 조성하기 위한 사업들을 말한다.

(1) 참여정부의 농촌마을 가꾸기

참여정부의 대표적인 사업으로는 '신활력사업'과 '살기 좋은 지역 만들기' 사업이 전국적으로 시행된 사업이었다. 신활력사업은 엄밀히 말해 농촌마을을 사업대상으로 하는 사업은 아니다. 이 사업은 행정자치부에

〈표 Ⅳ-12〉 신활력사업과 기존의 낙후지역개발사업의 비교

구 분	신활력사업	기존 낙후지역개발사업
사업성격	• S/W 분야 • 지역혁신역량 강화	• H/W 분야 • SOC, 생활 · 환경기반시설
사업내용	• 향토자원 개발 • 농촌관광산업 • 인재육성/ 삶의 질 향상	• 도로 확 · 포장 • 농어촌 상하수도 시설 • 마을회관 건립 등
추진 주체	• 민간 참여가능(민 · 관 · 학)	• 관 주도(지자체)
지역 범위	• 시 · 군 단위	• 지구/읍 · 면 단위

서 2005년부터 시작하여 농촌지역을 포함하는 지역혁신클러스터를 창출하는 것을 목적으로 출발하였다. 기존의 낙후지역개발이 물리적 시설 개선에 치중하였다면 신활력사업은 농촌관광산업이나 주민의 삶의 질을 향상시킬 수 있는 혁신 역량을 강화하는 데 초점을 맞추고 있다. 기존의 낙후지역사업과 신활력사업을 비교하면 〈표 Ⅳ-12〉와 같다.

2005년부터 2007년까지의 제1차 기간에 추진된 신활력사업은 70개 시 · 군을 대상지역으로 선정하여 총 8,183억 원(시군당 평균 117억 원)이 투자되었다. 이때 사업대상 시 · 군의 선정기준은 인구 · 소득 · 재정력 등 낙후도를 기준으로 하위 30%에 해당하는 시 · 군으로 3년마다 대상지역을 선정하고 최대 9년간 지원할 수 있도록 하였다. 사업의 추진은 지역이 포괄적인 자율권을 가지고 추진할 수 있도록 하고 중앙정부는 실적을 평가하여 재정지원을 하도록 하고 있다.

살기 좋은 지역 만들기 사업은 참여정부 때 국가균형발전의 일환으로 추진된 사업이었다. 이 정책의 대두배경은 그동안의 다양한 공간정책이 공간의 질과 삶의 질 모두를 충족시키는 데 부족한 부분이 있고 이 부족 부분을 채우기 위해서 살기 좋은 지역 만들기가 필요하다는 데서 출발한다. 그동안 경제성장은 달성하였지만 반대급부도 뒤따라서 환경파괴와

〈표 Ⅳ-13〉 신활력사업 지원규모

사업년도	사업비(억 원)			
	계	국 비	지방비	민자 등
2005~2007	8,183	5,782	1,305	1,096
2005	2,675	2,000	379	296
2006	2,770	1,900	451	419
2007	2,738	1,882	475	381

주: 국비는 매년 20~30억 원씩 낙후도에 따라 차등 지원.
자료: 행정안전부 홈페이지, 2008. 10.

생활의 질은 오히려 감소하는 추세를 보여 왔다. 이러한 제반 문제는 정부주도의 대규모 개발계획보다는 주민주도의 국민운동을 통해 치유하는 것이 바람직할 수 있다(성경륭, 2007).

이런 점에서 살기좋은 지역 만들기는 정부의 기술적 · 재정적 · 정책적 지원 아래 지방자치단체 또는 주민이 주도적으로 이끌어 가는 운동이다. 살기 좋은 지역 만들기는 궁극적으로 공간의 질과 삶의 질을 동시에 제고하는 미래상을 가지고 있다. 그리고 이러한 비전을 달성하기 위한 3대 목표로 '쾌적한 지역공동체', '아름다운 지역공동체', '특색 있는 지역공동체'를 들고 있다(〈표 Ⅳ-14〉 참조). 따라서 살기 좋은 지역 만들기의 지역적 단위는 분명하게 선을 그어 한정하지는 않았지만 지역공동체를 형성할 만한 크기임을 알 수 있다. 지역공동체를 형성할 만한 지역적 단위는 다양하게 규정할 수 있는데 우선 행정구역의 크기에 따라 분류할 수도 있을 것이다. 예컨내 도 단위, 시 · 군 딘위, 면 단위, 마을 단위가 그것이다. 그러나 '아름다운 지역공동체'를 만들기 위해서는 마을 단위가 더 적합하고 실용성이 있을 것이다. 도 단위에서 특정 지역개발 프로그램을 가지고 아름다운 지역공동체를 만든다는 것은 불가능한 것은 아니나 실천가능성 면에서 순위가 낮을 수밖에 없다. 〈표 Ⅳ-14〉는 '아름다운 지역 만들기'의 추진과제 중에서 농촌마을과 관련성이 높은 내용만을

〈표 Ⅳ-14〉 살기 좋은 지역 만들기 추진과제별 사례

도농상생형 복합생활공간 조성	
도시민을 위한 귀향마을 만들기	• 기호에 맞는 다양한 유형의 주거단지 만들기 • 기존마을과 융화되는 지역공동체 만들기 • 마을숲 조성하기
양질의 생활서비스 제공하기	• 농어촌 사회안전망 확충 • 소도읍 · 면의 복지, 문화기능 강화 • 인근중소도시를 평생학습도시로 만들기 • 배후중소도시의 의료지원기능 강화
귀향도시민의 여가 및 느린 생활 즐기기	• 전문성과 경험을 살린 농어촌 봉사운동 참여 • 느린 생활을 위한 다양한 프로그램 개발 • 친목회, 동호회 등 지역 소모임 활성화
지역공동체 복원과 형성	
어울려 사는 커뮤니티 만들기	• 주민 참여형 마을 가꾸기 (꽃길 만들기 등) • 마을행사를 통한 공동체의식 함양 • 복합커뮤니티센터를 통한 만남과 교류 활성화
학교 · 의료 공동체 만들기	• 학교시설의 복합화 및 지역사회에 개방하기 • 방과 후 평생교육 프로그램 운영하기 • 주민들의 자발적 모임을 통한 환자방문과 간병하기 • 공공 · 민간 의료기관 협력을 통한 의료봉사 활성화
사회적 약자와 함께 하는 도시/마을 만들기	• 저소득층 어린이와 청소년을 위한 복지 확충하기 • 고령자와 장애인이 불편 없이 살 수 있는 마을 만들기 • 계층혼합(Social Mix)으로 함께 사는 마을 만들기
지역별 특화브랜드 창출	
지역고유의 테마 만들기	• 마을이야기를 발굴하여 추억공간 만들기 • 우리 지역만의 독특한 상징 만들기 • 지역고유자산을 생태관광자원화 • 지역특산물을 브랜드로 키우기
장소마케팅 전개하기	• 세계에서 하나뿐인 고유의 마을 축제 만들기 • 지역고유테마를 활용한 해외지역과 교류하기 • 재래시장만의 특별한 이벤트 만들기

자료: 국가균형발전위원회 홈페이지; http://www.balance.go.kr/index.php에서 일부 발췌.

선별하여 요약한 것이다.

그러나 살기 좋은 지역 만들기 사업은 참여정부가 막을 내리면서 사실상 2008년도에 들어와서는 흐지부지되어 가고 있어서 향후 이 사업의 지속성 여부를 예단하기 힘들게 되었다.

(2) 이명박 정부의 농촌마을 가꾸기

이명박 정부의 농촌마을과 관련된 사업은 기초생활권계획을 들 수 있다. 물론 기초생활권계획이 정확히 마을 단위의 사업인가 하는 문제에 대해 이론이 있을 수 있지만 현 수준에서 마을 단위의 사업에 가장 가깝게 접근하고 있는 것이 기초생활권계획이라고 볼 수 있다. 기초생활권계획의 비전은 전국 시 · 군의 주민의 삶의 질을 보장하는 것이다. 이와 관련된 사업추진전략과 과제, 그리고 기초생활권 사업대상지역은 〈그림 Ⅳ-2〉, 〈그림 Ⅳ-3〉과 같다.

기초생활권계획은 기본적으로 경쟁력 있는 지역을 만든다는 데 주안점이 있다. 그리고 이를 위해 지역의 특성을 최대한 살리고 다른 지역과의 차별화를 통해 지역 고유의 개발전략을 구사한다. 물론 여기에는 주민의 소득증대와 삶의 질을 개선하기 위한 목적과 농 · 산 · 어촌 및 지방도시의 정주 · 주거여건을 확충하기 위한 목적이 있다. 사업의 주제에 따라서 지역 간 연계협력을 활성화하여 불필요한 중복투자를 예방하고 전국 단위에서는 규모의 경제를 실현하고자 한다.

기초생활권계획은 「국가균형발전특별법」에 제7조 1항에 근거하여 시장 · 군수 또는 둘 이상의 자치단체장이 5년을 계획기간으로 하는 계획을 수립한다. 이 계획수립은 자율적이기 때문에 자치단체장이 계획이 불필요하다고 인정되면 수립하지 않을 수도 있다. 그러나 수립된 계획이 국무회의 의결과 대통령 승인을 받아 확정이 되면 법정계획으로서 중앙정부의 재정적 지원을 받아 시행하여야 한다.

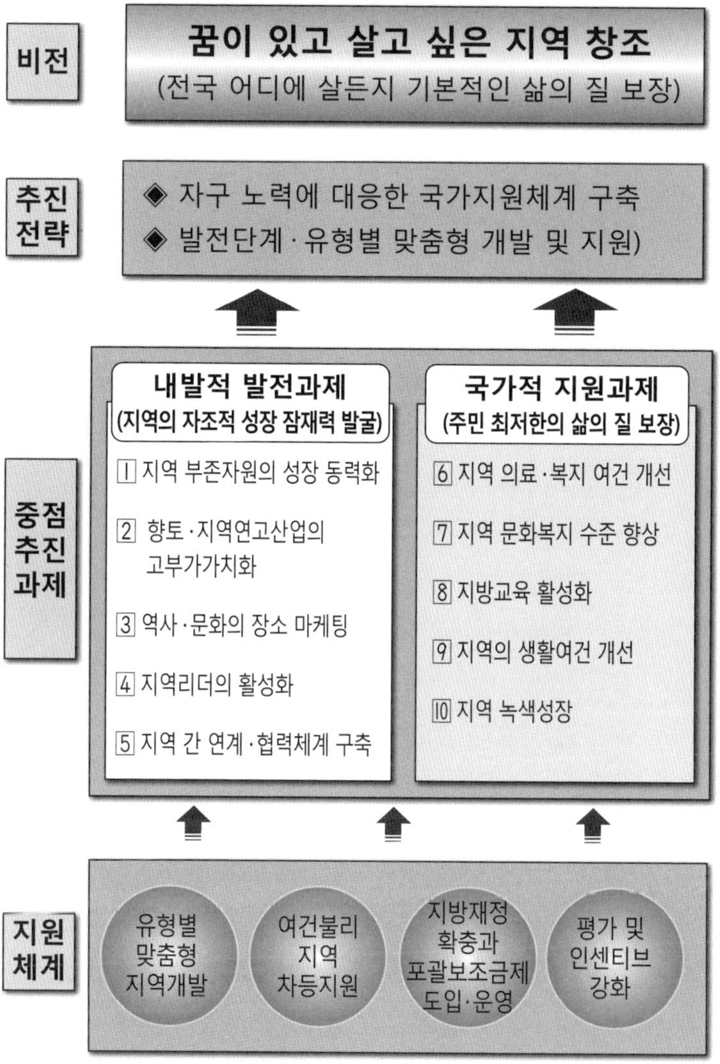

자료: 지역발전위원회, 2009.10.16. 보도자료.

〈그림 Ⅳ-2〉 기초생활권계획의 비전과 추진전략

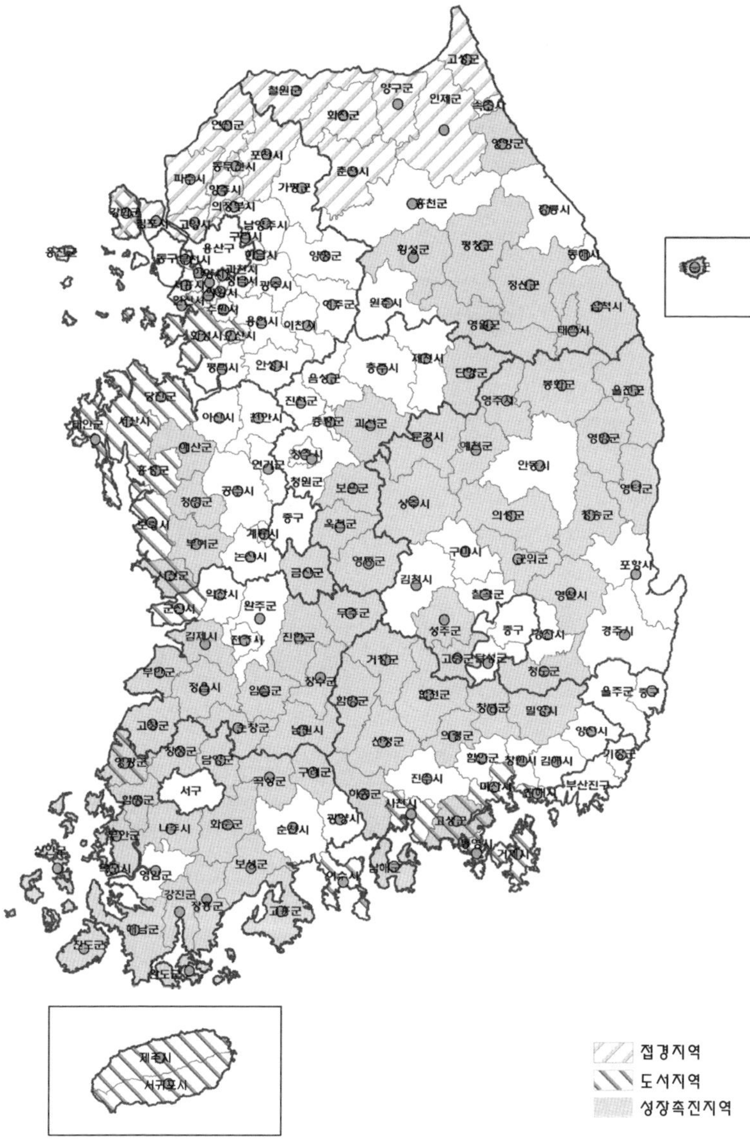

자료: 지역발전위원회, 2009.10.16. 보도자료.

〈그림 Ⅳ-3〉 기초생활권계획의 지역구분과 대상지역

기초생활권계획에서는 지역을 크게 4가지 유형으로 구분하였다. 성장촉진지역은 여타지역에 비해 낙후되어 있는 지역으로 70개 시 · 군을 선정하였다. 특수상황지역 중 접경지역은 경기, 인천, 강원의 15개 시 · 군에 16읍, 75면, 7동을 선정하였다. 특수상황지역 중 개발대상도서는 인천 33개, 경기 4개, 충남 25개, 전북 23개, 전남 217개, 경북 1개, 경남 62개, 제주 7개 도서지역을 대상으로 총 372개 지역을 선정하였다. 도시활력증진지역은 특별 · 광역시의 군 · 구 및 시 지역 중 도농복합형태의 시를 제외한 지역을 대상으로 97개 시 · 군 · 구를 선정하였다.

기초생활권계획은 주민의 삶에 직결되는 공간을 대상으로 한다는 점에서 마을단위의 사업과 긴밀한 관계가 있다. 그럼에도 불구하고 이 사업이 아직 착수단계에 있기 때문에 이에 대한 사후적 평가를 하기는 이르다. 다만 세계화의 물결이 농 · 산 · 어촌의 어디에나 스며들어 있고 이런 시대적 변화에 따라 농촌의 지역경쟁력을 확보하여야 한다는 당위론에 있어서는 공감할 수 있으나 개별 시책의 추진과정이 어떠냐에 따라서는 과도한 경쟁으로 인한 폐해도 예견된다.

3. 농촌마을 가꾸기의 추진전략

해방 후 지금까지 추진되어 온 농촌마을 개발사업을 일괄적으로 평가하기란 상당한 문제가 있지만 그럼에도 불구하고 선행연구들에서 나타나는 공통적 지적사항을 요약하면 다음과 같다.

1) 문제점

첫째, 농촌마을 사업에 관한 주관부서가 여러 부처로 분할되어 있고 다수의 법령에 근거하여 수행되고 있어서 부처 간 이기주의가 나타나 예산이 과다 책정될 우려가 있다(양지청, 2001: 176-177). 예컨대 개발촉진지구사업은 국토해양부, 접경지역개발사업, 오지개발사업, 도서개발사업, 신활력사업 등은 행정안전부, 정주생활권개발계획 등은 농림부 소관으로 되어 진행되어 왔다. 이러다 보니 지방자치단체에서는 예산지원부서를 찾아다니며 예산 따내기에 열중하고 실제 사업의 집행과 관리에 관해서는 소홀한 경우가 많았다. 이러한 문제를 해소하기 위해 참여정부에서는 국가균형발전위원회, 이명박 정부에서는 지역발전위원회에서 지방자치단체의 각종 지역개발사업에 관해 사업계획서를 면밀히 검토하여 경쟁체제로 지원을 하고 있으나 예산지원부서가 달라 중복투자와 중복사업이 나타나는 비효율성이 잔재하고 있다

둘째, 특히 낙후지역개발에 관한 사업으로서 사업 간 중복성의 문제가 있다. 예컨대 광역개발계획에서 다룰 수 있는 군 · 면 단위 개발계획과 개발촉진지구사업, 소도읍육성사업 등과는 중복될 가능성이 높다. 사실상 지역불균형의 문제는 제2차 국토계획 이후 지속적인 관심을 가지고 역대 정부마다 그 완화를 위해 노력해 온 사안이다. 그러다 보니 지역불균형을 완화할 수 있는 정책이라면 다소간의 중복성이 예상되어도 사업의 기능성을 중시하여 재택하여 왔고 개별 사업들은 자체평가민을 통해 다음 연도의 사업을 시행해 왔을 뿐 지역불균형 완화를 위한 각종 사업들에 대한 범정부적인 평가체제가 없이 진행되어 왔던 것이다(임경수, 2003).

셋째, 예산의 확보와 집행과정에 있어서 다소 느슨한 관리체제가 관행화되어 있다는 점을 지적할 수 있다. 지방자치단체는 사업집행을 위해

국비지원을 가능한 한 많이 확보하려고 한다. 중앙부처로부터의 예산확보는 경우에 따라 단체장의 정치적 능력으로까지 해석되기도 한다. 한편 중앙부처 입장에서는 지역별 특성과 사업적 성격도 고려하지만 동일한 사업의 경우 어느 한 지역에 많이 배분하면 다른 지역으로부터 원성을 들을 수 있기 때문에 균등하게 배분하는 경우가 없지 않다.

넷째, 그간의 농촌지역개발의 공간적 범위를 보면 마을 단위의 사업이라기보다는 면 단위 이상의 공간적 범위를 계획범주로 하는 경우가 대부분이었다. 이러다 보니 개별 마을의 독특한 특성을 살린 개발이 되기 어렵고 오히려 전체 계획목적에 개별 마을의 특성이 함몰되어 개발되는 문제점이 있을 수 있다. 물론 농촌지역개발에 있어서 산촌이나 어촌 등과 같이 취락구조가 분산형을 이루는 경우 계획 실천과정에서 규모의 경제를 이루기 위해서는 공간적 범위를 자연부락 단위보다는 넓을 수밖에 없는 현실적 한계가 있으나 이런 경우라도 마을의 특성이 무시되어서는 안 될 것이다.

2) 추진전략

농촌마을과 관련한 그간의 문제점을 해소하고 미래의 전략적 추진방안을 고려하면 다음과 같다.

첫째, 농촌마을은 인간정주의 최소단위이면서 가장 자연친화적 공간이다. 그동안 농촌마을 개발사업은 다분히 현대화된 공간, 예를 들면 도시적 편익을 누릴 수 있는 공간으로 개조하는 것을 우선적인 과제로 하여 진행되어 왔다. 비록 2000년대에 들어 환경친화적 공간조성을 우선시하도록 개발패러다임이 바뀌어 왔지만 우리나라 경제수준에 맞는 농촌생활을 지원하기 위해서는 취락구조를 집적화하기 위해 부분적인 자연훼손이 불가피했던 점도 있었다. 이런 의미에서 2000년대 이후 농촌마을 개발사업을 농촌마을 가꾸기로 용어를 순화하면서 마을공간의 자연성과 주민의 전통적 삶의 방식을 존중하는 방식으로 진행되어 온 것은 나름대로 상당한 의미가 있다. 앞으로의 마을 가꾸기도 이러한 자연친화적 삶의 질을 보장하는 차원에서 추진하여야 한다.

둘째, 농촌마을 가꾸기는 주민의 내발적 동기에 의해 전통과 현대가 조화를 이룰 수 있는 선에서 계획되고 실천될 필요가 있다. 농촌의 인적 자원이 노령화 · 과소화되어 가고 있어서 농촌마을이 내발적 원리에 의해 자체적으로 어떤 계획을 수립하고 실천하는 데는 상당한 한계가 있을 수 있다. 그러나 농촌마을 가꾸기를 여러 단위마을을 함께 사업단위로 묶어 각각의 특성을 살린다면 개발의 효율성을 제고하면서 개별마을의 개성을 살릴 수 있을 것이다. 결국 농촌마을 가꾸기를 단발성 사업이 아니라 지속성을 가지고 이어져 가도록 하기 위해서는 주민의 욕구와 마을의 숙원사업이 무엇인가 하는 점에 착안하여 내부적 자원을 최대한 동원하도록 할 필요가 있다.

셋째, 농촌마을 가꾸기는 상호 정보의 교류와 협력을 강조하고 세계로 열린 공간을 창출하는 추진전략이 필요하다. 농촌마을 가꾸기는 농촌을 근대화의 대상지로서 설정하고 완전히 뒤엎고 다시 공간을 창출하고자 하는 근대화의 아류가 아니라 있는 그대로의 공간에 주민들이 원하는 사업, 그 마을에 대대로 이어져 오는 전통과 문화가 고스란히 살아나도록 하는 가꾸기가 되어야 한다. 세계로 열린 공간을 조성하는 것 역시 세계 사람들에게 가장 그 마을다운 모습을 보여 주는 것임을 의미한다. 어설픈 보편성이 오히려 특성 없는 가꾸기가 될 가능성도 있다. 이런 의미에서 단위마을 자체적인 사업이 어려운 경우 마을과 마을 간, 마을과 기초자치단체, 마을과 광역 또는 중앙정부와의 수직적 · 수평적 네트워크가 긴밀히 연결되어 주민의 삶의 질이 보장될 수 있는 가꾸기가 되어야 할 것이다.

넷째, 사후적 평가체제가 확립될 필요가 있다. 평가는 다양한 차원에서 있을 수 있다. 예컨대 주민자체평가, 상위기관의 평가 등이 있다. 상위기관평가는 기초자치단체의 평가에서 광역자치단체, 중앙정부의 평가 등이 있을 것이다. 그러나 마을 가꾸기의 성공적 환류를 위해서는 주민 스스로의 평가체제가 가장 중요하다. 이는 아무래도 주민 스스로 엄격한 기준에 따라 잘못된 점, 잘된 점을 스스로 평가해 보고 다음 계획연도에 잘된 점을 부각시키고 잘못된 점을 시정할 수 있기 때문에 그러하다. 더구나 마을 가꾸기 사업을 내발적 동기에 의해 주민의 수요에 부응한 개발을 한다고 했을 때 주민의 평가는 더더욱 중요한 의미를 가질 것이다. 상위기관의 평가는 재정 지원의 효율성과 사업성과를 객관적 지표에 따라 평가하고 마을 가꾸기 사업을 경쟁구도로 설정하여 평가를 차기 연도에 반영할 수 있으므로 마을 단위에서는 매우 신경을 써야 할 사안이다.

다섯째, 농촌마을 가꾸기 사업이 성공적으로 지속되기 위한 방안으로 농촌마을과 도시지역과의 자매결연이나 연계개발을 고려할 필요가 있다. 예컨대 일촌일동一村一洞 자매결연 같은 사업을 하므로 도시인의 농촌적 정서와 농촌의 도시적 기대를 교호작용시켜 사업의 지속성을 유지시킬 수 있을 것이다. 나아가 이러한 사업을 통해 도시에서의 필요를 충족시키고 농촌지역에서의 필요를 함께 충족시킬 수 있을 것이다. 일반적으로 도농교류는 여러 가지 이벤트 및 행사성 교류에 치우치는 경우가 많은데, 이보다는 일촌일동 자매결연을 통해 인적 · 물적 교류가 지속성을 띠고 이루어질 수 있도록 할 필요가 있다.

| 참고문헌 |

건설교통부, 2000,『제4차 국토종합계획』.

______, 2000,「지역개발제도 개선방안 연구」.

______, 각 연도,『제1차/제2차/제3차 국토종합개발계획』.

고병호, 1994,「지역개발이론의 체계적 접근과 새로운 패러다임의 형성에 관한 연구」,『한국지역개발학회지』, 6(2), pp. 87-124.

찰스 고어 저(임 경수 외 5인 역), 1997,『현대지역이론과 정책』, 서울: 한울.

김선범, 1998,「독시아디스의 도시 · 건축사상」,『월간국토』, 7월호, pp. 86-93.

김영모, 1999,『도시계획의 이해』, 서울: 보성각,

김용웅 · 차미숙, 1998.『지역개발정책의 이론과 실제』, 국토개발연구원.

김정연, 1995,「농촌취락개발의 문제점과 개선방안」,『농촌계획』, 1(1).

내무부, 1980,『새마을운동 10년사』.

______, 1986,『새마을운동』.

______, 1990,『농어촌 주거환경개선사업 결산서』.

농림수산식품부, 2008,『2008 농림수산식품 주요통계』.

박시현 · 박병오, 1997,『농촌생활환경 정비정책의 효율적 추진방안』, 농림부.

박시현 · 박주영, 2003,『농촌마을종합개발사업의 추진방향과 사업화방안』, 한국농촌경제연구원.

박영춘 · 임경수, 2000,「뉴어바니즘 도시설계에 관한 고찰: 지역사회건설 원칙과 전략」,『한국지역개발학회지』, 12(1).

성경륭, 2007,『참여정부의 국가균형발전정책: 선진국 진입전략』, 국가균형발전위원회.

양지청, 2001,『지역발전을 위한 지원실태와 정책과제』, 국토연구원.

윤원근, 1999,『한국농촌계획론』, 서울: 대학출판사.

임경수, 2003,「새로운 통합적인 낙후지역개발정책의 모색」,『한국지역개발학회지』, 15(4), pp. 119-141.

임경수 외, 2003,『국토 및 지역계획론』, 대한국토 · 도시계획학회.

임형백 · 이성우, 2003,「농촌과 도시의 공존을 위한 인식론적 전환: 근대화론 비판」,『농촌사회』, 13(2), pp. 41-73.

지역발전위원회, 2009년 10월 16일자 보도자료.

최양부 · 이정환, 1987,『산업사회의 농촌발전전략』, 한국농촌경제연구원.

행정자치부, 1975, 소도읍육성계획수립요령 보도자료.

______, 1997,『제2차 도서종합개발 10개년계획(1998~2007)』.

______, 2003,『오지개발사업계획(최종)』.
______, 2006,『2005 행정백서』.

Blakely, E. J., 1994, *Planning Local Economic Development*, Townsand Oaks: Sage.
Glasson, J., 1974, *An Introduction to Regional Planning*, London: Hutchinson.
Hawley, A. M., 1971, *Urban Society: An Ecological Approach*, New York: The Ronald Press.
Highsmith, R. M. and R. M. Northam, 1968, *World Economic Activities*, London: Sage Publications.
Morrill, R. L and J. M. Dormitzer, 1979, *The Spatial Order: An Introduction to Modern Geography, North Scituate*, Massachusetts: Duxbury Press.
WCED, 1987, *World Commission on Environment and Development, Our Common Future*, Ankeny, Iowa, USA: Oxford University Press.

제 V 장

마을차원에서 본 향토자원과 농촌활성화*

권태호
세명대학교 교수

* 필자는 2006년 5월부터 7개월간 충북테크노파크의 지원으로 단양군 특화산업활성화 연구를 수행하였으며, 이를 계기로 충청북도 단양군 방곡리 활성화에 관심을 갖게 되면서 마을연구회 조직 및 운영에 참여하여 현재까지 활성화 자문역을 해 오고 있다. 제 V 장은 그동안 회의, 현장 관찰 및 주민과의 접촉을 통해 얻은 1, 2차 자료를 바탕으로 한 것이며, 집필과정에서 최대한 연구자로서 객관적 태도를 견지하였다. 또한 이 글의 목적은 마을차원의 농촌 활성화를 학문적으로 접근하는 데 있으며, 따라서 있을 수 있는 모든 견해차이나 내용오류는 전적으로 필자의 책임이다.

1. 서론: 농촌활성화의 새로운 접근

지금의 한국 농촌이 직면하고 있는 사회적 · 경제적 어려움은 1960년대 이후 진행된 산업화, 도시화 그리고 경제발전 과정에서 누적되어 온 구조적 문제다. 도시, 특히 대도시 중심의 산업화 및 경제정책의 지속적 실행은 농촌의 인적 · 물적 자원을 계속적으로 도시로 흘러들게 하였다. 이러한 측면에서 보면 도시의 성장이 곧 농촌지역의 자원사용 즉, 발전 가능성을 비용으로 하여 진행되어 왔다는 시각이 존재하는 것도 당연하다.[1] 농촌의 상대적 소외와 빈곤의 문제는 도 · 농 간 소득격차, 농촌공동체의 급속한 해체 그리고 농촌인구의 지속적 감소로 나타났다. 특히, 2000년 이후 농촌인구의 감소와 고령화는 농촌의 정체성과 사회적 · 경제적 기반을 위협하는 수준에 이르고 있다. 농촌인구의 감소율은 1980년대 연평균 4.8%를 정점으로 둔화되고 있으나(김배성 · 최세현, 2007: 296), 여전히 절대 인구는 감소하고 있다. 1980년 농가인구는 1,082만 7,000명으로 전체인구의 28.9%를 차지하였으나 1990년 666만 1,000명(15.3%), 2000년 404만 1,000명(8.7%) 그리고 2005년에는 403만 4,000명으로 전체인구의 7.3%에 불과하다. 농촌인구의 고령화는 농촌경제의 활력을 감퇴시키는 또 하나의 중요한 요인이다. 2000년 한국의 농촌은 65세 이상 인구가 21.7%를 넘어서면서 초고령화 단계로 접어들었고, 2005년 12월에는 농가인구 343만 명 중 65세 이상 비율은 29.1%를 기록하여 88개 군 지역 중 57개 군이 초고령화에 해당된다. 2007년에는 상황이 더욱 악화되어 농가인구 327만 4,000명 중 65세 이상 비율이 32.1%, 75세 이상

1. 도시–농촌의 종속관계는 Lipton(1977)의 도시편향(urban bias) 개념으로 잘 이해되며, 도농 간 인적 자원, 물적 자원의 불평등한 상호작용 및 공간적 양극화 문제에 대한 종합적 문헌고찰은 Potter(1989), Tacoli(1998) 및 Varshney(1993) 등을 참조할 수 있다.

이 9.8%를 차지한다(김수석, 2008: 5).

도·농 간 인구 및 경제활동의 격차가 정부의 농촌정책 부재 내지 방임에 기인하는 것은 물론 아니다. 사실 정부는 1960년대 이후 꾸준히 농촌정책을 전개하여 왔다. 1960년대의 커뮤니티 개발프로그램community development program 및 1970년대의 새마을운동을 통해 낙후된 기초생활환경개선 노력을 하였으며, 1980년대에는 마을 단위 사업에서 탈피하여 지역차원의 종합개발을 위해 농어촌지역개발사업을 추진하였다. 1990년대에는 면 단위 개발을 위해 정주권 및 오지·도서개발을 추진하였고, 2000년 이후에는 참여정부에 들어서면서 농촌의 지역혁신과 활력증진을 위해 「국가균형발전특별법(2004)」, 「농림어업인 삶의 질 향상 및 농산어촌 지역개발 촉진에 관한 특별법(2004)」을 제정하고, 신활력사업, 녹색농촌체험마을사업, 지역농업 클러스터 사업을 포함한 다양한 농촌지원사업들을 실행하여 왔다.[2]

하지만 농촌지역의 경제와 삶의 질을 개선하기 위한 최근의 이러한 사업들은 시설위주의 하드웨어 사업과 프로그램 위주의 소프트웨어 사업을 아우르는 종합성과 주민제안 방식의 상향식 접근에도 불구하고 몇 가지 문제점을 노출하였다. 구체적으로, 개별사업 주관 부서 간의 협력 및 네트워킹 미흡, 시설위주 사업의 비중과다 및 경제적 효과의 불확실성, 사업 중복성 또는 유사성으로 인한 특화미비, 과도한 정부기관 주도로 인한 주민참여의 자율성 저하, 정주체계와 무관한 사업대상지역의 임의적 선정 등이 참여정부 농촌발전 성책의 장애요인들로 지적되있다(박진도, 2004; 송미령, 2008; Kwon and Weon, 2008).

2. 녹색농촌체험마을조성사업(농림부), 농촌전통테마마을조성사업(농촌진흥청), 산촌종합개발사업(산림청), 어촌체험관광마을조성사업(해양수산부), 아름마을 가꾸기사업, 정보화마을사업(행정자치부) 등을 포함하여 2008년 기준으로 12개 중앙행정부서가 추진하는 지역개발, 교육여건, 복지기반 및 복합산업은 모두 110개다(송미령, 2008: 68).

2008년 이명박 정부가 집권하면서 농촌정책은 기초생활권[3]이라는 개념으로 재정립이 시도되고 있다. 즉, 전국의 163개 시 · 군을 도시형, 도농통합형 그리고 농산어촌형으로 유형화하여 권역화하고 지자체의 자율계획수립, 포괄보조금제도 도입 및 성과평가를 통한 인센티브 제공 등을 통해 i) 차등적 생활기반 확충, ii) 특성화, 차별화된 개발, iii) 시 · 군 간 연계협력강화 및 iv) 삶의 질 제고라는 4가지 목표를 달성하는 전략이다. 여기서 농촌지역은 도농연계형 또는 농산어촌형으로 분류되며, 종전의 마을단위 시설위주 개발사업보다는 교육, 의료, 복지, 문화 등 삶의 질 향상에 직접적인 영향을 주는 소프트웨어적 사업을 적극 추진한다는 것이다(지역발전위원회, 2008). 이는 농촌지역 어디에 살든지 일정수준 이상의 경제 수준과 삶의 질을 보장한다는 비전으로서 일종의 기초수요접근 basic needs approach으로 볼 수 있다. 특히, 농산어촌형의 경우 중심도시에서 멀리 떨어진 읍 · 면으로 정주여건이 열악하여 자족적 생활권이 자체 형성되기 어렵고, 인구감소와 고령화가 심각한 상황에서 인접시군과의 연계개발이 시급함을 강조하고 있다.

여기서 중요한 질문은 이러한 '권역별 접근이 낙후된 농촌의 소득 및 고용기회를 증대시키고, 생활기반 시설 및 복지서비스 수준을 제고하며, 각종 마을단위 개발사업을 연계하여 궁극적으로 생활권역 내 주민의 삶의 질을 실질적으로 어느 정도 높일 수 있느냐'는 것이다. OECD(2006, ch. 2)가 제시하는 농촌정책의 새로운 패러다임은 이러한 질문에 답하기 위한 몇 가지 시사점을 제공한다. 즉 과거의 농촌발전 접근이 농업만을 대상으로 중앙정부와 농민이 주체가 되어 정부가 지원하는 보조금을 활용하여 획일적으로 농가소득 증대를 통한 농가경쟁력 제고에 목표를 두

3. 지역발전위원회에 의하면 기초생활권이란 지역주민의 삶의 질 향상을 효율적으로 추진하기 위하여 주민의 일상생활이 이루어지는 권역을 말한다(「국가균형발전특별법」 제2조).

〈표 V-1〉 농촌정책의 새로운 패러다임

	과거의 접근	새로운 접근
목표	• 평준화(equalization) • 농가소득, 농가경쟁력	• 농촌지역 경쟁력 • 농촌지역 자산(assets)의 가치창출 • 미활용자원의 발굴
핵심 대상부문	• 농업	• 농촌경제의 다양한 부문들 (농촌관광, 제조업, 정보화 등)
주요 수단	• 보조금	• 투자
핵심 참가자	• 중앙정부, 농민	• 중앙, 지방정부 및 농촌지역의 다양한 이해당사자 그룹(공공, 민간, NGOs 등)

자료: OECD, 2006: ch. 2.

었다면, 21세기의 새로운 접근은 농촌이라는 공간 전체를 대상으로 중앙 및 시 · 군정부뿐만 아니라 농촌지역의 다양한 이해 당사자 그룹(공공, 민간, NGOs 등)이 참여하여 농촌의 향토자원을 재발견하고 이를 토대로 가치창출valorization을 함으로써 농촌공간의 총체적 경쟁력을 강화하는 것이다.

새로운 패러다임은 농촌의 이해당사자 그룹과 다양한 사업대상(관광, 문화, 제조업, 유통 등)의 두 가지 부문이 농촌활성화의 성패를 좌우하는 핵심 주체와 객체임을 함의한다. 이는 해당 농촌의 다양한 이해당사자들이 상호 협력 · 소통하면서 자발적 주인의식을 갖고, 특화되고 차별화되는 사업을 발굴하여 효율적으로 운영할 때 농촌활성화가 실현될 수 있음을 의미하는 것이다.[4] 이러한 배경에서 이 장은 단양군 대강면 방곡리[5]를

4. 주민의 적극적 참여와 향토자원을 활용하는 접근의 중요성은 이재준 · 이상문(2003) 및 최효승(2005) 등 최근 사례연구를 통해 강조되고 있다.

5. 대강면은 단양군의 최남단 면(面)으로 면적은 134.36㎢(단양군 면적의 17.2%), 인구는 2,551명(2009년 7월)이며, 방곡리를 포함 19개 법정리로 구성된다. 리(里)는 법정단위 또는 행정단위를 의미하고 마을은 자연부락을 의미하나, V장에서는 농촌활성화를 위한 여러 정책과 사업에서 '마을'이란 용어를 사용하는 점을 감안하여 양자를 구분하지 않고 혼용한다.

대상으로 최근 마을차원의 활성화 노력과 사업들을 향토자원 활용측면에서 분석함으로써 상향식 농촌활성화의 문제점과 잠재력을 도출하고, 나아가 관련 정책수립의 시사점을 제공하는 데 그 목적이 있다.

2. 방곡리: 현황과 활성화 여건

1) 입지와 현황

단양군 남면에 속해 있던 방곡리는 1914년 행정구역 통 · 폐합에 따라 구점, 시거리, 오목점, 상점, 신탈리를 병합하여 방곡리라 해서 대흥면에 편입되었고, 1917년 다시 대강면에 편입되어 오늘에 이르고 있다. 대강면에 위치한 '계곡 옆 마을'이란 뜻의 방곡리傍谷里는 빗재, 저잣거리, 삼막골 및 오목네로 구성되며 남북으로 길게 뻗은 계곡을 따라 흐르는 단양천을 경계로 동측은 경상북도 문경시 동로면에 접한다. 전형적인 중산간 산촌中山間 散村인 방곡마을로의 접근은 사인암 방향에서 1번 군도 또는 중선암 방향에서 지방도 575번을 이용하여 가능하고, 문경시 방면에서는 동로면에서 지방도 575번을 이용하고 있으며, 공사 중인 예천군 상리에서 방곡을 연결하는 올산-방곡 간 도로가 개설되면 방곡리의 접근성이 향상되고, 예천방향에서의 마을 방문객이 증가할 것으로 기대된다.[6]

방곡에서 생활자기, 즉 사기沙器를 굽기 시작한 것은 600여 년 전 조선시대로 거슬러 올라가며, 이후 방곡마을은 백자와 분청사기를 생산한

6. 방곡리, 소백산관광목장 및 단양유황온천 등을 연계, 이용하는 방문객 증가가 예상된다.

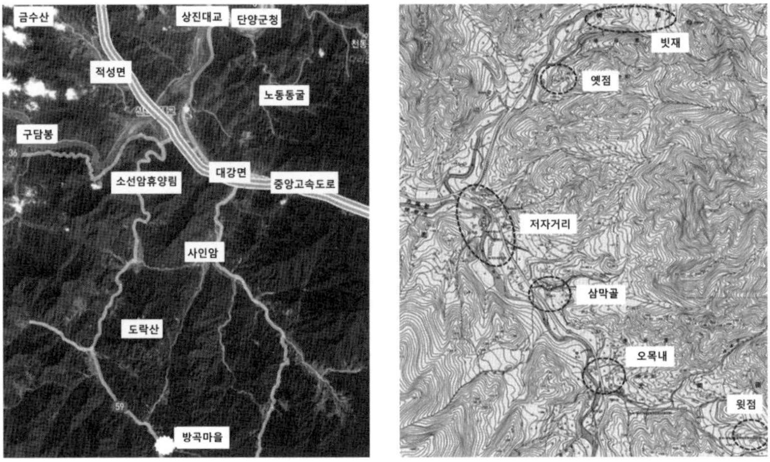

자료: 위치도 http://map.naver.com/에서 수정.

〈그림 V-1〉 방곡리의 위치, 지형 및 공간구성

조선시대 민수용 도자기의 집산지로 유명하였다. 방곡리 마을로 들어오는 길목인 빗재에는 풍화된 화강암이 풍부하고,[7] 황정산 주변에 자생하는 양질의 소나무는 불림이 좋은 고온의 불을 지피는 데 적합하여 도자기 생산에 천혜의 조건을 갖추고 있었다. 일제식민시대에는 전쟁물자 공급을 위해 놋그릇이 징발되면서 방곡의 막사발 생산이 다시 한 번 전성기를 맞았으며, 최근 발견된 12개의 가마터는 당시 방곡의 사기생산이 매우 활발했음을 보여 준다. 근대화가 본격적으로 시작되면서 1960년대 경제개발과 함께 알루미늄과 플라스틱 그릇이 생활자기를 대신하면서 방곡마을의 사기생산은 쇠락의 길로 접어든다. 1995년부터 충청북도와 단양군이 예산을 투입하여 저잣거리를 중심으로 도예교육관, 전시장, 판매장 등 관련시설을 건축하고 도예인들을 유치하여 마을활성화를 추진

7. 화강암이 풍화된 모래성분에 진흙을 섞으면 그릇을 만들기에 적합한 '사토'가 되며, 풍화된 화강암 성분이 고스란히 간직되면 유약의 재료인 '물토'가 된다.

하였다.

2008년 현재 방곡리 인구는 138명(70세대)으로 농가 125명과 비농가 13명으로 구성되며, 세대당 가구원수는 2명으로 단양읍의 2.7명, 대강면의 2.2명보다 낮은 편이다. 한편 65세 이상 인구는 27명으로 고령화율이 19.56%로 고령화율이 30%에 달하는 대강면보다 낮은 편이나, 경제활동인구(15~64세)의 일부가 단양읍 또는 제천시 등에 거주하고, 주소지만 방곡리에 등록되어 있는 실정으로 노동력 부족이 심각하다. 방곡리의 농경지 면적은 45만 9,000㎡이며, 이 중 논은 3.7%인 1만 7,000㎡에 불과하고, 밭이 44만 2,000㎡(96.3%)로서 거의 대부분을 차지하며, 콩(8만 6,000㎡), 고추, 오미자 등 주로 밭작물을 재배하여 전형적인 산촌의 토지이용을 보여 준다.

방곡리의 주민조직은 마을을 대표하고 주요 현안을 최종결정하는 마을회(대표자 이장)가 있고, 전통적 조직으로서 연방계, 부녀회 및 노인회가 조직되어 있으나 이들 조직은 주로 마을구성원이 상喪을 당하거나, 여성관련 일 또는 노인잔치 등을 위한 일과성의 안건이 있을 때 회합하는 조직체다. 정부가 지원하는 각종 사업과 관련된 조직은 이장을 중심으로 각 조직의 회장과 반班별 대표가 참여하는 개발위원회이며, 개발위원회에서 의사결정이 어려울 경우에 한하여 마을회가 소집된다. 청년회는 마을사업과 행사의 실행조직으로서 봉사조직의 성격이 강하다. 연구조직으로서 2007년 2월 조직된 결골마을연구회는 월 1회 모임을 원칙으로 마을활성화를 위한 역량강화, 수익모델개발, 어메니티amenity 자원조사 등을 담당하며 대학교수 등 외부전문가가 참여하고 있다.

앞서 언급한 바와 같이, 단양군은 충청북도의 도움을 받아 1995년부터 2003년까지 도비 및 군비를 포함 37억 5,700만 원을 투입하여 방곡마을에 도예촌을 조성하였다. 당시 부지 1만 6,297㎡에 도자기공예관련 8개 업체를 유치하고, 시설사업으로서 도자기판매장 1동(357㎡), 도자교

〈표 V-2〉 방곡리 주민조직체 현황 (2008년 12월)

조직명	구성원(명)	모임횟수	등록 연월	주요활동
개발위원회	10	월 1회		주요 현안사업
청년회	12	월 1회	1998.12.	지역봉사활동
부녀회	37	월 2회	1982.2.	지역봉사활동
연방계	40	부정기	-	상포계
노인회*	27	부정기		노인관련 행사
결골마을연구회**	15	월 1회	2007.1.	마을활성화

주: *법정 연령 65세 이상 모두 참여.
**대학교수 등 외부전문가 3명 포함.

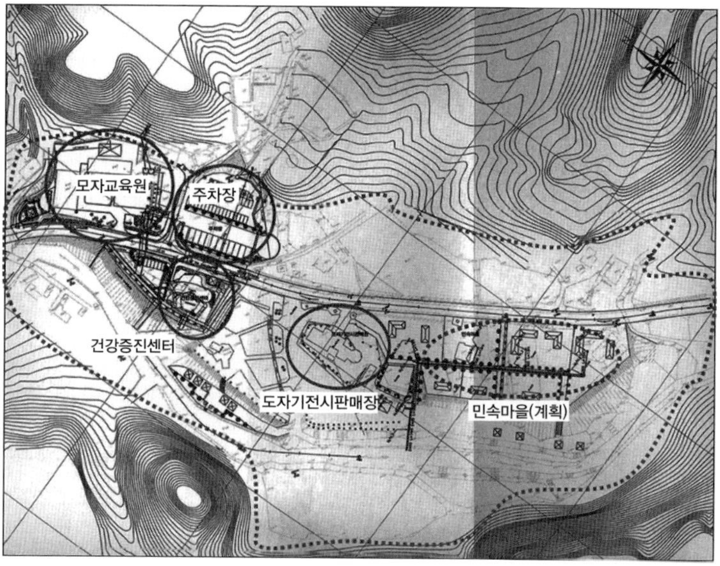

〈그림 V-2〉 방곡도예촌 시설배치계획도(1995년)

육원 4개 시설(783㎡), 도예전시관, 도자공원, 건강증진센터(현 마을회관, 158㎡), 전통장작가마 2기, 전통찻집 1동(132㎡), 상징조형물 2개 및 목교木橋 등을 건축하거나 설치하였다.

〈표 V-3〉 방곡도예촌 조성사업 예산 (단위: 100만 원)

연도별	재원별				
	계	국비 (환경부수계관리기금)	도비	군비	기타 (마사회)
1995~2002	2,611	598	690	1,223	100
2003	1,146	802	-	344	-
합계	3,757	1,400	690	1,567	100

자료: 단양군청 내부자료.

2) 활성화 여건분석

방곡리 활성화를 위한 여건분석은 향후 활성화 수준이 마을 내부의 강점 및 약점뿐만 아니라, 외부지역이 제공하는 기회요소 및 위협요인에 의해 동시에 영향을 받는다는 전략적 인식에 근거한다.

(1) 강점(Strength)

도예마을로서 방곡리의 우선적 강점은 17세기부터 조선시대 민수용 사기 생산지로서의 전통성과 역사성을 보유하고 있다는 점이다. 또한 가스가마를 위주로 대규모생산을 하는 경기도 여주, 이천 등과 비교하여 전통장작가마를 고수하는 생산방식의 차별성을 방곡도예의 정체성으로 간주된다. 방곡리는 월악산 국립공원 및 소백산국립공원과 인접하여 산촌경관이 우수하다. 특히 저잣거리를 중심으로 황정산의 수리봉, 신선봉으로 이어지는 산촌 스카이라인 그리고 방곡천과 조화되는 생태적 경관자원은 등산객 유인의 훌륭한 조건이 된다. 건조환경과 관련하여 이미 보유하고 있는 도자교육원, 도자기전시관 등 도예 관련시설은 활성화 사업 시 시설구축 비용을 절감시킬 수 있다. 또한 방곡의 오미자, 도염陶鹽 등은 전통먹을거리 발굴과 연계하여 방곡리 활성화를 위한 잠재적 자원으로 관찰된다.

(2) 약점(Weakness)

우선 방곡리 지형 및 입지의 선천적 불리조건이 약점으로 작용한다. 중산간中山間지역으로 정주조건이 평야보다 불리하고 정주패턴의 산재성散在性이 강하며, 토지의 거의 대부분이 경사지에 입지하여 경작에 불리하고 따라서 농업생산성이 낮다. 또한 2001년 12월 중앙고속도로 개통으로 접근성이 많이 향상되었으나 충청권의 타 지역들과 비교하여 서울과 수도권에서의 상대적 접근성이 여전히 불리하여 방문객 흡인의 원천적 장애로 작용한다. 방곡리의 인구감소는 청장년의 단양읍 및 타 도시로의 전출 및 출산인구의 감소에 기인한 것이다. 이와 동시에 전입인구가 거의 없는 상황에서 고령화의 가속화는 경제활동 자원의 계속적 위축을 초래하였다. 또한 전통장작가마에 대한 낮은 인지도, 체계적 홍보 마케팅 부족 등으로 도자기 상품경쟁력이 미흡하고, 도자기 연계체험 및 활성화 프로그램이 부족하며, 장작가마 도자기의 생산원가가 여주, 이천 문경 등 타 지역보다 높아 가격 경쟁력이 떨어진다.[8] 다음으로, 토착주민과 도예인 간 협력적 노력이 부족하고, 마을의 비전과 계획을 추진할 리더가 없는 것도 내부적 약점으로 지적된다. 마지막으로 도자교육원, 도자기전시관 등 건축물의 특이성이 부족하고, 부분적으로 시설 노후화의 문제를 안고 있다.

---

8. 뿐만 아니라, 문경 이천, 여주, 광주 등은 규모의 경제(economies of scale)를 갖추어 경쟁력을 유지하고 있는 반면, 방곡은 전통장작가마에 대한 수요가 계속 줄어들고 있을 뿐만 아니라 도예인 타 지역 이주로 인해 생산량이 계속적으로 감소하고 있는 실정이다. 현재 방곡의 전통장작가마는 모두 4기다.

(3) 기회요소(Opportunities)

과거 정부주도의 하향식 농촌정책이 지역 간 불균형 심화 및 기존 낙후지역 정책의 한계노출에 따라 참여정부 이후 하드웨어적 시설사업뿐만 아니라 소프트웨어적 프로그램을 중시하는 마을중심의 상향식 접근으로 변화함에 따라 방곡리를 둘러싼 거시적 활성화 여건이 개선되고 있다. 또한 5도 2촌의 생활패턴 정착으로 향후 가족 단위 농촌방문객의 수요 증가가 예상되는 점도 기회요소로 간주된다. 뿐만 아니라 도시민의 인스턴트 먹을거리에 대한 거부감과 유해 농특산품에 대한 경계심이 높아짐에 따라 농촌의 안전한 먹을거리에 대한 관심이 높아지고, 인터넷 등을 통한 직거래 수요도 증가될 것이다. 또한 현재 공사 중인 올산–방곡 간 도로가 완공되면 예천, 문경, 상주 등 경북북부지역에서의 접근성이 향상될 것으로 기대된다.

Strength (강점)	Weakness (약점)
• 조선시대 민수용 도자기 생산지로 유명(전통성과 역사성) • 여주, 이천의 가스가마와는 달리 전통장작가마 방식 고수 (생산양식의 차별성) • 마을특화 및 활성화를 위한 기반시설이 조성되어 있어 유사 시설구축때 요구되는 비용절감 효과(전시관, 교육관 등) • 자연경관과 스카이라인 개성특이(산, 개울이 경관성과 한경성) • 경관, 전통먹거리 및 체험제공의 잠재력 보유(도염, 오미자 등)	• 중산간 산촌으로 불리한 정주조건, 낮은 농업생산성 • 인구유출과 고령화로 경제활동 자원 부족 • 전통장작가마의 낮은 인지도, 차별성 및 홍보마케팅 미흡 • 중앙고속도로 개통에도 불구하고, 서울, 수도권 접근성 불리 • 토착주민과 도예인 간의 협력적 노력 부족, 마을 비전과 계획을 추진할 리더 부재 • 관련시설들의 건축양식 특이성 부족, 산촌 경관과 부조화 (건조환경-경관의 부조화)
Opportunities (기회)	**Threats (위협)**
• 낙후지역 정책의 한계 노출에 따른 마을중심 상향식 정책추진 • 주 5일제 정착, 가족단위 체험관광객 증가 예상 • 올산-방곡 간 도로개설 시 경북과의 접근성 향상 기대 • 인스턴트, 패스트푸드, 거대도시화에 싫증난 도시민의 농촌회귀적 여가패턴 확산	• 이천, 여주, 문경 등 타 지역의 경쟁력 강화추세 (규모의 경제 미흡) • 단양군, 제천시, 영월군 등 인근지역 농촌활성화 시설 및 프로그램 확대 • 서울, 수도권에서의 방곡마을 인지도 미흡

〈그림 V–3〉 방곡리의 활성화 여건 SWOT 분석

(4) 위협요인(Threats)

이천, 여주, 문경 등 타 지역 도예마을에 대한 투자가 대규모로 진행되어 방곡 도자기의 상대적 경쟁력이 약화되고 있으며, 특히 전통장작가마의 번거로운 공정을 감안하면 가격 경쟁력이 저하될 수밖에 없다. 단양군, 제천시 및 경북북부지역의 여러 마을에서 숙박과 판매 등 관련 시설이 조성되고 다양한 농촌체험 프로그램이 운영되면서 방문객 확보를 위한 경쟁이 치열해질 것으로 예상된다. 또한 앞서 언급하였듯이 방곡마을은 현재 마을 홈페이지[9] 등을 운영 중이나 전문관리자가 없어 온라인on-line상 홍보가 미흡하고, 미디어를 활용한 홍보도 지역신문 등을 위주로 간헐적으로 이루어져 서울 및 수도권 고객의 마을인지도가 미흡한 실정이다.

3. 향토자원: 분석과 평가

1) 향토자원의 의미와 분류

방곡리의 향토자원은 곧 방곡마을이 보유한 어메니티amenity 자원이다.[10] 경제세계화와 지방화가 가속화되고 있는 시점에서 농촌이 보유한 유형, 무형의 자원과 가치는 이제 상소로서 농촌의 활성화 및 부가가치

---

9. http://www.bgri.kr/.

10. 인간-환경의 상호작용에서 쾌적함, 유쾌함, 매력성, 즐거움, 긍정적 감흥을 불러일으키는 장소의 속성이나 인간의 심미적 상태를 의미하는 것으로 이해되며, 최근에는 지역의 고유 공간이나 공동체를 지칭하는 용어로서, 농촌의 총체적 삶의 질 향상을 통한 복지의 개념과 연관되면서 이에 대한 연구와 논의가 활발하다.

〈표 V-4〉 농촌 어메니티 자원의 분류

대분야	소분야	구성요소
자연자원	환경자원	• 수질, 대기질, 소음
	생태자원	• 지형, 미기후, 토양, 동물, 수자원(하천, 저수지, 폭포, 계곡, 온천 등) • 식생, 습지
사회자원	경제자원	• 도농교류, 특산물, 특용작물
	공동체자원	• 생활공동체, 농업공동체, 씨족행사, 지역문화활동, 마을관리
	시설자원	• 공동체생활시설, 기반시설, 공공편익시설, 환경시설 • 정보기반시설, 농업시설
역사 · 문화자원	전통건조물	• 서원, 향교, 정자, 사찰, 성곽, 전통주택, 신앙공간, 상징물
	인물 · 전설	• 역사적 인물, 시조, 마을유래, 설화
경관자원	농업경관	• 천수답, 마을평야, 밭, 과수원
	하천경관	• 하천형태, 하천호안
	신림경관	• 낮은 언덕
	주거지경관	• 건축미, 스카이라인

창출을 위한 필수적인 요소가 되고 있다. 농촌 어메니티의 구성 요소는 분석의 관점에 따라 상이하게 제시될 수 있으나, 대체로 어메니티의 존재 형태에 따라 자연자원, 사회자원, 역사 · 문화자원 및 경관자원으로 분류할 수 있다.[11]

마을 활성화의 측면에서 어메니티의 발전자원화는 결국 방곡마을이 보유한 유 · 무형의 자원을 찾아내고, 활용하여 시장을 창출하고 부가가치를 축적해 가는 과정으로 이해된다. 이를 위해 청정한 자연환경, 농촌경관, 특산물 등을 활용하고, 어메니티 자원발굴 및 관리를 통해 경제적

11. 농촌 어메니티의 기원, 개념, 유형, 특성, 지역발전적 의의 및 평가지표 등에 대해서는 김현호 · 오은주(2007), 윤희정 외(2006), 임형백(2001), OECD(1994, 1999) 등을 참조할 수 있다.

효과를 추구하며, 이를 기반으로 농촌환경 개선 및 주민의 삶의 질을 고양하는 노력이 필수적이다.

향토자원 조사는 2008년 8월부터 10월까지 실시되었다.[12] 현장확인, 관찰 및 사진촬영을 중심으로 조사된 각 항목의 평가는 연구자의 주관적 판단개입 문제를 배제하기 위하여 세부등급을 적용하지 않고 각 평가자원의 유有·무無를 중심으로 조사하되 가능한 항목에 대해서만 정량화하였다.

2) 사회자원

사회자원 중 시설자원은 대부분 방곡리의 중심이라 할 수 있는 저잣거리에 모여 있다. 공동기반시설로서 저잣거리의 마을회관은 마을구성원이 각종 회의장소로 활용하거나, 마을잔치 때 음식을 준비하는 공간으로 기능한다. 동시에 경로당 겸용으로 사용되는데 2007년 농촌건강장수마을 사업으로 마을회관 내에 전신안마기, 발마사지기 등 건강보조시설을 구비하였으나, 주민들의 주거지가 산재되어 있어 활용정도는 미흡하다. 도깨비공원이라는 명칭으로 조성 중인 빗재 남측 약 495.87㎡(150평) 규모의 마을공원은 2007년부터 조성 중에 있으나 저잣거리와의 근접성 미흡과 주변 관련 시설의 부족으로 아직 활용이 미흡하다. 기반시설의 경우, 빗재를 제외하고 방범등이 설치되어 있고, 마을회관과 도예교육원의 앞마당이 공동주차장으로 활용되고 있으나 상수도와 하수도 시설은 갖추어져 있지 않아 지하수를 사용한다. 소규모 상점 2개소를 제외하면 공공편익시설은 매우 미흡하며, 구판장, 마을공원, 보건소 등이 없고 오폐

---

12. 어메니티 자원 현장조사에는 필자 외에도 세명대학교 건축공학과의 학부생 2명이 참여하였다.

마을회관

도예교육원(숙소)

저잣거리 상점

도깨비공원(조성 중)

〈그림 V-4〉 방곡리의 시설자원

수시설, 소각장,[13] 공동퇴비장 등 환경 시설 역시 갖추어져 있지 않다. 정보기반시설은 마을 홈페이지가 유일하며 각 가정에서는 전화선을 이용하여 인터넷을 활용하고 전용선이나 컴퓨터네드워크 시설은 없다. 이는 방곡리가 오지라는 특성을 반영하는 동시에 이용자의 수요 역시 충분하지 않은 데 그 원인이 있다. 농로를 제외하고는 공동창고, 공동작업장 및 공동집하장 등 농업시설이 구비되지 않은 것은 마을의 농특산물 생산량이 많지 않은 데 그 일차적 원인이 있으며, 된장 및 간장을 생산하는 개

13. 각 가정에서 발생하는 생활쓰레기는 매일 오전 단양군의 청소차가 순회하면서 수거하는 방식으로 처리하니, 휴가철 방문객이 증가하는 경우 제때 수거가 되지 않는 경우가 있어 종종 악취가 나기도 한다.

인사업자 등이 있으나 자체 창고를 보유하고 있기 때문이기도 하다.

방곡리 활성화에 직접적으로 기여할 수 있는 경제자원 역시 충분치 못한 것으로 조사되었다. 특히 직거래장터, 특산물 가공시설 등이 부족하여, 숙박시설의 경우 폐교를 개조하여 사용하고 있는 도예교육관이 있으나 이 역시 시설과 편의성 측면에서 미흡함이 있으며, 가족단위 체험객을 위한 펜션이나 민박시설이 부족하다. 특산물은 약초, 오미자, 마 등이 생산되고 오미자는 소량에 그치고 있으며, 약초의 경우 소비자 제한으로 공동생산과 가공시설 설치를 위한 구조적 여건이 성숙되지 못하고 있다. 하지만 특산물생산체험의 경우 2008년부터 이장 및 청년회가 주도하여 실시하고 있는 체험잔치를 통해 비교적 활성화될 수 있을 것으로 전망된다.[14]

관혼상제부조, 경로잔치, 친목회 등을 위한 생활공동체자원은 방곡리의 사회적 자본[15]으로서 중요한 역할을 한다. 특히 1년에 2~3회 열리는 마을잔치와 경로잔치 그리고 조사弔事에 상호부조하는 연방계가 대표적이다. 또한 앞서 언급한 마을조직인 개발위원회, 부녀회, 노인회 그리고 곁골마을연구회 등도 공동체 자원에 준하는 조직으로서 운영되고 있으나, 상이한 조직의 구성원 간 수평적 상호소통과 역량구축이 아직은 미흡하여, 마을 활성화에 기여하는 바가 제한적인 것으로 분석되었다. 판매유통조직 및 지역협의체 등의 농업관련 공동체자원 역시 보유하고 있지 않다.

---

14. 2008년 7월 26~27일에 실시한 도깨비체험잔치 및 2009년 9월부터 3회에 걸쳐 단양군농업기술센터의 지원으로 실시하는 도시민 농촌체험 프로그램이 대표적 사례다.

15. 농촌의 사회적 자본은 신뢰, 규범, 네트워크 등 농촌사회적 맥락에서 개인, 또는 마을조직 구성원 간에 발생하는 일체의 무형자산을 말하며, 생산수단으로서의 역할과 공동체의 가치를 유지하는 기능을 갖는 것으로 이해된다. 이러한 사회적 자본이 진화적으로 축적될 때 방곡리 활성화에 긍정적 기여를 할 것으로 판단되며, 반대로 구성원 간의 불신, 부패, 무규범, 소통미흡 등이 팽배할 때는 퇴행적 특성을 띠게 되어 오히려 활성화를 저해하는 요인으로 작용할 것이다. 농촌의 사회적 자본과 지역사회 발전에 대한 구체적 논의는 소진광(1999), 정기환 외(2006) 등을 참조할 수 있다.

청년회 활동　　부녀회 활동

노인회 경로잔치　　곁골마을연구회 회의

〈그림 V-5〉 방곡리의 생활공동체자원

도자기 판매는 공예인협회가 있지만 각 도예인이 개별 판매하고, 도예전시판매장을 통해 공동판매하는 도자기는 매우 소량이다. 지역협의체를 구성하기 위해서 주요 생산조직가정인 공예인협회, '상익는 마을'개인사업자, '산행약초'개인, 민박업자, 오미자농가 등이 협력하여 공동판매 및 홍보 등을 위한 계획을 수립해야 하지만 아직은 상호간 협력 필요성에 대한 인식이 부족한 것으로 판단된다. 지역 문화활동의 하나로 2001년부터 실시되어 온 방곡가마예술제는 매년 단양군의 재정지원에도 불구하고 경제적 파급효과 미흡, 지역의 자연재해 등을 이유로 현재는 중단된 상태이며, 농산물 체험잔치 등 이벤트도 프로그램의 차별화가 미흡하고 소수 참여자에 의해 전시성으로 추신되어 실질적 활성화 효과는 미미

〈표 V-5〉 방곡리의 사회자원

사회자원			빗재	저잣거리	삼막골	오목내
시설자원	공동생활시설	마을회관		●		
		노인정(경로당)		●		
		공회당				
		어린이 놀이터				
	기반시설	방범등		●	●	●
		상수도				
		하수도				
		공동 주차장		●	◐	◐
	공공편익시설	구판장				
		마을공원	◐			
		슈퍼		●		
		보건소				
		학교				
	환경시설	오폐수 시설				
		소각장				
		공동 퇴비장				
	정보기반시설	인터넷 전용선				
		컴퓨터 네트워크				
		마을 홈페이지	●			
	농업시설	공동창고				
		공동 작업장				
		공동 집하장				
		농로	●			
		관계수로				

사회자원			빗재	저잣거리	삼막골	오목내
경제자원	도농교류	관광농원				
		휴양시설(숙박가능)		●	●	
		직거래장터				
		도농교류 프로그램	●			
		자매결연	●			
	특산물	특산물 가공시설				
		특산물재배	●			
		특산물 생산체험	●			
	특용작물	특용작물 생산체험				
		특용작물재배	●			
공동체활동자원	생활공동체	관혼상제부조	●			
		경로잔치	●			
		친목계	◐			
	농업공동체	판매유통조직				
		지역협의체 구성	◐			
	씨족행사	성묘				
		시제				
	세시풍속					
	지역문화활동	마을축제	◐			
		이벤트행사	◐			
		전시관 체험관		●		
	마을관리	마을정비	◐			
		마을청소	◐			
		쓰레기 분리수거	●			
		마을홍보/안내	◐			

● 보유, 설치 또는 정기적 운영, ◐ 조성 중 또는 비정기적 운영

한 상황이다.

관리측면에서 생활공동체자원은 마을정비, 청소 및 쓰레기 분리수거 그리고 홍보 · 안내 등이 해당된다. 이 중 쓰레기 분리수거를 제외하고는

부정기적으로 실시하거나 조직적으로 추진되지 못하고 있다. 특히 유일한 홍보수단인 마을홈페이지는 전담관리자가 없을 뿐만 아니라 정보갱신의 즉시성과 기술성이 부족하여 역할이 제한적이다.

3) 자연자원

수질, 대기 소음 등 방곡리 환경자원의 우수성은 도시에서 멀리 떨어진 산촌山村이라는 입지 특성에서 비롯된다.[16] 대부분의 지하수는 1급수

방곡천

빗재 등산로 인구

빗재 바위

숙박시설지하수관정

〈그림 V-6〉 방곡리의 생태자원

16. 활성화 여건분석에서 설명한 대로 방곡리의 입지는 접근성 측면에서는 약점이지만 환경자원의 측면에서는 '농촌다움'(rurality)을 유지하는 데 기여하는 장점으로 작용하는 동전의 양면과 같은 것이다.

〈표 V-6〉 방곡리의 자연, 역사 · 문화 및 경관자원

자연자원			빗재	저잣거리	삼막골	오목내
환경자원	수질	수질등급	1급수			
	대기	대기지수	1등급			
	소음	지점 데시벨	55db 이하			
생태자원	지형	특이지형				
		등산로	●		●	
		바위	●			
	미기후	눈	적설량 많음			
	토양	비옥정도	보통			
	동물	보호/희귀동물				
	수자원	하천	●			
		저수지				
		폭포				
		계곡				
		온천				
		지하수	●			
	식생	산(림) 바위	●			
		보호수 (노목)	●			
		식물 군락지				
		마을숲				
	습지	습지				
		생물 서식지				

문화자원			빗재	저잣거리	삼막골	오목내
역사문화자원	전통 건조물	서원				
		향교				
		성(성곽)				
		정자				
		사찰	●	●	●	
	전통주택	기와		◐		
		너와		◐		
		돌기와				
		초가				
	신앙공간	성황당	●			
		돌무덤				
	생활공간	가마	●	●		
	마을안길	흙담				
		돌담	●			
	상징물	마을안내석		●		
		솟대				
		장승	●	●		
	유명인물	역사적 인물				
		시조				
	풍수지리 전설	마을유래	●			
		설화				
경관자원	농업경관	천수답				
		마을평야				
		밭				
		과수원				
	하천경관	하천형태		◐		
		하천호안				
	산림경관	낮은 언덕	3-5등급	1-2등급		
	주거지 경관	건축미	◐			
		주거지 스카이라인	◐			

● 보유, 설치 또는 정기적 운영, ◐ 조성 중 또는 비정기적 운영

이며, 대기지수 역시 1등급으로 매우 양호하다. 소음 역시 거의 없고 한적하여 농촌다운 분위기를 연중 즐길 수 있는 장점이 있다. 생태자원의 경우, 빗재와 삼막골을 중심으로 등산로 및 바위 등 지형적 특이성이 있

으나 폭포, 계곡, 저수지 등 관련된 수자원이 없어 관광객을 흡입하는 데 한계를 노출한다. 또한 방곡천은 경사가 심하고 수량이 부족하여 봄과 여름을 제외하고는 건천화되기 쉬우며, 지형상 함몰되어 있어 자원화가 어려운 것으로 조사되었다. 미기후와 관련해서는 겨울철 적설량이 많은 경우 차량접근이 어려운 문제를 야기한다. 식생 및 습지자원도 빗재의 보호수를 제외하면 특이성이나 우수성이 거의 없는 것으로 분석되었다.

4) 역사 · 문화 및 경관자원

평야지역의 밀집된 농촌지역에서 흔히 관찰되는 서원, 향교 등 전통건조물과 기와집 등 전통주택은 방곡리에서 거의 찾아볼 수 없는데, 이는 전통적으로 방곡리의 정주패턴이 밭농사를 위주로 하는 산촌散村의 형태를 유지해 온 데 그 원인이 있는 것으로 보인다. 다만 사찰의 경우 저잣거리의 보림사, 삼막골의 방곡사 등이 전통사찰 형식으로 지어졌으며, 1995년부터 착수한 도예촌 조성사업에서 도예전시장을 전통 기와집으로 조성하여 전통건축의 경관연출을 시도하였다. 생활공간과 관련한 방곡리 자원은 빗재와 저잣거리에서 볼 수 있는 전통장작가마로서 이는 마을경관에 차별화된 특이성을 부여하는 중요한 자원이며, 방문객들이 가장 호기심을 많이 갖는 시설이다. 상징물과 관련한 전통적 자원은 존재하지 않으나, 2008년 7월 도깨비잔치를 준비하면서 빗재와 저잣거리에 다수 설치한 다양한 형태의 장승이 대표적이다. 마을유래 자원은 현재 활성화가 저잣거리를 중심으로 추진되고 있음을 감안하면 저잣거리의 형성과 관련된 유래가 중요하다. 도예교육관 북측의 저잣거리는 조선 후기부터 막사발 등을 거래하는 시장으로서 거래가 매우 활발하였고 이러한 직거래 시장기능은 근대화 이전까지 계속되었으며, 저자라는 명칭 역

삼막골 방곡사

도예전시장

전통장작가마

저잣거리

〈그림 V-7〉 방곡리의 역사 · 문화자원

시 여기에서 유래된 것이다.[17]

농업경관자원은 산촌의 지형적 특성 때문에 평야경관, 천수답경관은 존재하지 않고 밭경관이 부분적으로 존재하며, 하천경관의 경우 앞서 분석하였듯이 방곡천의 지형이 함몰되어 있어 방문객에게 시각적으로 쉽게 인지되지 않는 특성이 있다. 산림경관의 경우 전체적으로 황정산(1,077m), 도락산(964m) 그리고 수리봉(1,019m)으로 위요圍繞되어 낮은 구릉과 경사가 급한 산들이 연속되어 나타난다. 저잣거리를 중심으로 하는 주거지 경관은 여러 가지 건축형식이 혼재되면서 건물 간 경관의 일

17. 2007년 11월 서동규 도예명장의 증언이다.

관성과 주제성은 낮으나, 건물들과 주위 산지 지형의 조합으로 인지되는 스카이라인은 산촌경관의 특이성을 보여 준다.

위의 분석을 요약하면 방곡리의 향토자원은 거의 전 분야에 걸쳐서 세부자원이 대체로 미흡할 뿐만 아니라, 집중적으로 분포되는 분야도 없는 것으로 요약된다. 이러한 향토자원의 빈곤은 중산간산촌의 지리적 특성 및 불리한 정주여건, 그리고 인구부족으로 인한 그동안의 기초시설 투자미흡에 1차적 원인이 있는 것으로 보인다. 하지만 부분적으로 대기 및 수질의 환경자원, 산림경관 및 주거지경관 그리고 도예관련 시설은 우수하거나 충분한 것으로 평가된다.

4. 활성화 노력: 방곡가마예술제, 결골마을연구회, 도깨비체험잔치 및 녹색농촌체험마을

1) 방곡가마예술제

1995년부터 추신된 노예촌 조성사업 과정에서 방곡리를 활성화하기 위한 대표적 행사로서 2001년부터 2005년까지 매년 7월 또는 8월 중 3일간 방곡가마예술제를 개최하였다. 단양군이 행사개최 행 · 재정적 지원을 하였다는 측면에서 보면 엄밀한 의미에서 이 축제는 민관합작의 행사라고 볼 수 있으나, 청년회, 공예인협회, 부녀회 등 마을조직이 주관단체로 참여하였다는 점에서 적어도 형식적으로는 주민 주체의 행사로 볼 수 있다. 도예인 초청 토론회, 목공예체험, 전통차 다도 체험, 도자기 빚기체험, 연황토 및 허브체험 행사, 야생화 전시회, 물고기잡기, 토속농산물 판매, 기타 공연 및 사물놀이 등으로 구성된 예술제는 언론을 통한 홍보에 힘입어 다수의 방문객을 유치하는 데는 일정한 성과를 거두었다.

그러나 방곡리만의 특화된 행사로서 지속성sustainability과 자립성self-reliance을 확보하는 데 실패한 것으로 보이며, 그 원인으로는 적어도 4가지 요인이 지적될 수 있다. 첫째, 행사명이 '가마예술제'임에도 불구하고 백화점식의 세부프로그램들로 인해 주제성이나 상호관련성이 미흡하고, 따라서 방문객의 지속적인 관심을 끄는 데 실패하였으며 특화된 행사로서 정착되지 못하였다. 가마예술제라는 명칭과 관련하여 각각의 세부프로그램이 전통가마 및 도자예술의 특성을 어느 정도 충실히 반영하는가의 문제는 행사의 주제성과 특화도에 영향을 미치는 중요한 변수가 된다. 둘째, 숙박시설이 부족하거나 먹거리가 차별화되지 못하여 체류

행사장 전경

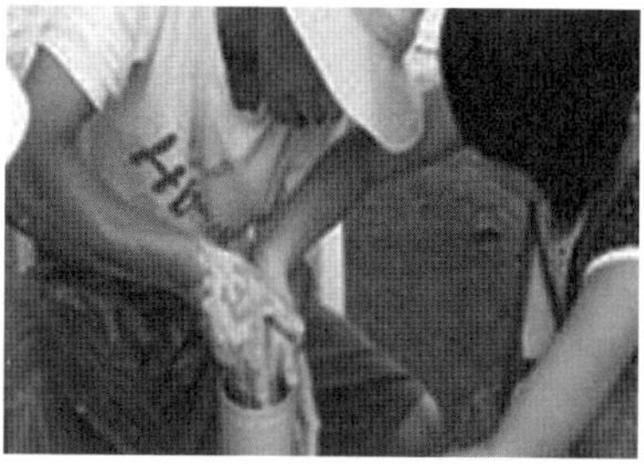
도자기체험(개인)

도자기체험(단체)

다도체험

〈그림 V-8〉 방곡가마예술제

방문객의 확보가 어려웠고, 이는 행사의 수익성 확보에 부정적 영향을 미쳤다. 셋째, 단양군과 언론을 통한 홍보에 지나치게 의존한 결과 방문객 유치는 일과성에 그치고, 마을홈페이지 등을 활용한 예약문화를 창출하는 데 실패하여, 결과적으로 고객유치의 지속성확보에 어려움을 겪었다.[18] 넷째, 행사수입의 일부를 공동기금화하여 차기행사 준비에 필요한 비용 등으로 충당하는 노력이 미흡하였으며, 이는 결국 마을 주체의 행사자립화를 어렵게 하는 중대한 장애요인으로 분석되었다. 마지막으로, 행사규모, 즉 세부프로그램의 종류와 방문객 숫자가 운영요원 및 참여주민의 규모와 역량을 초과하여 일부 프로그램이 형식적으로 진행되거나 서비스의 질적 수준이 저하되는 결과를 초래하기도 하였다.[19]

2) 곁골마을연구회 운영

방곡가마예술제의 경험에서 도출되는 문제들 즉 주제성 및 특화성 미흡, 지나친 방문객규모 의존성, 그리고 행사규모와 지역역량의 부정합mismatch 등이 결국 행사의 지속성과 자립성을 해치는 중요한 장애요인으로 작용하였음을 주민들이 인식한 결과 2007년 7월부터 곁골마을연구회[20]를 조직 · 운영하게 된다. 이 연구회의 2007년 기본운영비는 단양군에서 지원하였으니 연구회의 조직, 세부사업프로그램 및 운영은 전적으

18. 예를 들어, 축제기간 동안 도자기체험에 참가한 방문객들의 주소와 연락처 등을 활용하는 지속적 고객관리가 가능함에도 불구하고 이러한 정보를 활용하는 사전 홍보와 방문객예약 등이 활성화되지 못하고 있다.

19. 대부분의 지역축제가 방문객 숫자를 지나치게 부각시키려는 관성(propensity)이 존재하는 것으로 보이는데, 이는 여러 지방자치단체에서 지적되고 있는 '전시성' 사업경향과 무관하지 않는 것으로 판단된다.

20. 원래 '주민참여에 의한 어메니티활성화 방안 연구사업'이란 제목으로 대강면경제활력연구회로 출발하였으나 2008년 7월 대강면에서 동일한 명칭의 연구회를 조직하면서부터 방곡의 순한글인 '곁골'을 따서 곁골마을연구회로 명칭을 변경하였다.

로 마을 주민들에게 일임되었으며, 단양군은 관련공무원 2명이 회원으로 참여하되 조력자의 역할만 충실히 수행하였다는 점에서 진정한 의미의 주민주체 마을활성화 조직으로 볼 수 있다. 대학교수 2명이 자문역으로 참여한 이 연구회는 2007년 1월부터 2월까지 세 차례의 예비모임을 갖고 최종목표를 아래와 같이 설정하였다.

회원 간 상호학습과 토론을 통해 활성화역량을 강화하고, 혁신가리더를 중심으로 수익모델을 선정 개발하며, 이를 매개로 주민단합과 발전역량을 강화함으로써, 장기적으로는 주민의 총체적 · 자생적 혁신능력에 기반한 수익사업의 추진을 목표로 한다(단양군, 2008: 2).

15명이 회원으로 참여한 연구회는 기존 마을조직의 회장들과 이장 및 새마을지도자를 중심으로 구성하여 대표성을 띠도록 하였고, 설정된 목표를 분야별로 추진하기 위해 상호학습분과, 어메니티자원분과, 수익모델분과의 3개 분과를 두었으며, 회장은 이장이 맡도록 하였고 연구회 모임에는 비회원인 주민들도 참여할 수 있도록 개방적 운영원칙을 유지하였으며, 2008년 6월까지 총 11회의 회의를 개최하였다.

상호학습분과는 총 8회에 걸쳐 대학, 연구원, 기업체 등에서 관련 전문가를 초빙하여 특강 및 토론을 실시함으로써 회원 및 주민의 역량강화를 추진하였다.[21] 또한 원주시 승안동마을을 방문하여 타 지역 사례를 참조하였으며, 어메니티 자원조사를 통해 향후 활성화 사업을 위한 향토자원을 확인하고 회원 상호간 토론을 실시하였다. 특강, 상호토론 그리고 선진지답사 과정에서 몇 가지 함의가 도출되었다. 첫째, 특강의 경우 강의자가 일방적으로 정보를 전달하는 경우가 많았고 토론의 비중은 상대

21. 2007년 10월부터 2008년 6월까지 계속된 8회의 특강제목은 지역활성화를 위한 농촌 어메니티자원 개발전략, 관광자원개발의 접근방법, 농촌마을 가꾸기 추진사례, 마을활성화를 위한 주민조직전략, 방곡리 농촌 어메니티자원 학습 및 토론, 상향식 지역개발의 이해와 추진방향, 문화와 언어 그리고 단양방언, 농촌관광 체험프로그램 개발방향 등이다.

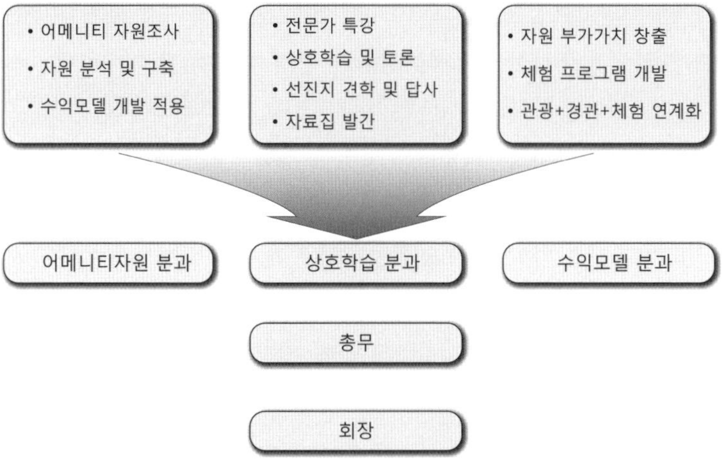

〈그림 V-9〉 곁골마을 연구회 조직도

적으로 소홀하게 다루어졌다. 특히 강의 내용이나 방식이 주민의 눈높이에 맞지 않을 경우 강의효과는 저하됨을 알 수 있다. 이러한 문제는 강의자를 섭외하는 과정에서 충분히 고려되어야 할 사항이다. 둘째, 강의 시작 전 강의자와 주민이 상호소개, 인사 등 실질적으로 친교하는 약간의 시간이 필요하다는 점인데, 이는 연구회회장이 조정자 역할을 함으로써 가능할 것이다. 셋째, 선진지 답사는 자칫 형식적 행사로 그칠 우려가 있는바, 준비과정에서 치밀한 일정 및 시간계획 그리고 방문목적 및 주민성향 등을 답사지 측에 반드시 알려 주어 이를 감안한 교류가 이루어지도록 해야 한다. 뿐만 아니라 회원들이 함께 답사지에서 숙박하는 밤 시간에 밀도 있는 친교와 토론을 유도하여 회원 간 소통과 신뢰구축을 할 수 있었고, 이를 통해 연구회조직의 단합과 발전역량의 강화에 기여한 것으로 판단된다.

마을 어메니티자원 조사는 회원의 직접참여가 시간적 여유와 전문성 부족 등으로 어려움이 있었다. 따라서 자문교수가 학생조사원을 교육한

다음 현장조사를 실시하였고, 이 과정에서 회원 및 주민들은 인터뷰를 통해 외부자인 조사자에게 자원상황을 알려 주는 역할을 하였다. 이 결과, 자원조사는 비교적 순조롭게 진행되었고, 조사결과를 회원 및 주민들에게 설명함으로써 자원정보를 서로 공유하는 계기가 되었다.

상호학습분과와 어메니티자원 분과의 활동과 노력은 궁극적으로 자발적 주인의식을 가진 회원과 주민들이 상호 협력 · 소통하면서 조사된 향토자원을 바탕으로 사업대상을 발굴하고 이를 수익모델화하기 위한 것이었다. 그러나 자원조사 결과를 바탕으로 회원 간 토론을 통해 사업대상을 선정하는 작업은 용이한 일이 아니었으며, 그 과정에서 두 가지의 중요한 장애요인이 도출되었다. 첫째, 사업대상으로 논의되는 아이템item이 특산품 생산 등 수익과 직결되는 경우 사업참여 가능회원 간의 부정적 이해관계 내지 잠재적 갈등요인이 작용하여 합의도출이 쉽지 않거나, 공동참여를 전제로 하는 체험잔치 등에 대해서는 비교적 쉽게 합의하였으나 수익과 직결되지 않는다는 이유 때문에 자율적 참여의지가 미흡한 것으로 나타났다. 이는 회원 간 갈등요인을 해소하면서 적극적 참여를 유도하기 위한 규범, 신뢰구축 등 사회적 자본의 필요성을 반증하는 것으로 해석된다. 둘째, 도염된장 등 상품생산의 경우 회원들의 관련 전문지식이 부족하여 수익모델 도출이 개념적 수준에 그쳤으며, 나아가 사업계획서의 작성은 매우 어려운 과제임을 인식하였다. 그 결과 타당성 있는 수익모델 준비와 사업계획서 작성을 위해서는 해당분야 전문가의 적극적 조력이 요구된다는 데 회원들의 동의가 필요하였다.

연구회 운영과정에서도 몇 가지 성취해야 할 과제가 도출되었는데 i) 마을규약의 중요성과 필요성에 대한 인식, ii) 합리적 토론방법과 토론기술에 대한 연습, iii) 정부의 재정지원에 의존하는 심리를 탈피하려는 의지 및 iv) 하드웨어적 시설위주보다는 소프트웨어적 프로그램의 중요성을 인식하는 문제 등이다. 하지만 이러한 과제는 방곡리의 경우에만 해당되는 것이 아니라 다른 농촌지역에서 추진되는 연구회 운영에서도 공통적으로 나타나는 장애요인들로 판단된다. 과거의 농촌개발 방식이 시설투자를 우선하면서 관주도형의 하향식으로 추진되어 대부분 지역주민이 타율적 사업대상으로만 여겨져 왔던 점을 감안하면 이러한 문제들은 단기간에 해소될 수 없을 것으로 보이며, 따라서 연구회의 계속적 운영을 통해 시행착오를 거치면서 점진적으로 개선하는 노력이 중요할 것이다. 한편 1년간의 연구회운영 결과, 추진하기로 합의된 두 가지 사업은 도깨비체험잔치와 녹색농촌체험마을사업이었다. 도깨비체험잔치의 기획의도는 주민단합과 자율적 실행역량 강화였으며, 녹색농촌체험마을사업은 향토자원 분석결과를 바탕으로 도출된 사업이었다.

3) 도깨비체험잔치

도깨비체험잔치는 방곡의 우수한 산림경관 및 도예관련시설을 바탕으로 도깨비의 상징성과 행태개념을 접목하여 관련 체험프로그램을 구체화시킨 것이다. 행사전략은 앞서 설명하였듯이 가마예술제에서 도출된 장애요인 내지 문제점을 보완하는 방향에서 수립되었으며, 따라서 소규모 고객중심의 맞춤형 서비스 제공, 어메니티 자원을 활용하는 차별화된 세부프로그램, 그리고 지속적 고객흡인을 위한 관리마인드의 구축 등이 강조되었다. 2008년 7월 26일부터 27일(1박2일)까지 개최된 체험잔치의 기획은 곁골마을연구회가 맡았고 공예협회, 부녀회, 청년회 그리고 대학생 자원봉사자 15명이 함께 참여하였다.

도깨비이미지와 행태에 관심이 많은 초등학생 50여 명을 초청하는 방식[22]으로 이루어진 이 행사의 시나리오 매핑scenario mapping 기법을 활용

22. 행사기획의도를 수익창출보다는 주민 간 단합과 실행역량의 제고에 두었으므로 교통수단

〈표 V-7〉 도깨비체험잔치 세부프로그램 (첫째 날)

시각	프로그램명	장소	담당팀
오후 3:00-3:50	• 관광버스 마을입구 통과 • 체험학생 도착 • 교육관 앞마당 집결+환영인사 • 조편성 및 방배정	교육관/ 앞마당	이장+총무+학생도우미
3:50-4:30	• 마을소개 및 잔치설명	교육관 앞 마당	도예명장+이장+총무
4:30-6:00	• 마을답사 및 마을지도그리기	마을일원	이장+학생도우미+연구회
저녁 6:00-6:30	• 저녁식사	마을회관 +마당	부녀회
6:30-7:00	• 간단한 레크리에이션 (가능하면 간단한 마술 등)	교육관 앞마당	외부초청자
7:00-7:10	• 휴식 및 화장실, 전시관이동	교육관	학생도우미
7:10-8:00	• 도깨비 이야기 듣기 • 도깨비 노래 배우기	도자기 체험장	연구회+학생도우미
8:00-8:30	• 도깨비 얼굴 페인팅 대회	교육관 앞 마당	총무+학생도우미
8:30-10:10	• 도깨비체험 하기	마을일원	이장+청년회+학생도우미
10:10-10:30	• 휴식 및 화장실	교육관	학생도우미
10:30-11:00	• 도깨비 음식 먹기		부녀회
11:00-	• 방 정리 및 꿈나라	교육관	인솔교사+학생도우미

하여 저잣거리의 도예관련시설과 주변 숲 그리고 계곡을 체험공간으로 설정하고 도깨비마을 답사 및 지도그리기, 도깨비이야기 듣기, 도깨비노래배우기, 도깨비와 만나기(야간), 도깨비음식먹기(수수떡 등), 도깨비분장하기, 도깨비와 씨름하기 등 세부 프로그램으로 주제화하여 실행하였다.

1박 2일간의 체험잔치에서 확인된 중요한 함의의 하나는 도깨비라는 새로운 개념에 따른 세부프로그램들이 참가어린이들의 흥미와 호기심을

을 제외하고는 무료로 진행하였다.

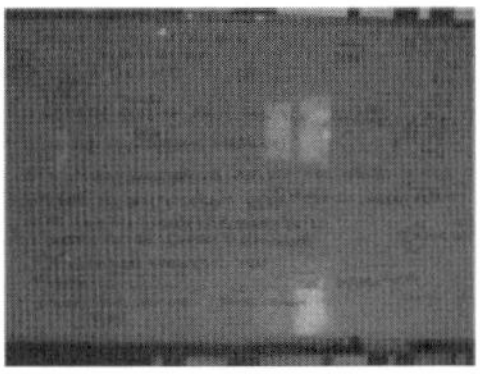

준비회의 기록

도깨비장식

얼굴페인팅

마을지도그리기

기념사진

〈그림 V-10〉 도깨비체험잔치

충분히 자극하였고, 따라서 체험의 차별성과 특이성이 행사의 질적 수준을 결정한다는 사실을 현장에서 확인한 것이다. 환언하면 감자나 고구마 캐기 및 구워먹기, 물고기잡기 등 타 농촌마을에서 이미 제공하고 있는 내용들은 더 이상 차별화에 도움이 되지 않는다. 다음으로 준비회의에서 결정한 세부프로그램별로 담당팀제가 행사의 효율성을 높이는 데 상당한 도움이 된다는 점을 참여주민들이 인식하게 된 점이다. 이러한 팀워크의 구축은 주민단합과 역량강화에 기여한다.

한편 도깨비체험은 야간에 실시하여 현장감은 있으나 안전문제가 발생할 수 있는데, 이는 체험학생들을 3~4명 단위로 조를 편성하여 도우미가 인솔하는 방식으로 해결하였다. 하지만 이러한 방식은 보조인력이 충분히 확보되지 않는 경우 상시화의 어려움이 있다. 종합적으로 도깨비체험잔치는 가마예술제와 비교하여 행사규모, 방문객수, 예산, 세부프로그램 등 모든 면에서 소규모였으나, 주민의 자율적 참여, 프로그램의 특이성, 행사과정에서의 주민의 역량강화의 측면에서는 상당한 성과를 거둔 행사로 평가된다.

4) 녹색농촌체험마을사업

앞서 언급하였듯이 녹색농촌체험마을사업[23]은 곁골마을연구회의 향토자원 분석결과를 바탕으로 도출된 사업으로서, 2008년 3월 사업신청서를 제출하고 심사를 받아, 현재 1차연도 사업이 진행 중이며, 2010년까지 계속된다. 마을주민 48명이 의지를 모아 제안한 세부사업 내용은 산촌체험 숙박시설 건축, 산촌체험농장(자연형 물놀이장, 탈의실 및 샤워실), 오미자다원(茶園, 원두막조성) 및 컨설팅(주민교육, 마을발전50년계획 수립)으로 구성된다. 이 중 자연물놀이장, 탈의실 및 샤워실은 도자기전시판매장 남측에 조성되어 2009년 8월 시범운영을 하였고, 숙박시설은 56㎡(17평) 규모의 민박 2동을 2009년 10월까지 건축완료할 예정이며, 주민교육 및 마을발전50년계획은 준비 중이다.[24]

이 사업에서 곁골마을연구회는 전반적인 사업진행 및 주민교육 그리고 마을발전50년계획의 수립을 담당하며 세부사업 진행과정에서 마을주민과의 협의는 이장이 담당한다. 사업추진과정에서 나타난 첫 번째 어려움은 산촌체험 숙박시설의 입지와 관련된 문제다. 구체적으로, 사업규정상 마을소유 부지를 활용하게 되어 있으나 해당 부지가 사찰과 지나치게 가까이 있을 뿐만 아니라 진입도로가 없으므로 불가피하게 현재 도깨비공원 맞은편으로 선정하였다. 그 결과 저잣거리의 기존시설들과 1km 이상 격리되어 시설공간의 집적화가 어렵게 된다. 숙박시설 이용객의 체험, 상품구입, 식당 등이 저삿거리에서 이루어져야 함을 감안할 때 이

---

23. 이 사업은 농촌체험관광 및 도농교류 기반을 구축하고, 농가의 소득향상 및 농촌지역 공동체를 형성 · 복원하기 위해 「농업 · 농촌기본법」 38조(농촌지역산업의 진흥 및 개발), 「농림어업인삶의질향상및농산어촌지역개발촉진에관한특별법」 제35조(도시와 농산어촌의 교류확대) 및 「도시와 농어촌 간의 교류촉진에 관한 법률」 제6조(농어촌체험 · 휴양마을사업의 육성 및 지원)에 근거하여 농림수산식품부에서 주관하고 있다.

24. 주민교육 및 마을발전50년계획 수립은 녹색농촌마을 사업 지침 중 컨설팅부문에 포함된다.

자연형 물놀이장

탈의실(샤워장)

현장회의

숙박시설(건축 중)

주민교육

〈그림 V-11〉 녹색농촌체험마을사업

문제는 향후 숙박시설 운영과정에서 극복되어야 할 중요한 과제로 판단된다.

한편 연구회의 주민교육이 계속된 결과 하드웨어적 시설에만 지나치게 민감한 태도는 상당히 변화하고 있다. 청년회를 중심으로 숙박시설 이용자가 만족할 수 있는 방곡리만의 먹거리 등이 무엇인지에 대한 논의가 계속되고 있는 것은 이러한 심리변화의 반증으로 볼 수 있을 것이다. 다음으로 효율적이고 전문적인 숙박시설 운영을 위한 조직, 즉 영농법인의 설립은 수 차례 논의를 하였지만 구체화되지 못하고 있는데, 소합원 모집 및 정관 등은 시급히 마련되어야 할 것이다.

5. 결론: 활성화 노력의 한계와 개선방향

1) 창조적 사고와 주민 역량강화

지금까지 설명한 방곡리 활성화 사업들에 대한 분석을 종합하면 아래와 같은 몇 가지 한계를 도출할 수 있고, 몇 가지 개선방향들을 제시할 수 있다. 무엇보다 먼저, 주민의 창조적 사고와 역량강화를 위한 교육의 중요성이 지적되어야 한다. Harrison(1985)이 통찰하듯이 활성화는 '마음의 상태'a state of mind에 달려 있으며, 농촌공동체를 회복하기 위해서는 마음을 바꿔야한다. 마음을 바꾸는 일은 '멘탈 모델'mental model 즉, 세상을 인식하고 행동을 유도하는 마음속 깊이 뿌리박힌 관습적 전제조건, 일반화, 이미지 등의 심적 표상을 바꾸는 일이다(Senge, 1990). 당연한 일이지만 수십 년 동안 정부의 하향식 시설위주 사업 정책에 익숙해져 있는 주민들의 사고를 단시간에 변화시키기는 어려운 일임을 다시 한 번 인식해야 한다. 꾸준한 상호학습과 토론 그리고 상호소통을 통해 시설보다는 프로그램과 운영기법이 마을활성화의 더 중요한 선결요건임을 인식해야 할 것이다.

2) 신뢰구축과 상호이해

방곡리의 '친화적'·사회적 자본을 만들어 가는 일이 중요하다. 주민 간의 불신, 친소관계에 의한 폐쇄적 연고주의, 마을규범의 무시 내지 부재 등은 사회적 자본축적의 핵심요소인 신뢰구조를 만들어 가는 데 결정적 걸림돌임에 틀림없다. Putnam(1995)의 표현을 빌리면 '혼자서 볼링공을 굴리는bowling alone 방식'으로는 향토자원을 효과적으로 활용하기 어렵다. '곁골마을연구회에서'도 이러한 인식이 계속적으로 반영되어 관련 전문가와 현장경험자에 의한 주민교육이 지속적으로 실행되어야 할 것이다. 동시에 연구회, 노인회, 청년회, 부녀회를 포함하는 조직의 대표자들이 함께 만나 대화하고 토론하는 모임을 활성화하는 것도 사회적 자본축적의 한 방법이 될 수 있을 것이다. 또한 체험프로그램은 그 속성상 실행 초기에는 수익성이 낮을 수밖에 없지만 행사과정에서 주민 간 단합과 상호이해의 폭을 넓히는 매개수단으로서 기여할 수 있음을 강조해야 한다.

3) 시설의 통합적 운영 · 관리

향토자원이 전반적으로 미흡한 여건에서 상대적으로 우수성 및 특이성을 보유한 환경자원, 산림 · 주거지경관 및 도예시설을 활용한 연계 프로그램 개발에 초점을 맞추어야 할 것이다. 도자기체험시설인 도예교육원, 전시판매장, 찻집식당, 숙박시설, 마을회관 등의 관리 · 운영주체가 서로 다르다. 도예촌시설은 2001년부터 2004년까지 단양군이 직영관리하였고 2005년 이후에는 공예인협회에서 1년 단위로 군과 계약을 갱신하면서 위탁관리하고 있다. 찻집은 개인이 운영하고 있으며, 마을회관은 이장이, 그리고 건축 중인 숙박시설은 운영주체가 미정상태다. 시설의 운영 · 관리가 분절화되어 있는 것은 여러 시설이 시차를 두고 조성된 데 일차적 원인이 있지만 시설소유권이 단양군과 마을로 분리되어 있는 것도 무관하지 않다.[25] 이러한 상황에서 시설 및 주변 외부공간의 전문적 책임운영은 당연히 기대하기 어렵고, 운영 · 관리에 소요되는 고정비도 상승한다. 따라서 장기적으로는 모든 시설을 일관되고 종합적으로 관리할 수 있는 통합적 운영주체를 만들어 가야 할 것이다.

25. 예를 들어 도예 관련시설은 단양군이 소유권을 갖고 있어 위탁운영자인 공예인협회가 개 · 보수를 원할 경우 관련 규정상 어려움이 있다.

4) 프로그램의 지속성 및 자립성

시설의 통합적 운영 · 관리가 요구되는 또 하나의 이유는 상이한 주체가 상이한 체험을 병렬적으로 진행하는 경우 운영효율성이 저하되고 지속적 고객관리가 어렵다는 점이다. 예를 들어 도예체험은 공예협회 회원 1인이 순차적으로 1년씩 운영하고 있으며, 부정기적으로 실시되는 특산물체험은 이장이 담당하고, 농특산물 판매는 각 개인이 하는 방식으로 이루어져 체험제공 및 상품판매가 매우 비효율적이고, 고객관리의 어려움도 발생한다. 뿐만 아니라 시설의 분절적 개별 체험프로그램 간의 연계성 및 주제성이 미흡하게 되고 농 · 특산품과 연계판매도 한계를 노출한다.[26] 시설과 체험의 분절적 운영을 극복하는 것은 마을활성화의 지속성과 자립성을 위해 반드시 해결해야 할 핵심적 과제의 하나다. 그러므로 통합적 운영 · 관리 체계의 구축 및 체험-판매상품을 연계하는 전략의 마련이 시급하며, 이는 장기비전으로 준비 중인 마을발전50년계획에서도 반드시 반영되어야 할 것이다.

5) 전문인력의 확보

마을활성화를 위한 최근의 실험들이 여러 가지 시행착오를 경험한 또 하나의 이유는 운영 전문인력의 부족에 있다. 방곡리는 대강면 소재의 다른 마을과 비교하여 상대적으로 청장년층이 많은 편이지만 이들 역시 각자 본연의 생계livelihood를 우선하는 경향이 강하여 공동체를 위한 활성화에 헌신적으로 투자投自하기 어려운 실정이다. 이장의 헌신적인 봉사

26. 체험프로그램과 상품판매의 연계성을 제고하기 위한 수단으로서 일종의 지역화폐로서 쿠폰(coupon) 발행을 검토할 수 있을 것이다.

와 노력만으로는 사업효율성을 제고하는 데 한계가 있으며, 따라서 홈페이지, 체험프로그램 준비, 물놀이장 및 숙박시설 등을 체계적으로 준비하고 운영할 수 있는 실무전문 인력이 보강되어, 마을 리더와 실무자의 역할이 분담되고, 단양군을 포함하는 자문위원회 등이 구성되어 전문적 조력자 그룹의 역할이 강화되어야 할 것이다.

방곡리 실험에서 나타난 잠재력과 문제점의 많은 부분들은 곧 우리나라 농촌문제의 축소판으로 보인다. 세계화라는 전 지구적 변환, 분권 및 지방화가 가속화되는 동시에 인구감소와 고령화를 경험하고 있는 상황에서, 분명해 보이는 한 가지 사실은 농촌문제의 극복을 위한 주체는 정부도, 외부전문가도 아닌 바로 농촌주민이 되어야 한다는 것이다. 정부와 외부전문가는 지원자와 조력자의 역할을 할 수 있을 뿐이다. 논거는 매우 간단하다. 농촌의 구체적 현실과 문제를 현장에서 가장 잘 파악하는 집단은 바로 농촌주민이며, 현재에도 농촌에서 살고, 미래에도 살아갈 유일한 집단은 농촌주민뿐이라는 것이 우리 모두가 인정하는 상식이기 때문이다.

| 참고문헌 |

권태호 · 정현영, 2006, 『단양군 특화산업 활성화 전략: 방곡도예촌 활성화 방안』, 충북테크노파크.

김배성 · 최세현, 2007, 「농촌지역 인구구조 변화의 방향과 성격: 농촌지역 인구구조 및 외국인 인구변화 추이전망」, 『한국유기농업학회지』, 15(3), pp. 291-307.

김수석, 2008, 「농업인 고령화에 대응한 농업구조정책의 방향」, 『농촌경제』, 31(4), pp. 1-16.

김현호 · 오은주, 2007, 『어메니티를 활용한 지역발전방안』, 서울: 지방행정연구원.

농촌자원개발연구소, 2005, 『농촌어메니티』, 수원: 농촌자원개발연구소.

단양군, 2008, 『주민참여에 의한 어메니티활성화 방안연구 사업에 관한 보고서』, 단양군.

박은병 · 권태호 · 홍양희, 2009, 「농산촌형 RIS 구축에 관한 연구: 제천시 덕산면 특화산업 활성화를 중심으로」, 『한국지역경제연구』, 7(2), pp. 171-186.

박진도, 2004, 「농촌개발정책의 평가와 개선방안」, 『지역가꾸기 사업의 유기적 협력을 위한 정책토론회 결과보고서』, pp. 153-170.

소진광, 1999, 「사회적 자본형성을 위한 지역사회개발논리」, 『지역사회개발연구』, 24(1), pp. 29-47.

송미령, 2008, 「지역개발정책의 성과향상을 위한 과제」, 『지역균형발전 정책의 새로운 도전과 구상 토론회 자료집』, 서울: 한국농촌경제연구원, pp. 63-107.

윤희정 외 3인, 2006, 「농촌어메니티 자원분석을 위한 평가항목 개발에 관한 연구」, 『국토계획』, 41(2), pp. 93-105.

이재준 · 이상문, 2003, 「지속가능한 농촌발전을 위한 주민참여요인 분석에 관한 연구」, 『국토계획』, 38(3), pp. 39-55.

임형백, 2001, 「어메니티의 개념, 기원과 역사, 분류에 관한 연구」, 『한국농촌지도학회지』, 8(2), pp. 191-199.

정기환 외 2인, 2006, 『농촌지역의 사회적 자본과 지역사회 발전』, 한국농촌경제연구원.

지성배 · 김장기, 2008, 「주민참여형 농촌지원사업의 실태와 적용모델에 관한 연구」, 『한국행정연구』, 16(4), pp. 145-166.

지역발전위원회, 2008, 『2008년 이명박 정부 지역발전정책 연차보고서』, 지역발전위원회.

최효승, 2005, 「농촌마을만들기의 개선방안연구: 충북지역을 중심으로」, 『한국농촌건축학회 논문집』, 7(1), pp. 39-51.

Harrison, E. L., 1985, *Underdevelopment is a State of Mind*, Lanham, MD: Madison Books.

Kwon, T. H. and K. H. Weon, 2008, "Pursuing balanced national development in the Republic of Korea," *Regional Development Dialogue*, 29(1), pp. 54-66.

Lipton, M., 1977, *Why Poor People Stay Poor: Urban Bias in World Development*, Cambridge, MA: Harvard University Press.

OECD, 1994, *The Contribution of Amenities to Rural Development*, Paris: OECD Publishing.

______, 1999, *Cultivating Rural Amenity: An Economic Development Perspective*, Paris: OECD Publishing.

______, 2006, *The New Rural Paradigm: Policies and Governance*, Paris: OECD Publishing.

Potter, R. B., 1989, "Urban-rural interaction, spatial polarisation and development planning," in R. B. Potter and T. Unwin (eds.), *The Geography of Urban-Rural Interaction in Developing Countries*, London: Routledge, pp. 323-333.

Putnam, R., 1995, "Bowling alone: America's declining social capital," *Journal of Democracy*, 6(1), pp. 65-78.

Senge, P., 1990, *The Fifth Discipline: The Art and Practice of the Learning Organization*, New York: Doubleday Currency.

Tacoli, C., 1998, "Rural-urban interactions: A guide to the literature," *Environment and Urbanization*, 10(1), pp. 147-166.

Varshney, A., 1993, "Introduction: Urban bias in perspective," *Journal of Development Studies*, 29(4), pp. 3-22.

제 VI 장

농촌개발과 지역균형발전

임형백
성결대학교 교수

1. 서론

1970년에 박정희 대통령의 지시로 새마을운동이 시작되었다. 새마을운동은 '근면', '자조', '협동'을 기본정신으로 하여, 이의 실천을 통해 국가발전을 꾀하려 했다. 1971년부터 전국적으로 확대된 이 운동은 생활태도 혁신과 환경개선 및 소득증대를 통한 낙후된 농촌의 근대화를 취지로 하여 이루어졌다는 면에서, 한국의 독특한 농촌개발로 볼 수 있다. 결국 한국은 생산성 증대, 소득증대, 생활개선, 의식개혁에 큰 비중을 둔 농촌개발이 행하여져 왔다.

그러나 이미 1970년대 이후 농촌과 도시의 격차가 심화되고, 마을중심의 농촌개발의 한계가 드러나기 시작하였다. 더구나 1980년대 후반에 들어와 미국으로부터 농산물수입개방 압력이 가중되었다. 특히 한국이 만성적인 경상수지 적자에서 벗어나 1986년부터 경상수지가 흑자로 전환되자 이를 배경으로 수입개방 압력이 가중되었다. 1988년에 개최된 한 · 미통상협상에서 1988년에서 1991년까지 3개년간의 수입자유화 예시계획을 발표하면서, 243개 농산물수입이 개방되었다(임형백 · 조중구, 2004: 25).

이후 농업의 정책기조를 김영삼 정부는 '농업 근내화'에, 김대중 정부는 '중 · 소농 보호'에, 노무현 정부는 '도 · 농 간 균형발전'에 두었다(임형백 · 이종만, 2007: 33). 1992년부터 2006년 말까지 15년 동안 투자된 금액만 130조 원이다(박현수 외, 2007).

그럼에도 불구하고 도시와 농촌의 격차는 줄어들지 않았고, 농촌의 현실은 더 악화되었다. 특히 참여정부는 지역균형발전을 추구하면서 행정복합도시, 혁신도시, 기업도시, 경제특구 등 다양한 시도를 하였다. 그럼에도 농촌개발도 지역균형발전도 이루어지지 않았다. 지금도 농업부문에는 막대한 자금이 투입되고 있다. 그러나 투입된 자금에 비하여 정책의 효과는 회의적이며, 농촌의 미래를 낙관할 수 있는 사람도 많지 않은 것이 현실이다.

더구나 농촌의 인구구성은 농촌의 미래를 더욱 암울하게 한다. 2005년 전체 농가인구 343만 3,573명 중 60세 이상의 비율이 39.20%에 달하고, 2006년 전체 농업종사인구 298만 9,269명 중 60세 이상의 비율이 50%에 달한다. 반면 농촌으로의 인구유입은 이루어지지 않고, 오히려 한국은 2018년을 인구정점으로 하여 인구도 감소할 전망이다(임형백, 2008b).

또, 2005년 한국의 국제결혼율은 13.6%이었지만, 농촌의 국제결혼율은 35.7%에 이르고, 한국농촌지역의 결혼이민자의 대부분이 한국보다 경제적 성장이 뒤진 국가출신이다. 이는 농촌총각이 유전적으로 동질적인 집단 내에서도 경제적인 이유로 결혼시장에서 외면당하고 있는 것이다. 이러한 원인 중의 하나는 한국인의 상당수가 한국농촌의 미래에 대하여 부정적 전망을 가지고 있을 뿐만 아니라, 동시에 농업에 종사하는 것을 기피하기 때문이다(임형백, 2007: 478; 임형백, 2009b).

그럼에도 이러한 문제점에 대한 냉철한 분석이 결여된 채, 기존의 정책을 답습하고 있고, 이름만 바꾼 유사한 정책이 중복 실시되고 있다. 또 농촌의 미래에 대하여 장밋빛 청사진을 제시하는 추상적인 구호는 많지만, 명확한 청사진은 결여되어 있다. 농촌개발을 언급하면서 농촌인구의 감소를 언급하는 것은 금기사항이다. 마찬가지로 대부분의 지방자치단체는 인구의 증가를 가정하고 있다. 하지만 미래에 농촌의 인구가 증가할 것이라고 믿는 사람이 몇이나 되겠는가?

이미 지금까지의 농촌개발에 있어서 많은 시행착오를 거쳤음에도 이에 대한 냉철한 비판과 분석이 결여된 채, 시장실패적 시각과 포퓰리즘에 기초한 관행적 정책의 실시와 이를 통한 자금 투입은 농촌을 발전시킬 수 없으며, 국가균형발전에도 도움이 되지 않는다.

2. 한국 정부의 농업부문 지원

1) 역대 정부의 농업부문 지원

한국 정부는 1992년부터 2006년 말까지 15년 동안 농업부문에 130조 원을 지원하여 왔다(박현수 외, 2007). 2007년 농림사업지침에 나와 있는 농림사업은 168개나 되며 이 중 도 단위까지 내려오는 사업은 약 80개, 시 · 군 단위까지 내려오는 사업은 약 60여 개나 된다(박진도, 2007: 25). 문제는 농업시장개방 이후 15년 동안 130조 원이 투자되었음에도 농업의 여건이 개선되지 않았다는 점을 주목할 필요가 있다. 역대 한국 정부의 농업부문 지원을 나타내면 〈표 Ⅵ-1〉과 같다.

직전의 노무현 정부만 하여도, '농업 · 농촌 지원계획안'을 통하여 119조 원을 농업부문에 투입하였다. 이는 고故 노무현 대통령이 2003년 11월 11일 농촌진흥청에서 열린 제8회 농업인의 날 기념식에서, 119조 원의 투자 · 융자 계획을 밝히면서 시작되었다. 물론 이러한 투자 · 융자는 도하개발아젠다DDA, 자유무역협정FTA 등 시장개방압력에 따라 예상되는 농업과 농촌을 지원하기 위한 것이다. 계획안에 따르면 총 119조 원 중 2004년부터 2008년까지 지원될 50조 514억 원은 정부의 중기 재정운용계획에 반영하고 이 기간 투자 · 융자 규모는 연평균 7.8%씩 늘이나 2004년 8조 4,000억 원에서 2005년에는 9조 6,000억 원, 2006년에는 10조 4,000억 원, 2007년에는 10조 7,000억 원, 그리고 2008년에는 11조 4,000억 원으로 증가된다.

2) 주요 부처의 농촌개발 사업

2003년의 경우 농림부, 행정자치부 등 주요부처의 농촌개발관련사

〈표 Ⅵ-1〉 역대 한국정부의 농업부문 지원

정권	김영삼 정부		김대중 정부	노무현 정부
시기	1992~98년	1994~98년	1999~2003년	2004~13년
정책기조	농업 근대화		중 · 소농 보호	도 · 농 간 균형발전
주요농정	증산위주의 농정(농업확장주의)에서 구조개선정책으로 전환		부채경감, 추속구매가 인상, 직불제 등 농가 경제 안정에 주력	생산기반정비를 축소하고, 농가경영안정 및 농촌복지 강화
지원 명칭	농어촌구조 개선대책	농어촌특별세 사업	농업농촌발전계획	농업 · 농촌지원계획안
지원 이유	우루과이라운드(UR)협정에 따른 피해보상		농어촌 경쟁력 강화	한 · 칠레 FTA 등에 따른 경쟁력 강화
지원 규모	42조 원	15조 원	45조 원	119조 원(2006년 말 현재 28조 원 집행)
관련기관	1990년 설립된 농어촌진흥공사 존속		2000년 농어촌진흥공사, 농지개량조합, 농지개량조합연합회를 통합하여 농업기반공사 설립	2006년 농업기반공사 한국농촌공사로 명칭 변경
비고	1996년 12월 OECD 가입			

주: 농어촌특별세는 농어업의 경쟁력 강화와 농어촌산업기반시설의 확충 및 농어촌 지역개발사업을 위하여 필요한 재원을 확보할 목적으로 2014년 6월 30일까지 한시적으로 시행되는 목적세다. 원래는 1994년 7월부터 2004년 6월까지 매년 1조 5,000억 원씩 총 15조 원을 조성을 목표로 2004년 6월 30일까지 한시적으로 시행할 계획이었으나, 과세시한을 2014년 6월 30일까지 연장하였다.
자료: 임형백 · 이종만, 2007: 33.

업비는 약 5조 3,734억 원으로 추산된다. 이는 국가예산(약 183조 원)의 2.9%, 전체지역개발관련투자 23조 원 중의 약 20%에 해당된다. 중앙부처별로 보면, 농림부(농촌진흥청, 산림청 포함)가 전체 사업비의 61.8%(약 3조 3,221억 원), 행정자치부가 23.9%(1조 2,862억 원)를 사용하고 있다(박진도, 2006: 161). 그리고 〈표 Ⅵ-2〉에서 나타나듯이 주요 부처는 이와 관련된 농촌개발사업을 하고 있다.

〈표 Ⅵ-2〉 주요 부처별 농촌개발 관련 주요사업비(2003년도 예산 기준)

(단위: 100만 원)

주체 지원분야	농림부	농촌 진흥청	산림청	행정 자치부	환경부	건교부	산업 자원부	계(%)
농업개발	2,796,802	242,015	-	-	-	-	-	3,038,817 (56.6)
경제활동 다각화	64,441	23,736	36,084	1,920	-	-	30,300	156,481 (2.9)
주체역량 강화	101,476	15,442	18,386	-	-	-	-	135,304 (2.5)
환경경관 보전	-	-	128,031	-	542	-	-	128,573 (2.4)
사회간접 자본	359,400	6,638	21,575	1,284,362	68,043	174,252	-	1,914,270 (35.6)
계	3,322,119 (61.8)	287,831 (5.4)	204,076 (3.8)	1,286,282 (23.9)	68,585 (1.3)	174,252 (3.2)	30,300 (0.6)	5,373,445 (100.00)

주: 1) 농촌진흥청의 농업개발은 농사시험연구(2,138억 100만 원)를 포함시킨 것임.
2) 건교부 사회간접자본정책의 대부분은 개발촉진지구사업(1,506억 4,400만 원)임.
3) 농림부의 사회간접자본에는 양여금지원비(정주권개발, 문화마을조성)가 포함된 것임.

자료: 박진도, 2006: 161.

3. 경제적 측면에서 한국농업의 현황과 전망

1) 농업이 차지하는 비중의 감소

성진근 외(2004: 102-103)는 1970년에서 2000년간 농림어업분야의 취업인구는 475만 1,000명(전 취업자의 49.5%)에서 절반 이하인 220만 3,000명(전 취업자의 10.5%)으로 줄어들기는 하였지만, 10.5%의 취업인구가 GDP의 4.1%를 생산하고 있다는 점에서, 농업부문의 노동생산성

〈표 Ⅵ-3〉 한국농업의 현황(2005년 기준)

항목	현황	비고
농가인구	343만 명	전체 인구의 7.1%
농림업 생산액	22조 3,060억 원	국내총생산(GDP)의 3.1%
가구당 소득	3,050만 원	도시근로자가구의 78% 수준
가구당 평균부채	2,721만 원	

자료: 임형백 · 이종만, 2007: 38.

이 다른 산업부문보다 훨씬 뒤쳐지고 있다고 주장하였다.

2005년도 한국농가인구는 약 343만 명으로 전체인구의 7.1%를 차지하는 반면, 농림업생산액은 22조 3,630억 원으로 국내총생산의 3.1%에 머물고 있다. 즉 농업문제의 본질은 인구의 크기가 아니다.

오히려 전체인구 대비 농가인구의 비중은 한국 7.3%, 네덜란드 1.4%, 덴마크 4%, 독일 2.1%, 영국 1.7%, 일본 3.2%다(나승일, 2007: 102). 한편 2002년 미국의 농가호수는 한국의 1.7배이나, 농업생산액은 7.4배이고 전체 생산액은 19.2배다(농림부, 2005).[1] 즉 농업문제의 본질은 인구의 크기가 아니라 경쟁력의 약화다.

2) 농가부채의 증가

특히 1992년부터 2006년 말까지 130조 원이 농업부문에 지원되었지만, 농업의 여건은 개선되지 않았다(박현수 외, 2007). 1990년에서 2006년까지의 기간을 살펴보면, 〈그림 Ⅵ-1〉에서 나타나듯이 전체농가수는 지속적으로 감소하고 있다.

더 심각한 것은 농가수의 감소가 아니라, 〈그림 Ⅵ-1〉에서 나타나듯이

1. 한국과 미국의 주요 농업지표의 비교에 관하여는, 김재수(2005)를 참고바람.

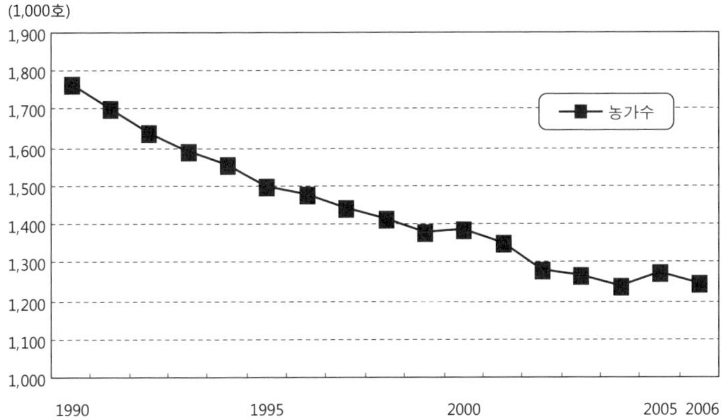

자료: 통계청, 각 연도, 농가경제자료.

〈그림 Ⅵ-1〉 농가수 추이(1990~2006)

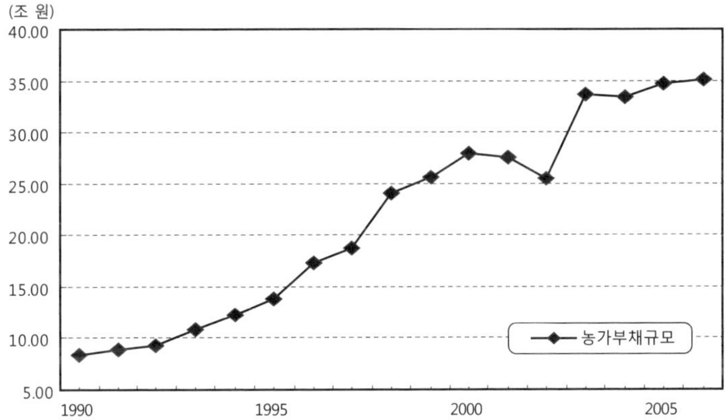

자료: 통계청, 각 연도, 농가경제자료.

〈그림 Ⅵ-2〉 전체 농가부채 추이(1990~2006)

농가수가 감소하고 있음에도, 〈그림 Ⅵ-2〉와 같이 농가부채는 오히려 증가하는 현상에 있다. 〈그림 Ⅵ-2〉와 같이 1992년부터 2006년까지 130조 원이 투입되었음에도, 오히려 농가부채는 11조 원에서 35조 원으로 증가하였고 융자금이 대부분 부채로 고정되는 양상을 보였다.

이는 그동안 농업부문에 대하여 공적 자금 투입식의 정책이 이루어진 반면, 우수한 농업인력은 육성되지 않았고, 결과적으로 농업의 경쟁력은 강화되지 않았다는 것을 의미한다. 이는 '선택'과 '집중'을 통한 우수한 농업인력 육성을 통하여 농업의 경쟁력을 강화하기보다는 농업인의 불만을 잠재우기 위한 임기응변식으로 공적 자금을 투입해 왔기 때문이다. 정책을 경제적 합리성에 기초하여 판단하지 않고 정치적 판단을 한 포퓰리즘populism의 결과다.

인적 자원은 물적 자원 못지않은 중요한 자원이며(Becker, 1964), 인적 자원은 경쟁우위의 원천이며(Delery and Shaw, 2001), 기술혁신이 생산성을 향상시키고 경영성과의 개선으로 이어지기 위해서는 새로운 기술을 효율적으로 활용할 수 있는 인력과 결합되어야만 한다(Beeby, 1966; Cohn, 1979; Lazonick, 1990, 1993).

내발적 발전전략에서, 지역발전주체는 원칙적으로 지역 그 자체다. 따라서 지역주도의 상향식 발전, 주민참가와 협동, 자치에 의한 발전이 중시된다. 그렇지만 지역주민의 자치역량이 부족한 상황에서는 중앙정부와 지방정부의 역할도 매우 중요하다. 따라서 정부와 민간의 역할을 분명히 하고 다양한 행위자 사이의 파트너십과 네트워크를 형성하는 것이 중요하다(박진도, 2006: 157-158). 인적 자원이 확보되지 않은 상태에서, 자금을 투입하는 것만으로는 효과를 가져올 수 없다. 그러나 지금까지 중앙정부와 지방정부는 시장실패적 시각에 기초한 나누어주기식의 자금투입pork barrel을 해 왔다.

결과적으로 막대한 자금은 투입된 반면, 오히려 농업인의 정부에 대한 의존을 강화한 반면 농업인의 자구노력은 약화시켰다. 그러나 WTO체제에서 국가가 방패막의 역할을 하는 데에는 한계가 있으며, 궁극적으로는 어떤 산업이나 지역도 무한경쟁에 돌입할 수밖에 없음을 직시하여야 한다.

4. 인구적 측면에서 한국농촌의 현황과 전망

1) 한국 인구 이동의 특성

지리적 공간상에서 사람 · 물자 · 자본 · 정보 등의 흐름은 필연적으로 나타난다. 왜냐하면 지리적 공간상의 어떠한 지역에서도 인간생활에 필요한 가용자원을 모두 자급할 수 없으며, 이들 자원의 분포상태가 공간적으로 불균등하고 불연속적이기 때문이다. 따라서 지역 간에 흐름movement의 수요가 내재하는 한 공간적 상호작용spatial interaction은 필연적으로 나타난다고 볼 수 있다(김인, 1986: 121).

현대 산업사회에서 직업은 물질적 보상, 사회적 지위, '생활기회'의 수준 등 사회적 유리함과 불리함의 상호연결망을 대단히 강력하게 나타내는 지표다(Blau and Duncan, 1967; Marsh, 1986). Todaro(2000)가 실증하였듯이 농촌에서 도시로의 인구이동이 기대소득expected income에 의하여 결정되며, 한국에서도 농촌에서 도시로의 인구이동은 계속되고 있다. 한국에서 어떤 지역으로 인구가 이동하는 첫 번째 요인은 직업이고 두 번째 요인은 교육요인敎育環境이다. 서구 국가에서는 교육환경이 한국처럼 강한 인구유인 요인으로 작용하는 경우가 드물다.

2005년에 전국에서 새로 만들어진 일자리는 30만 8,000개였고 이 중에서 17만 3,000개(57%)가 경기도에서 만들어졌다(임형백, 2005a: 202). 2009년 16개 광역시 · 도의 예산안도 서울시가 21조 469억 원으로 가장 크고 그 다음이 경기도로 12조 9,588억 원이며, 다른 광역시 · 도는 적게는 2조 원대에서 많아야 7조 원대에 머문다. 따라서 한국에서 수도권으로의 인구유입은 앞으로도 지속될 것이다.

현재의 상황이 지속된다면 한국에서 농촌의 인구가 증가할 가능성은 희박하다. 즉 농촌에서 지속적인 인구유출이 이루어지는 반면 인구유입

〈표 Ⅵ-4〉 한국(남한)의 인구이동요인 (단위: 1,000명)

이동요인 이동방향	직업요인	교육요인	가족요인	주택요인	주거 · 근린 환경요인	자연환경 · 기타요인
농촌→도시	193	99	67	24	7	7
도시→농촌	155	30	78	36	3	27

자료: 통계청, 1992–1997; 임형백 · 이성우, 2004: 259.

이 없다면, 농촌인구는 더 급격히 감소할 것이다.

결혼적령기에 도달한 농촌의 농업인이 결혼시장에서도 외면당하는 현실을 직시할 필요가 있다. 2005년 한국 전체의 국제결혼율은 13.6%인 반면, 농촌의 국제결혼율은 35.7%(2,885명)이다. 외국인배우자의 대부분이 한국보다 경제성장이 늦은 동남아출신이었다는 것이 이를 증명한다. 유전적으로 동질적인 집단 내에서도 경제적인 이유로 결혼시장에서 외면당하고 있는 것이다. 이러한 원인 중의 하나는 한국인의 상당수가 한국농촌의 미래에 대하여 부정적 전망을 가지고 있을 뿐만 아니라, 동시에 농업에 종사하는 것을 기피하기 때문이다(임형백, 2007).

도시를 규정하는 최소 인구규모는 국가마다 다르다. 예를 들어 독일 · 프랑스는 2,000명, 미국은 2,500명, 호주 · 인도는 5,000명, 영국 · 스페인은 1만 명, 한국과 일본은 5만 명, 그리고 중국은 10만 명을 기준으로 하고 있다(김철수, 2008: 14). 이처럼 도시를 규정하는 최소 인구규모가 크다는 것은, 그만큼 한국에서 인구가 도시로 집중하는 경향이 강하다는 것을 의미한다.

예를 들면, 독일은 1871년 Bismarck에 의해 통일되기 이전까지 300여 개의 도시국가로 나누어져 있었다. 독일이란 지명 Germany도 '혈연관계가 있는', '같은 조상을 가진' 이라는 뜻을 가진 'germane'에서 유래하였다. 따라서 독일인들은 독일이라는 국가 못지않게 300여 개의 도시국가에 대한 소속감과 애착심이 강하다. 또 조상들이 살아왔고 자신들이 태어난 옛 도시국가가 위치하였던 지역에 더 커다란 네트워크를 가지고 있기 때문에 그곳에서 살아가는 것이 유리한 면이 많다. 따라서 독일인들은 수도권으로 모여들지도 않고, 태어난 지역에서 살아가는 사람들이 많다. 이처럼 인구가 분산되다 보니 자연스럽게 각 지역의 문화유산이 보존되고, 산업이 고르게 분포되며, 물류physical distribution가 발생하고, 조상의 가업을 이으면서 장인정신이 살아남게 된다(임형백, 2009a: 89; 2010: 269).

더구나 한국이 인천경제자유구역, 황해경제자유구역, 새만금 · 군산경제자유구역, 광양만권경제자유구역, 부산 · 진해경제자유구역 등 해안가에 경제자유구역을 잇달아 개발함으로써 인구의 농촌유입은 더 어려워졌다.[2] 2009년 예산안이 가장 적은 곳도 내륙에 위치한 충청북도로 이제는 전라남도와 전라북도보다도 적다.

2) 한국농촌 인구의 전망

〈표 VI-5〉에서 나타나듯이 2006년 한국의 농업종사인구는 298만 9,269명이고 이 중 60세 이상의 인구가 약 50%에 다다르고 있다(통계청, 2007). 2009년 한국인의 평균수명이 79.1세라는 것을 고려하면, 20년

〈표 VI-5〉 농업종사인구의 연령분포 (2006년 기준)

연령(세)	20~24	25~29	30~34	35~39	40~44	45~49	50~54
명	159	4,134	19,334	62,655	358,836	403,568	427,791
연령(세)	55~59	60~64	65~69	70~74	75~79	80 이상	
명	421,211	485,005	390,014	390,014	181,165	72,434	

자료: 통계청, 2007, 『농업기본통계』.

2. 경제자유구역 중 내륙형 경제자유구역으로 개발되는 곳은 대구 · 경북경제자유구역이 유일하다.

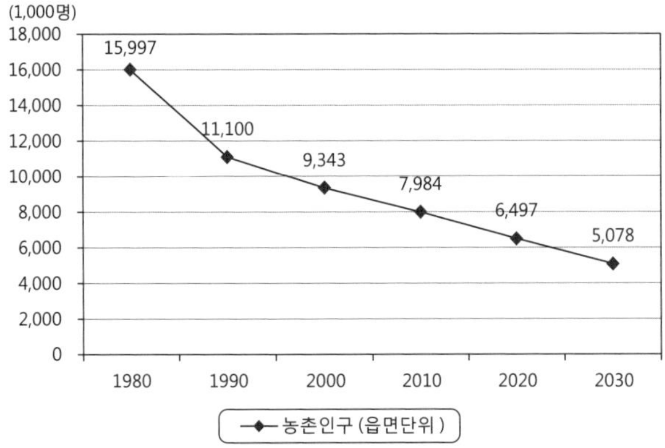

자료: 김정호 외, 2007.

〈그림 VI-3〉 농촌인구 변화추이(1980~2030)

후 농업종사인구의 급격한 감소가 예상된다.

앞으로 우리나라 전체의 인구는 2010년 4,887만 5,000명, 2020년에는 4,932만 6,000명, 그리고 2030년에는 4,863만 5,000명에 이를 것으로 전망되는 반면(통계청, 각 연도), 농촌인구가 전체인구 중 차지하는 비율은 (1980) 29.96% → (1990) 20.37% → (2000) 16.89% → (2010) 14.04% → (2020) 11.64% → (2030) 9.45%로 감소할 것으로 예상된다.[3](〈그림 VI-3〉, 〈그림 VI-4〉 참고)

1990년 이후 한국에서 농촌에 대한 인식은 정보 및 환경의 중요성이라는 전 세계적 공감대에 힘입어 호전될 기회를 맞이하고 있다는 시각도 있다. 농촌부흥rural renaissance, 극화의 반전polarization reversal, 역도시

3. 한국의 도시화율(총인구에 대한 도시인구의 비율)은 2000년에 이미 81.6%로 선진국 수준(75.8%)을 초과하고 있다(성진근 외, 2004: 169). 더구나 2008년 11월에 한국의 출산율이 1.2명으로 낮아지면서 한국은 이전보다 빠른 2018년에 인구정점에 도달할 것으로 예상된다(임형백, 2008b: 231). 반면 농림수산식품부에서는 농어촌인구를 국가전체인구의 20% 이상으로 유지하는 것을 정책 목표로 설정하고 있다(김창현 외, 2008: 67).

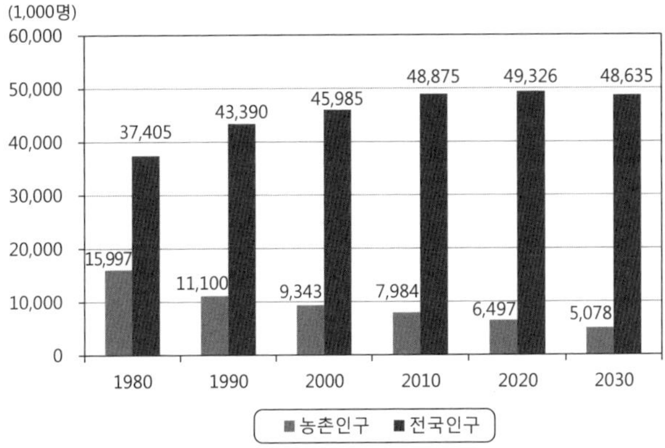

자료: 김정호 외, 2007.

〈그림 Ⅵ-4〉 전체 인구대비 농촌인구 변화추이(1980~2030)

화counter urbanization 등에 대한 관심(Bollman and Bryden, 1997; Dahms, 1995; Dahms and McComb, 1999; Spencer, 1997; Richardson, 1977; UNCRD, 1976)은 이러한 측면을 반영하고 있다. 그러나 이러한 농촌부흥에 대한 국내의 연구들은 아직까지 단순히 은퇴자, 귀농자, 또는 관광객을 위한 공간이나, 환경석 측면만이 강조된 1990년대 초반까지의 연구에서 크게 벗어나지 못하고 있다. 반면 〈표 Ⅵ-6〉에서 나타나듯이 앞으로 인구 20만 미만의 시 · 군의 수는 증가할 것으로 예상된다.

나아가 농촌의 마을수와 마을당 인구수도 감소할 것으로 예상된다.

3) 지역불균형발전의 가속화

한편 공간구조분석에 대한 이론적 틀을 제시한 Friedmann(1973: 65-84)은 지리적 공간상에서의 흐름과 이들 흐름이 만들어 내는 지역공간구조를 〈표 Ⅵ-8〉과 같이 4가지로 분류하였다.

따라서 현재와 같이 농업분야에는 우수한 인력이 유입되지 않고, 자본

〈표 VI-6〉 인구변화에 따른 시 · 군수의 변화 (단위: 개, %)

구분	1980년	1990년	1995년	2000년	2005년	2015년 전망
3만 미만 시 · 군수	3(1.8)	5(3.0)	10(6.1)	12(7.3)	18(10.9)	42(25.5)
3만~5만 미만	13(7.9)	19(11.5)	27(16.4)	31(18.8)	34(20.6)	28(17.0)
5만~10만 미만	59(35.8)	62(37.6)	57(34.5)	51(30.9)	44(26.7)	32(19.4)
10만~20만 미만	68(41.2)	51(30.9)	39(23.6)	37(22.4)	30(18.2)	16(9.7)
20만~50만 미만	22(13.3)	23(13.9)	23(13.9)	24(14.5)	28(17.0)	29(17.6)
50만~100만	-	5(3.0)	9(5.5)	10(6.1)	10(6.1)	11(6.7)
100만 초과	-	-	-	-	1(0.6)	7(4.2)
계	165(100.0)	165(100.0)	165(100.0)	165(100.0)	165(100.0)	165(100.0)

자료: 최양부, 2008.9.12.

〈표 VI-7〉 농촌의 마을(반) 및 마을당 인구수의 변화 추이

구분	반(A, 개소)	인구(B, 인)	마을별 인구(B/A, %)
1960년	131,936	17,996,495	136.4
1980년	124,028	15,997,362	129.0
1995년	116,373	9,561,746	82.2
2005년	117,773	8,703,735	73.9
2007년	105,377	-	-

주: 인구는 해당연도 인구주택센서스를 기본으로 하였으므로, 2007년은 집계하지 않았음.
자료: 통계청, 각 연도, 『한국통계연감』 및 『행정자치통계연보』; 김창현 외, 2008: 66 재인용.

의 투자가 이루어지더라도, 결과적으로 새로운 아이디어와 혁신innovation이 제한적이기 때문에 고부가가치의 창출이 어렵다. 여기에다 농업이라는 1차산업의 태생적 한계가 더하여져, 악순환이 계속될 것이다.

〈표 Ⅵ-8〉 공간흐름과 지역공간구조

공간흐름	지역공간구조
인구이동	정주(定住)패턴
자본투자	경제활동의 입지패턴
의사결정	권력의 공간구조
혁신의 확산	사회 · 문화적 공간패턴

자료: Friedmann, 1973: 65-84; 박종화 외 2인, 2004: 34.

한국은행(2007)에 의하면 산업연관표로부터 계산되는 노동유발효과는 아래와 같다. 노동유발효과는 취업자수를 중심으로 한 취업유발효과(ΔL_w)와 피용자수를 기준으로 한 고용유발효과(ΔL_e)로 분석할 수 있으며 각각 다음의 식 (Ⅵ-1) 및 식 (Ⅵ-2)로 계산할 수 있다.

$$\text{취업유발효과: } \Delta L_w = \hat{l}_w (I-A)^{-1} \Delta Y \qquad (\text{Ⅵ}-1)$$

$$\text{고용유발효과: } \Delta L_e = \hat{l}_e (I-A)^{-1} \Delta Y \qquad (\text{Ⅵ}-2)$$

단, $\hat{l}_w$는 취업계수의 대각행렬로 취업자(L_w: 피용자+자영업주+무급가족종사자)를 중심으로 한 취업계수 $L_w = L_w/X$를 적용한 것이며, $\hat{l}_e$는 고용계수의 대각행렬로 피용자수(L_e)를 활용하여 취업계수와 동일하게 적용한 것이다.

그러나 중요한 것은 고용의 양이 아니라 고용의 질이다. 여준호(2009)의 연구에서는 일자리 증가로 인한 인구증가 또는 인구유입 효과는 농촌지역이 오히려 도시지역보다 더 큰 것으로 나타났다. 그러나 농촌지역의 산업 간 연계구조가 취약하고 일자리의 질이 떨어져 재정자립도 제고에 미치는 효과는 도시지역의 8분의 1에 불과한 것으로 나타났다.

5. 지역균형발전을 위한 농촌의 개발 방향

1) 농업확장주의의 탈피

서구에서 산업화 과정에서 나타난 농촌의 낙후는 상대적으로 낮은 농업소득의 탓으로, 낮은 농업소득은 전前근대적 농업구조의 탓으로 진단되었다. 따라서 선진국에서는 생산성의 향상을 통해 농업문제를 해결하려는 농업확장주의agricultural expansionism를 채택하였다. 기계화, 과학적 영농기법의 도입, 농장의 규모 확대 등을 통해, 농업생산성을 향상시켜 농업도 다른 산업에 못지않은 소득과 경쟁력을 확보하도록 하는 것이 목표였다(박영한 · 조영국, 2002: 147-148). 또 농업확장주의는 식량안보와도 맥을 같이해 왔었다. 2차 세계대전 기간 영국이 겪은 식량위기를 지켜본 유럽에서 2차 세계대전 이후 농촌의 주 존재 이유는 안정적인 식량공급이었다.

한국도 해방 이후 주곡이 절대적으로 부족한 상태에서 식량생산이 농촌개발의 과제였다. 광복 이후부터 6 · 25 전란 회복기까지 미국의 식량원조로 식량위기를 극복했고 1950년대 후반부터 1960년대 초반까지 미국의 잉여농산물을 도입하여 국내 식량가격을 안정시켰다(김병택, 2002: 35-36). 이후 한국농정은 서구와 마찬가지로 농업확장주의를 추구하였다.

1970년대 추구된 녹색혁명[4]은 농업확장주의의 대표적인 정책이었다. 녹색혁명은 고반응 종자HRV: high-response varieties[5]의 보급, 관개시설의 확

4. 제3세계를 주 대상으로 하여 전 세계적으로 전개된 녹색혁명은 크게 두 가지 유형으로 나누어 볼 수 있다. 제1유형은 '멕시코를 모델로 한 녹색혁명 유형'으로서 주로 라틴아메리카와 아프리카 지역을 대상으로 한 모델이고, 제2유형은 '필리핀을 모델로 한 녹색혁명 유형'으로서 아시아 지역이 주 대상이 된 모델이다(西川潤, 1993).

5. 녹색혁명은 다수확 신품종을 개발하여 소득증대, 빈곤문제 완화, 식량자급과 기아문제를 해결하는 것을 목표로 한 것이었기 때문에 이 다수확 품종의 개발이 핵심적 관건이었다. 그러

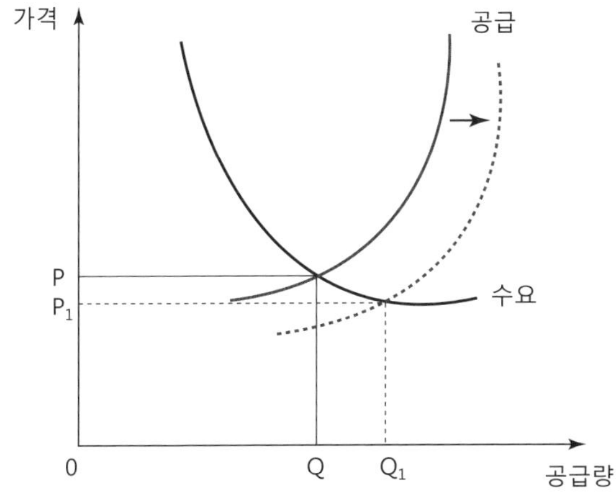

〈그림 Ⅵ-5〉 수요와 공급에 따른 가격의 변화

충과 관개농지 면적 확대, 화학비료와 농약의 다량투입이 복합적으로 어우러져 아시아 국가들에서 쌀생산량은 비약적으로 증가되었으며, 이것은 1980년대 말까지 지속된다(권영근, 2000: 99-100). 한국에서도 1971년에 통일벼가 농가에 보급되기 시작했다. 통일벼는 재래품종에 비하여 30% 이상의 증수효과를 가져왔고, 이에 따라 국내 쌀생산량이 증가하여 1976년, 1977년, 1978년 3년에 걸쳐 쌀 자급을 달성했다(김병택, 2002: 76). 그러나 1976년 이후 쌀자급자족이 날성됨으로써, 수요가 일정한 상태에서 공급이 증가할 경우 가격하락이 발생한다. 즉 쌀자급자족이전과는 달리 생산성의 증가가 소득증가로 직결되지 않는다.

더구나 현재에는 농산물의 시장개방으로 인하여 농산물의 가격은 더

나 많은 사람들은 이 '다수확 품종'이라는 명칭은 잘못된 것이라고 비판하고 있는데, 그것은 신종자가 특별한 노력이나 희생 없이도 '본래 저절로' 다수확이 된다는 의미를 은연중에 내포하고 있는 것으로 보이기 때문이다. 신종자의 특성에서 알 수 있듯이, '고반응 종자'라고 부르는 것이 종자의 본질적 성격을 훨씬 더 잘 나타내 주고 있다(Lappe and Collins, 1977).

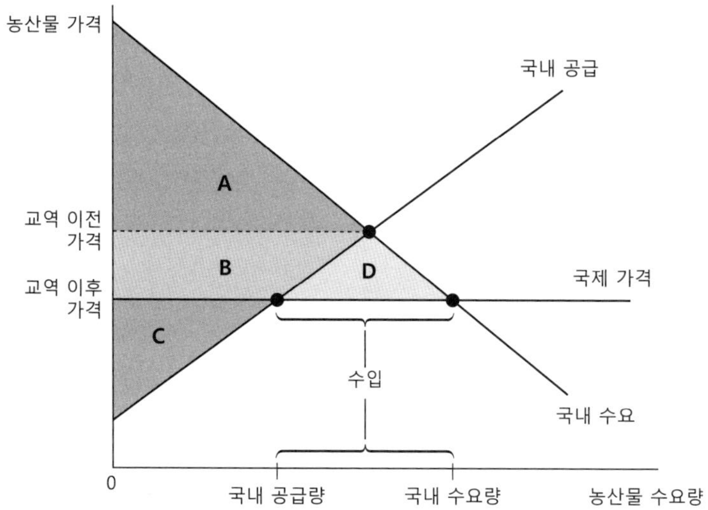

자료: 임형백 · 강동우, 2008: 8.

〈그림 Ⅵ-6〉 농산물의 시장개방이 한국에 미치는 효과

하락하게 된다. 그리고 더 가격이 낮은 수입농산물이 아래 〈그림 Ⅵ-6〉에서와 같이 시장을 점유하게 된다. 즉 농산물의 시장개방으로 인하여 농산물 가격은 하락하고, 국내농산물의 시장점유율market share은 오히려 축소된다.

그럼에도 1976년 이후 쌀의 자급이 달성 이후에도 한국의 농업정책은 수도작 중심의 생산성 증대 정책에서 크게 벗어나지 못하였다. 1980년대 이후 농업확장주의의 한계는 인식하였으나 제도적으로 충분한 준비도 못하였고, 농심을 무마하기 위하여 천편일률적인 지원을 하다 보니 결과적으로 농업확장주의를 벗어나지 못하였다.

실제로 1993년 말 UR이 타결된 이후 10여 년 동안 농업의 생산성은 향상된 반면 소득은 감소하는 '성장과 소득의 괴리' 현상이 발생했다. 농업성장률은 1994~98년에 2.8%였지만 1998~2003년간 0.15%로 하락

했고, 실질농업소득은 1994~98년에 −4.2%, 1998~2003년에 −1.04%로 감소했다. 생산성 향상과 수입증가로 농산물 실질가격은 연평균 1%씩 하락했다. 농산품을 구매하는 소비자의 이익은 늘어났지만 그 반대로 농가의 실질농업소득은 연평균 1.7%가 줄었다. 10여 년 간 도시근로자가구에 대비한 농가소득수준은 90%대에서 70%대로 줄었다(장상환, 2006: 435).

2) '선택'과 '집중'을 통한 농업경영인의 육성

우수한 경영주체라는 관점에서 볼 때 한국농업의 위기는 너무나 심각하다. 1980~2002년간 총취업자는 연평균 2.22%씩 증가해 왔으나, 농림어업취업자는 연평균 3.62%씩 감소해 왔다. 특히 15~29세의 청년층 취업자는 94만 9,000명에서 5만 명으로 연평균 12.5%씩 높은 비율로 감소해 왔다. 그러나 60세 이상의 노령취업자는 연평균 3.1%씩 오히려 증가함으로써 오늘날 농업부문의 주력 노동력층이 되고 있다(성진근 외, 2004: 53).

〈그림 Ⅵ-7〉은 스웨덴에서 연령구조에 따른 노동생산성의 변화를 나타낸 것이다. 이에 따르면 65세 이전에 이미 노동생산성은 0보다 아래로 떨어진다. 즉 65세 이전에 이미 투입량보다 산출량이 적게 된다. 한국의 노동생산성도 이와 유사하다고 가정할 경우 한국농촌의 상황은 점점 더 심각해진다.

경제발전초기에는 물적 자본에 대한 투자가 중요하나 갈수록 인적 자본에 대한 투자가 중요해진다(Goldin, 2001; Galor and Moav, 2004). 지난 30년간 세계 경제의 구조는 생산수단이 축적보다는 '인적 요소'의 중요성이 증가하는 방향으로 변해 왔다. 인적 자본이 생산비 중에서 차지하는 비중은 특히 1980년대 걸쳐 크게 증가하였으며 이 추세는 앞으로

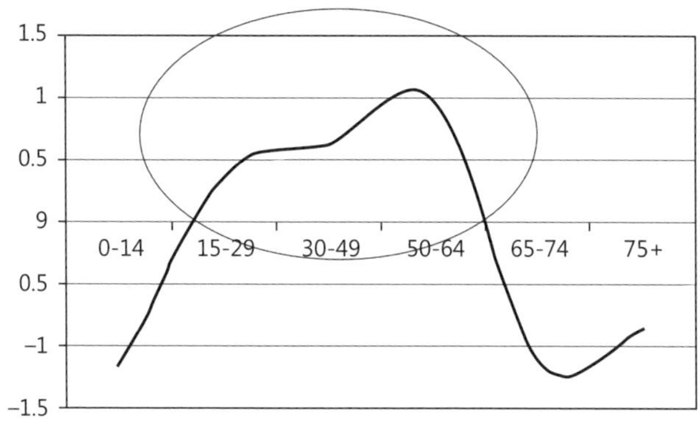

자료: Thomas and Malmberg, 1999: 431–449.

〈그림 VI–7〉 연령구조에 따른 노동생산성 (스웨덴)

도 계속될 것이다.

또 현대사회가 지식정보화, 세계화, 디지털 경제로 특징지어지는 사회로 급속하게 탈바꿈하면서 경제, 사회 각 분야에서 인적 자원 개발을 통하여 국가의 경쟁력을 확보하려는 국가차원의 노력이 전개되고 있다(조은상, 2001).

현실적으로 한 · 미 자유무역협정이라는 개방체제하에서 모든 농업인이 경쟁력을 갖추기는 어렵다. 지금까지 한국정부가 내세워 온 전업농이라는 논리 자체가 이미 일부 농업인의 도태를 전제로 한 경쟁력 있는 농업인의 육성을 의미한다. 이를 통하여 경쟁력을 갖춘 집단은 규모와 경쟁력을 키워 나가고, 그렇지 못한 집단에 대하여는 탈농 등 다각적인 측면에서의 다른 형태의 지원이 모색되어야 할 것이다. 즉 '선택'과 '집중'을 하여야 한다. '군살'을 빼고 '근육'을 키워야만 한다(임형백, 2008b: 228). 한국의 농정이 평균농가를 대상으로 평균적이고 시혜施惠적인 경쟁력 향상정책을 계속하면서 농업부문을 국민경제의 부담스런 존재로 끌어갈 것인가, 아니면 선택과 집중원칙을 뚜렷이 세워서 경쟁력 향상과 효율실

〈Ⅵ-9〉 영농후계자 확보 농가 비율 추이 (단위: %)

연도	1990년	1995년	2000년	2005년
비율	16.4	13.1	11.0	4.0

자료: 김정호 · 마상진, 2005: 1; 박성재, 2007: 15을 참고하여 작성.

현의 기반조성 및 잠재력 함양을 위한 산업정책으로 전환할 것인가 하는 선택의 기로에 처해 있다(성진근 외, 2004: 40-41). 〈표 Ⅵ-9〉에서 나타나듯이, 현실적으로도 영농후계자 확보율이 점점 낮아지고 있어, '선택'과 '집중'은 이미 선택사항이 아니다.

높은 수준의 노동력a high-quality labor force은 지식기반경제를 구축하는 데 있어 중요한 요인으로 작용한다. 2000년 미국 농촌지역을 대상으로 한 연구에서는, 농촌지역에서 학사학위 비중이 1% 증가하면, 고지식 직업의 비중이 0.84% 상승하는 것으로 나타났다(Henderson and Abraham, 2004; 박시현 외, 2007: 31 재인용).

따라서 이제는 농업생산성을 증가시키기 위한 농업인력 육성 이외에, 농업에 대한 전문지식뿐만 아니라 경영에 대한 전문지식을 가지고 변화하는 시장상황에 능동적으로 대처하고 규모화, 창업, 틈새시장niche market 개척 등을 통하여 자생력을 갖추고 궁극적으로는 해외시장을 개척할 수 있는 농업경영인의 육성이 필요하다. 농업인구의 자연감소는 탈농, 선별적 지원에 대한 부담을 줄이면서 '선택'과 '집중'을 할 수 있는 기회를 제공할 것이다.

또 한국은 가족농 중심의 소농이 주축을 이루고 있는데, 이러한 가족농 중심의 소농은 규모의 영세성으로 인하여 발전가능성이 극히 제한적이다. 그럼에도 현실적으로는 한계생산성이 가장 낮은 직업군에 종사하는 농민을 타 직업군으로 이동시키는 것이 가능하지 않았다. 또 정부도 집중육성할 농민을 선정할 기준도 없었고 집중육성할 농민에서 제외된 농민의 불만을 감당할 의지도 없었다. 결과적으로 지금까지 한국의 농업

정책은 농업인의 불만을 잠재우기 위한 임기응변식의 포퓰리즘 정책을 펴 오다 보니, 농업인의 정부에 대한 의존도는 높아진 반면 자구노력은 약화되었다. 또 일부 농업인들은 합리적 경영을 통하여 시장에서의 경쟁력을 갖추기보다는, 시장을 무시한 채 관행적 영농을 답습하면서 정책자금의 지원으로 유지되어 왔다.

미국에서도 빈곤한 농민들을 도와주고 농업구조의 기본적인 혼란을 제거하고자 시작한 농업정책이 공적 자금을 낭비하고 자원의 사용을 왜곡하였고, 정작 빈곤한 농민을 돕는 데는 거의 소용이 없었다(Friedman, 1962). 정부의 지원은 "시장이 자연스럽게 잘 작동할 수 있게 '내버려 두는 것'이 가장 바람직하다"는 Hayek(1960)의 주장까지는 아니더라도, 적어도 Hayek(1944)가 수용한 '경쟁을 촉진하기 위한 계획'이어야 한다.

즉 현재와 같이 모든 농업인을 대상으로 하는 정책도 필요하지만, 동시에 정예화된 전문농업경영인을 육성하는 것이 병행되어야 한다. 즉 생산성의 향상 이외에 농산물의 기업화, 가공 · 유통으로의 영역확장과 농업의 식품 · 문화산업화를 통한 고부가가치를 창출할 수 있는 농업인력의 육성이 필요하다. 이를 통하여 장기적으로는 우수한 농업인력에게 선수player의 역할을 맡기고, 정부는 감독자supervisor와 지원자supporter의 역할을 수행하는 것이 바람직하다.

3) 틈새시장 구축과 시장차별화

쌀은 한국농가수입의 50% 이상을 차지하고 있는데(임형백, 2005a: 210), 쌀 시장도 관세화 유예조치가 끝나는 2015년 이후에는 개방이 불가피할 전망이다(민승규, 2007: 12). 따라서 농산품에 있어서도 제품 차별화product differentiation와 시장분할market segmentation을 통한 틈새시장niche market 개척이 요구된다.

또 농업분야에서도 항구적인 경쟁력은 있을 수 없으며 따라서 끊임없는 틈새시장niche market을 구축하고, 제품을 차별화product differentiation하며, 시장분할market segment과, 블루오션[6]Blue Ocean전략의 필요성이 증가하고 있다. 궁극적으로 농업은 현재의 농산물생산을 넘어서 지식기반 농업knowledge-based agriculture으로 가야만 한다.

이러한 틈새시장의 구축과 시장차별화는 지역마다 다를 수밖에 없다. 마찬가지로 각각의 농촌도 각 지역별로 특성이 반영된 차별화된 경쟁력을 갖추어야 한다. 이것은 때로는 특화작목, 축제, 향토산업이 될 수도 있고, 때로는 전원도시, 실버타운이 될 수도 있다. 2008년 함평나비축제는 45일간의 축제기간 동안 126만 4,000명이 방문하였고 입장객 수입만 92억 8,400만 원이었다. 2008년 보령머드축제는 217만 명의 관광객을 유치하였고 경제파급효과는 529억 원으로 추산된다.

프랑스는 '탁월한 농촌거점'Pôle d'exellence rurale이란 정책을 추구하고 있는데, 이는 농촌의 개별 지역이 가지는 고유한 잠재성을 발굴 · 개발함으로써 지역의 경쟁력을 강화하고자 하는 정책적 시도다. 프랑스의 농촌거점 정책은 종래와 같이 낙후된 지역에 대하여 보조금을 지급한다는 수동적 시각에서 벗어나, 지역 발전의 잠재력을 가지는 지역에 대하여 그 잠재력을 일깨우는 기회를 제공한다는, 보다 능동적이고 발전적인 지역 정책의 시각을 정립해 나가고 있다. 이러한 농촌거점 정책은 도시지역과는 차별되는 농촌지역의 잠재력을 개발하여 고용과 혁신을 창출하기 위한 정책이다(성주인 외, 2008: 112-113).

---

6. 경쟁이 없는 새로운 시장공간을 말한다. 치열한 경쟁에 빠진 레드오션에 대비되는 개념으로, 블루오션 전략의 핵심은 '경쟁에서 이기는 유일한 방법은 경쟁자를 이기려는 노력을 그만두는 것'이란 말로 정리된다. 가치 도약을 통해 새로운 비경쟁 시장 공간을 창출함으로써 경쟁 자체에서 벗어나려는 전략이다. 김위찬과 Renée Mauborgne(2005)의 블루오션은 Michael Porter의 경쟁우위론(competition), Gary Hamel의 핵심역량론(core competence) 이후 최고의 경영전략으로 꼽히고 있다.

4) 농업의 생산 · 가공 · 유통을 통한 식품산업화

〈그림 Ⅵ-8〉에서 나타나듯이 가계지출 대비 곡류 및 식빵 소비는 계속 감소하고 있다. 앞에서 언급하였듯이 한국농가소득의 50%가 쌀인 상황에서 곡류 소비가 계속 감소하고 있는 것이다. 한편 〈그림 Ⅵ-9〉에서 나타나듯이 가계지출 대비 외식비는 지속적으로 증가하고 있다. 반면 농업생산은 이러한 국민의 소비감소에 탄력적으로 대응하지 못하고 있다.

더구나 농산물 시장이 개방되면서 농식품의 해외 의존도가 심화되면서, 국내 농업생산은 상대적으로 정체되고 있다. 따라서 현재와 같이 생산에 집중하는 농업은 점점 더 경쟁력을 잃어 갈 것이다. 최근 막걸리에 대한 수요가 증가하고 있지만, 막걸리 원료로 사용되는 국내산 쌀은 20%에 불과하다.

반면 2005년도 농림업 생산액은 22조 3,060억 원(GDP의 3.1% 수준)이지만, 2006년 식품산업의 매출액은 100조 원으로 1998년에 대비하여

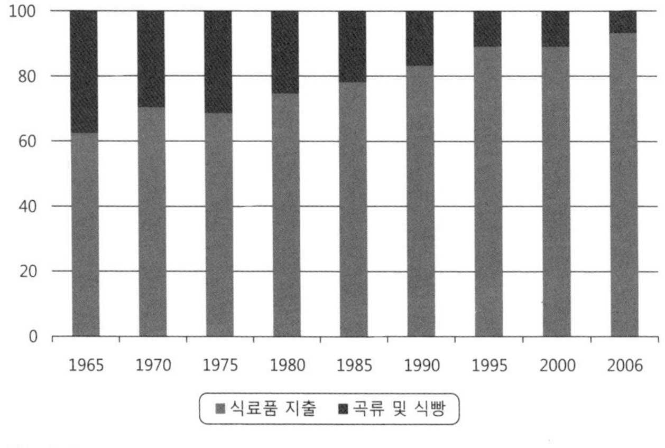

자료: 통계청, 각 연도, 물가 · 가계.

〈그림 Ⅵ-8〉 가계지출 대비 곡류 및 식빵 소비 추이

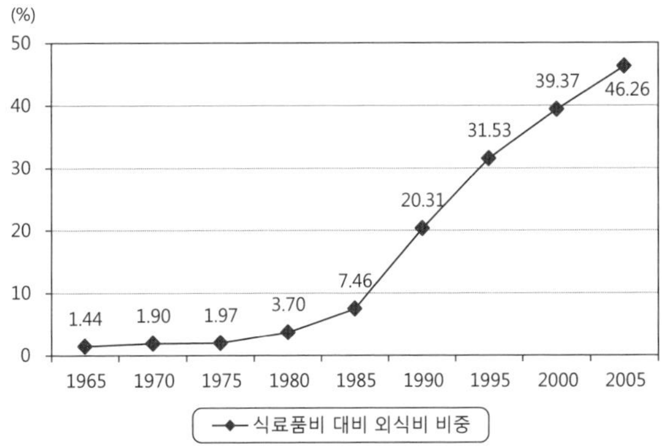

자료: 통계청, 각 연도, 물가 · 가계.

〈그림 Ⅵ-9〉 가계지출 대비 외식비 추이

〈Ⅵ-10〉 농식품 수입액과 농업생산액 추이

연도	2000년	2002년	2006년
농식품수입액	85억 달러	96억 달러	133억 달러
농업생산액	33조 원	33조 원	36조 원

63.9%가 성장하였고, (실질)부가가치는 25조 5,780억 원(GDP의 3.8% 수준)이었다. 또 식품산업은 '현지성'과 '지역성'이 상대적으로 강한 특성을 보유하고 있어, 외국기업의 내수시장 진입장벽barrier to entry이 상내적으로 높은 산업이다.

6. 농촌을 낮은 인구밀도를 가진 자생력 있는 공간으로 재편

앞에서 언급하였듯이, 한국에서 농촌으로의 인구유입을 기대하기는 어렵다. 또 현재의 농촌인구의 연령구성과 한국인의 평균수명 79.1세를 고려할 때, 2030년을 전후로 하여 급격한 농촌인구의 감소가 예상된다.

한편 〈그림 Ⅵ-10〉은 국토종합개발계획의 도로망과 철도망을 나타낸다. 제4차국토종합개발계획수정계획이 완료되는 2020년에는 남북7개축, 동서9개축의 격자형 고속간선도로망 구축이 완료되며, 대부분의 농촌지역에서 지방 거점도시까지 30분 이내에 접근이 가능해진다.

박시현 외(2006: 53-55)는 이러한 전반적인 교통의 발달은 대도시의 영향력을 강화시키기도 하지만, 다른 한편으로 지방 거점도시와 연계된 배후 농촌지역이 여가공간, 정주공간으로서의 매력을 살리는 데 기여하는 긍정적 효과도 나타낼 것이라고 한다.[7]

필자는 이러한 양면성에도 불구하고, 인구의 측면에서는 농촌에서 도시로의 인구의 유출을 가져올 것이라고 판단한다. 도시에 충분한 고용이 없는 상황에서도 기대소득에 의하여 농촌에서 도시로의 인구이동은 계속되며(Todaro, 2000), 한 지역에서 다른 지역으로 이주하는 사람은 이주를 통하여 자신의 효용utility을 극대화하려고 하며 자신에게 가장 유리한

7. 현재에도 도시근교의 농촌에서는 농촌인구가 경제활동은 농촌에서 하고 거주는 도시에서 하는 현상으로 인하여, 농촌의 야간(정주)인구의 공동화 현상이 나타나고 있다. 따라서 교통의 발달로 인한 도시와 농촌의 접근성의 향상이 항상 농촌에 유리하게 작용하는 것은 아니다. 농촌이 여가공간과 정주공간으로서의 기능을 잘 이용할 경우에는 유리하지만, 그렇지 못할 경우 오히려 농촌에서 도시로의 인구유출을 가속화할 수 있다.

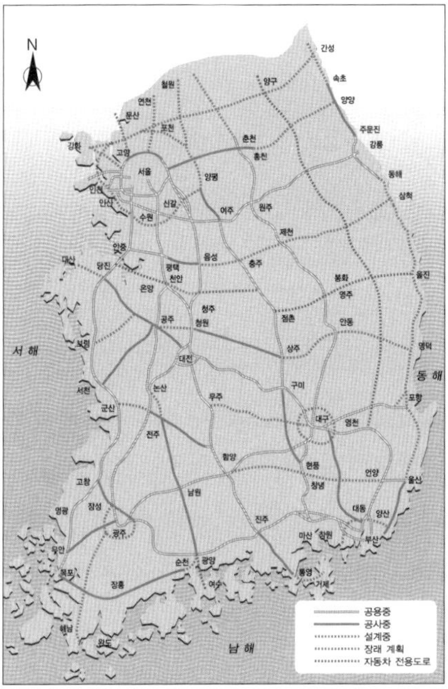

국토간선도로망 계획

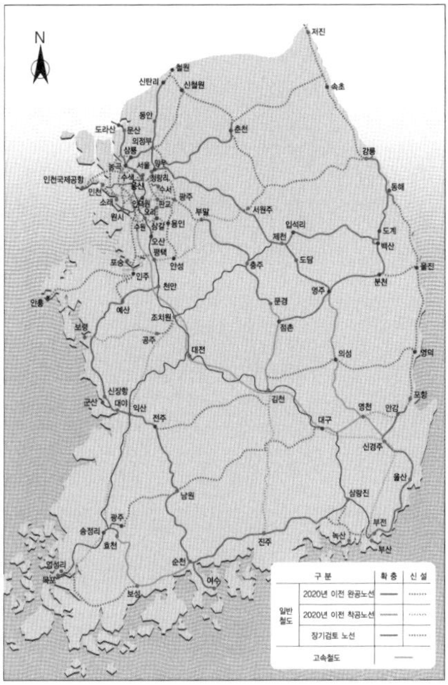

국토간선철도망 계획

자료: 대한민국정부, 2005, 제4차국토종합개발계획수정계획(2006~20).

〈그림 Ⅵ-10〉 국토종합개발계획의 격자형 도로망 및 철도망

서비스government services를 제공하는 지역으로 이주한다(Tiebout, 1956). 미국의 경우 청 · 장년층은 기대소득이 높은 도시로 이주하고, 반면 도시 은퇴자는 경제적 여유가 충분한 계층은 플로리다처럼 생활여건이 좋은 곳으로 이주하고, 경제적 여유가 충분하지 못한 계층은 세금tax rates이 적은 곳으로 이주하는 경향이 나타나고 있다.

한국은 Todaro(2000)가 지적한 기대소득expected income 이외에도, 교육환경이 인구이동에 중요한 요인으로 작용하고, 또 한국의 젊은 세대는 사회의 변화와 추세에 민감하게 반응하며, 도시적 소비생활에 익숙해져 있기 때문에, 도시로의 인구유출은 지속될 것이다.

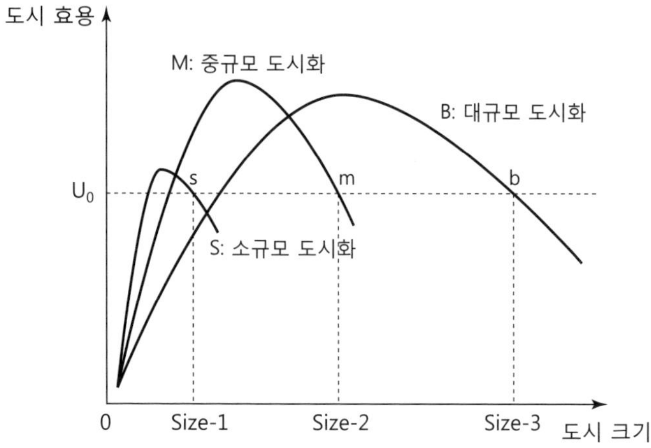

주: O'Sullivan(2007)은 X축은 Utility per worker Y축은 Workers(million)로 표현하였다. 또 소규모 도시화는 Small localization, 중규모 도시화는 Large localization, 대규모 도시화는 Large urbanization으로 표현하였다.

자료: O'Sullivan, 2007: 64.

〈그림 Ⅵ-11〉 집적경제의 차이에 따른 도시크기의 차이

고용효과를 논의할 때, 취업유발계수[8]가 사용된다. 한국의 취업유발계수는 2000년에 18.1명에서 2007년에는 13.9명으로 줄었다. 고용 없는 성장이 나타나고 있는 것이다. 한편 2010년은 베이비붐 세대가 본격적으로 은퇴를 시작하는 해다. 주로 도시의 노동시장에서 은퇴하는 베이비붐 세대에 비하여, 노동시장에 진입하려는 청년층의 숫자는 이보다는 적다. 이러한 상황에서 농촌개발을 인구의 측면에서 바라보아서는 안 된다. 농촌개발에서 인구밀도를 강조하던 정책은 이미 실패했고, 앞으로는 더더욱 성공하기 어렵다.

한편 〈그림 Ⅵ-11〉은 집적경제agglomeration economies에 따른 도시크기

8. 10억 원의 생산이 늘어날 때 유발(誘發)되는 취업자수를 의미한다.

의 차이를 설명한 것이다. 공급측면에서 볼 때, A도시의 요식업과 같은 재화(혹은 서비스)는 주로 A도시의 거주자만을 소비자로 하겠지만, 반면 A라는 도시에서 생산되는 자동차와 같은 재화(혹은 서비스)는 도시 이외의 지역 거주자까지 소비자로 할 것이다. 한편 수요측면에서 볼 때, A도시의 어떤 재화(혹은 서비스)는 인구성장에 비례하여 수요가 증가하는 반면, 어떤 재화(혹은 서비스)는 인구성장에 비례하여 수요가 증가하지 않을 수도 있다. 특정 산업에 따라 그 지역의 공간분포는 달라진다.

농촌도 마찬가지다. 농촌마다 지역적 특성이 다르기 때문에, 경쟁력 있는 농산물, 유통 및 물류, 소비시장 등 다양한 원인에 의하여 농촌의 크기 즉 거주인구의 크기도 달라진다. 이전의 많은 농촌개발정책은 농촌에 대하여 농업생산성 증가와 농촌인구의 증가를 추구하여 왔다. 그러나 생산성과 인구측면에서의 농촌개발에 대한 접근은 과감히 수정되어야 한다. 한국이라는 국토공간에 동일한 밀도의 인구분포를 가정하는 농촌개발은 현실성이 결여된다. 이러한 지역균형발전은 가능한 것도 바람직한 것도 아니다.[9]

'지역균형발전'이란 실상은 허구다. 모든 지역에 같은 규모와 같은 수의 건물을 짓는 것이 균형이라면 그러한 균형은 불가능할 뿐만 아니라 바람직하지도 않다. 올바른 정책은 '발전균형'이다. 각 지역이 각자의 특성과 장점에 맞게 발전하여 결과적으로 조화와 균형을 이루어야 한다. 분권화의 전제로 땅의 균형발전이 아니라 사람의 발전균형으로 돌아가야 한다(최상철, 2007: 95-96).

9. 황해 반대편에 위치한 중국에는 빈하이경제특구, 푸둥경제특구, 다롄경제기술개발구, 친황다오경제기술개발구, 옌타이경제기술개발구, 칭다오경제기술개발구, 롄윈강경제기술개발구, 난퉁경제기술개발구, 닝보경제기술개발구, 원저우경제기술개발구가 위치하고 있다. 발해만 안쪽에 위치한 빈하이경제특구만 하더라도 면적이 2,270㎢으로 상하이의 4배, 서울의 3.8배, 인천경제자유구역의 10배 크기에 해당한다(임형백, 2008a: 562). 따라서 한국은 집적의 경제(economies of agglomeration)를 추구할 필요가 있다.

〈표 VI-11〉 지역균형발전정책의 범주 및 효과

지역균형발전정책의 범주		정책목표별 효과	
		지역 간 격차 완화	내생적 지역발전
물리적 정책	선진지역 규제	○	×
	이전 · 재배치	○	△
재정 · 세제 차등화 정책	지역 간 차등 재정지원	○	△
	지역 간 차등 세제	○	△
제도적 기반 구축	추진기구 설치	○	○
	법제의 제정	○	○

주: ○, △, ×는 각 정책범주가 당해 정책목표에 각각 긍정적인 영향, 불확실한 영향, 부정적인 영향을 미칠 것임을 의미한다.
자료: 장재홍 외, 2008: 44.

선진지역을 규제하는 지역균형발전 정책은 지역 간 격차는 완화할 수 있으나 내생적 지역발전을 가져올 수는 없다. 이러한 유형의 발전정책은 한국의 국가경쟁력은 저하시키는 반면, 농촌지역의 경쟁력을 제고하지는 못한다.

지역균형발전정책의 구조 측면에서 1990년대 말 이후 모든 나라에서 지역 간 격차 해소 중심에서 지역경쟁력 강화 중심으로 바뀌었다. 또 소위 지역혁신 패러독스가 작용하는 상황에서 향후 지역균형발전을 위해서는 낙후지역의 지식 및 혁신역량 강화를 위한 지원 확대가 필요하다(장재홍 외, 2008). 따라서 농촌이라는 공간에 대하여 인구의 균등분포라는 집착에서 벗어나, 경쟁력 있는 공간으로 재편성하는 데 초점이 두어져야 한다. 농업인이 도시민과 비교하여 소득 면에서 차이가 없고, 농촌이 산업적 측면에서도 도시와 경쟁력을 가질 수 있다면, 낮은 인구밀도는 문제가 되지 않는다.

농촌인구의 연령구성과 한국인의 평균수명을 계산할 경우 장기적으로 농촌인구는 급격하게 감소할 것이다. 농촌개발에 있어서 이러한 농촌사회의 장기적 변화를 농촌공간을 재구성할 기회로 삼아야 한다. 자연스럽게 수혜자가 줄어드는 상황에서, 경쟁력 있는 경영주체와 부문에 경쟁을 촉진하는 지원을 하여야 한다. 농업인구의 자연감소는 탈농, 선별적 지원에 대한 부담을 줄이면서 '선택'과 '집중'을 할 수 있는 기회를 제공할 것이다.

지금도 한국에서 농촌형 지방자치단체의 인구감소를 인정하거나, 지역균형발전이 가능하지 않다고 하는 것은 일종의 금기사항이다. 그러나 전 세계에서 최저출산율을 걱정하는 한국에서, 인구정점도 2018년으로 앞당겨진 상황에서, 농촌공간을 채울 인구는 어디에 있는가? 또 지리적 여건이 다른 전 국토에 동일한 인구밀도를 유지하는 것이 가능한가, 바람직한가? 지역균형발전이란 무엇인가? 측정할 지표는 있는가?

'통념의 편안함'보다 '역발상의 불편함'을 활용할 수 있어야 한다. 스위스의 26개 주州 중 하나인 추크Zug주는 인구가 10만 명에 불과하지만 기업수는 3만 개(2008년 기준)에 가깝다. 소득도 바젤Basel주에 이어 두 번째로 높다. 선진국의 살기 좋은 지역이 인구밀도가 높은 때문인가? 분명히 아니다. 정책의 중심을 인구밀도가 아닌 자생적 경제력에 두어야 한다.

이를 통하여 농촌은 쾌적한 자연환경과 도시의 편리함을 갖추고, 도시와 비교하여 상대적으로 적은 인구가 도시와 동일한 수준의 소득과 생활을 영위하는 공간으로 만들어야 한다. 집적의 경제를 추구하는 도시와는 다른 농촌이라는 공간을 창조하는 것이다. 이를 통하여 경제적 · 산업적 측면에서의 국가균형발전을 추구하여야 한다.

| 참고문헌 |

권영근, 2000,「녹색혁명과 유전자 조작 식품」, 권영근 편,『위험한 미래: 유전자조작식품이 주는 경고』, 서울: 당대, pp. 89-122.

김병택, 2002,『한국의 농업정책: 전개과정과 발전방향』, 서울: 한울아카데미.

김　인, 1986,『현대인문지리학: 인간과 공간조직』, 서울: 법문사.

김재수, 2005,『미국 농업정책과 한국농업의 미래』, 서울: 백산출판사.

김정호 · 김배성 · 이용호, 2007,『농업부문 비전 2030 중장기 지표 개발』, 한국농촌경제연구원.

김정호 · 마상진, 2005,『신규 취농의 실태와 정책 과제』, 한국농촌경제연구원.

김창현 · 강호제 · 이종열, 2008,『농촌이주 인구의 공간적 분포특성과 국토정책과제』, 국토연구원.

김철수, 2008,『현대도시계획』, 서울: 기문당.

나승일, 2007,「선진국의 농업인 재교육」,『농업인력정책의 문제와 과제』, 한국농촌경제연구원, pp. 99-121.

농림부, 2005,『통계로 보는 세계 속의 한국농업』.

대한민국정부, 2005,『제4차국토종합개발계획수정계획(2006~2020)』.

민승규, 2007,『부자농부』, 서울: 쌤앤파커스.

박성재, 2007,「농업인력 육성정책의 문제와 과제」,『농업인력정책의 문제와 과제』, 한국농촌경제연구원, pp. 13-32.

박시현 · 김경덕 · 김정섭 · 오영석 · 김영수 · 문정훈, 2007,『지식기반사회에서의 농촌지역경제 활성화 전략』, 한국농촌경제연구원.

박시현 · 박대식 · 송미령 · 김정섭 · 박주영 · 이석주, 2006,『농촌의 미래 모습, 농촌공간 2020』, 한국농촌공사 · 한국농촌경제연구원.

박영한 · 조영국, 2002,「산업화 · 탈산업화가 농촌 공간을 어떻게 변화시키는가」,『지리정보사회의 지리학 탐색』, 서울: 한울아카데미, pp. 147-174.

박종화 · 윤대식 · 이종열, 2004,『지역개발론: 이론과 정책』(제2개정판), 서울: 박영사.

박진도, 2006,「농촌개발정책의 혁신」, 권영근 외 18인,『농업농촌의 이해』, 서울: 박영률출판사, pp. 154-179.

______, 2007,「농정 변화에 대응한 농정추진체계 혁신방안」,『농정 변화에 대응 농정추진체계 혁신방안 심포지엄 자료집』, 농어업 · 농어촌특별대책위원회, 지역재단.

박현수 · 김화년 · 박번순 · 민승규, 2007,『한미 FTA 협상 타결과 한국 경제의 미래』, 삼성경제연구소.

성주인 · 이동필 · 권인혜, 2008,『국토 공간구조 변화에 대응한 농촌 중심지 발전 방안』, 한국농촌경제연구원.

성진근 · 조일호 · 이태호 · 민승규, 2004,『한국의 농업정책, 틀을 바꾸자: 시장으로 나온 한국농업』, 삼성경제연구소.

여준호, 2009,「일자리 증가가 지역 인구유입과 재정자립도에 미치는 영향 분석」,『농업경제연구』, 50(4), pp. 87-101.

임형백, 2005a,「통일 이후에 대비한 안양시의 발전을 위한 시론」,『안양학논총』, 5, pp. 195-209.

______, 2005b,「한국농촌계획의 전개와 농촌인구의 변화」,『농업교육과 인적자원개발』, 37(4), pp. 199-224.

______, 2007,「한국농촌의 국제결혼의 특징」, 농촌지도와 개발, 14(2), pp. 471-491.

______, 2008a,「참여정부의 지역균형발전정책의 평가와 이명박정부의 과제」,『대구도시공사 창사20주년기념 학술심포지엄자료집 II』, pp. 551-580.

______, 2008b,「한국 농업인력육성의 방향 전환」,『농촌사회』, 18(2), pp. 207-240.

______, 2009a,「북한공간구조의 형성과 변화 전망: 북한내부요인과 통일 이후 경기도와의 관계를 중심으로」,『GRI 연구논총』, 11(3), pp. 85-112.

______, 2009b,「한국의 도시지역과 농촌지역 다문화사회의 차이와 정책 차별화 연구」,『한국지역개발학회지』, 21(1), pp. 51-74.

______, 2010,「사회주의 북한 공간구조의 자본주의 공간구조로의 변화 전망: 북한내부 요인과 동북아공간구조의 변화를 중심으로」,『한국정책연구』, 10(1), pp. 265-290.

임형백 · 강동우, 2008,『농업 전문인력 양성 사업 평가』, 수원: 농촌진흥청.

임형백 · 이성우, 2004,『농촌사회의 환경과 기능』, 서울: 서울대학교출판부.

임형백 · 이종만, 2007,「한 · 미 자유무역협정에 대비한 한국농업정책의 방향 전환: 공적자금 투입에서 경쟁력 강화로」,『농촌지도와 개발』, 14(1), pp. 29-57.

임형백 · 조중구, 2004,「한국과 EU의 농촌개발의 비교」,『농촌계획』, 10(2), pp. 25-34.

장상환, 2006,「농업재정 운용의 합리화 방안」, 권영근 외 18인,『농업농촌의 이해』, 서울: 박영률출판사, pp. 434-465.

장재홍 · 김동수 · 박경 · 정준호, 2008,『지역균형발전정책의 위상과 구조에 관한 국제 비교 연구』, 산업연구원.

조은상, 2001,「21세기 국가인적자원개발의 방향 및 정책과제」,『인력개발연구』, 3(1), pp. 181-204.

최상철, 2007,「지역발전은 땅이 아니라 사람에 투자하는 것이다」,『선진화 혁명, 지금이 마지막 기회』, 서울: 한반도선진화재단, pp. 95-96.

최양부, 2008,「기초생활권 정책검토자료 초고」.

통계청, 각 연도,『농림어업통계』.

______, 각 연도,『농가경제주요자료』.

______, 1997,『인구이동특별조사』.

_____, 2007, 『농업기본통계』.
한국은행, 2007, 『산업연관분석해설』, 한국은행편집부.

西川潤, 1993, 『開發途上國の食料・人口問題と農業開發, 環境保全型農業と世界の經濟』, 農文協, pp. 154-181.

Becker, G. S., 1964, *Human Capital: A Theoretical and Empirical Analysis, with Special Reference to Education*, New York: Columbia University Press.

Beeby, G. E., 1966, *The Quality of Education in Developing Countries*, Cambridge, MA.: Harvard University Press.

Blau, P. M. and O. D. Duncan, 1967, *The American Occupational Structure*, New York: John Wiley.

Bollman, R. D. and J. M. Bryden (eds.), 1997, *Rural Employment: An International Perspective*, UK: CAB International.

Cohn, E., 1979, *The Economics of Education* (2nd ed.), MA.: Ballinger Publishing Company.

Dahms, F. A., 1995, "Dying villages, counterurbanization and the urban field: A Canadian perspective," *Journal of Rural Studies*, 11(1), pp. 21-33.

Dahms, F. and J. McComb, 1999, "Counterurbanization, interaction and functional change in a rural amenity area-a Canadian example," *Journal of Rural Studies*, 15(2), pp. 129-146.

Delery, J. E. and J. D. Shaw, 2001, "The strategic management of people in work organizations: Review, synthesis, and extension," *Research in Personnel and Human Resources Management*, 20, pp. 165-197.

Friedman, M., 1962, *Capitalism and Freedom*, Chicago: The University of Chicago Press.

Friedmann, J., 1973, *Retracking America: A Theory of Transactive Planning*, Garden City, New York: Anchor Press.

Galor, O. and O. Moav, 2004, "From physical to human capital accumulation: Inequality in the process of development," *Review of Economic Studies*, 71, pp. 1001-1026.

Goldin, C., 2001, "The human capital century and American leadership: Virtues of the past," *Journal of Economic History*, 61, pp. 263-292.

Hayek, F. A., 1944, *The Road To Serfdom*, Chicago: The University of Chicago Press.

Hayek, F. A., 1960, *The Constitution of Liberty*, Chicago: Henry Regnery.

Henderson, J. and B. Abraham, 2004, "Can rural America support a knowledge economy?," *Economic Review*, Federal Reserve Bank of Kansas City.

Kim, W. C. and R. Mauborgne, 2005, *Blue Ocean Strategy: How to Create Uncontested Market Space and Make the Competition Irrelevant*, Cambridge, Massachusetts: Harvard Business School Press.

Lappe, F. M. and J. Collins, 1977, *Food First: Beyond the Myth of Scarcity*, Boston: Houghton-Mifflin.

Lazonick, W., 1990, *Competitive Advantage on the Shop Floor*, Mass.: Harvard University Press.

______, 1993, "Learning and the dynamics of international competitive advantage," in R. Tompson (ed.), *Learning and Technological Change*, New York: St. Martin's Press, pp. 172-197.

Marsh, C., 1986, "Social class and occupation," in R. Burgess (ed.), *Key Variables in Social Investigation*, London and New York: Routledge.

O'Sullivan, A., 2007, *Urban Economics* (6th ed.), New York: McGraw-Hill.

Richardson, H. W., 1977, *City Size and National Spatial Strategies in Developing Countries*, World Bank Staff Working Paper 52 (April 1977).

Spencer, D., 1997, "Counterurbanisation and rural depopulation revisited: Landowners, planners and the rural development process," *Journal of Rural Studies*, 13(1), pp. 75-92.

Thomas, L. and B. Malmberg, 1999, "Age structure and growth in the OECD, 1950~1990," *Journal of Population Economics*, 12, pp. 431-449.

Tiebout, C., 1956, "A pure theory of local expenditures," *Journal of Political Economy*, 64(5), pp. 416-424.

Todaro, M. P., 2000, *Economic Development* (7th ed.), New York: Addison-Wesley.

United Nations Centre for Regional Development(UNCRD), 1976, *Growth Pole Strategy and Regional Development Planning in Asia*, Nagoya: UNCRD.

제 VII 장

한국농촌의 다문화사회 특징*

임형백
성결대학교 교수

* 제VII장은 임형백(2009a, 161-185; 2009b, 51-74)의 두 논문을 수정 · 보완한 것임.

1. 서론

전통적으로 우리 민족은 "동일한 언어와 문화, 혈통을 가진 단일민족으로서 수많은 전쟁과 이민족의 지배를 받으면서도 공동체 의식으로 단결하여 이웃 민족에게 동화되지 않고 정체성을 유지하고 통일국가를 발전시켜 온 민족"으로 믿어 왔다.

학계에서는 '민족'이라는 개념과 용어 자체가 근대의 산물이라는 데에는 큰 의견이 없다. Anderson(1983)은 민족을 근대 자본주의 발전과정에서 생겨난 역사적 구성물로 인식하고 있고, Hobsbawm[1](1991) 역시 민족을 근대의 산물로 인식하고 있으며, 서구에서도 19세기까지 대다수의 민족에게는 민족의식이 형성되지 않았다고 보았다. Bruno(1993)는 특히 현대 민족주의는 유럽 왕조의 독재주의에 대한 반발로서 시작되었다고 주장하였다. 그러나 민족이 근대 이전부터 객관적으로 실재하던 언어 · 문화 공동체를 규정한 것인지, 아니면 민족주의라는 이념에 맞추어 만들어진 '상상의 공동체'communnautés imaginées인지에 대하여는 논쟁이 멈추지 않고 있다. 학계의 논쟁은 차치하고 우리는 우리 민족을 단일민족으로 규정하고 공동체성과 민족적 자긍심을 강조하여 왔고 이는 우리역사의 많은 부분에서 긍정적인 역할을 하여 왔음을 부정할 수는 없다.

한편 대부분의 현대사회에서 서로 다른 민족 · 문화집단에 소속된다고 주장하는 개인과 집단은, 원하든 그렇지 않든, 공존할 수밖에 없다. 온갖 미사여구를 동원하여 동질적 국민으로 돌아가자고 주장하고, 또 새로운 기술을 통하여 규격화된 대중문화가 확산된다 하더라도, 그것은 미

---

1. Hobsbawm의 주된 관심은 19세기와 20세기 초의 민족주의이며, 한국, 일본, 중국의 동양 3국을 예외적인 민족의식의 소유자로 보고 있다.

래에도 여전히 공존할 것이다. 다음 세기에도 이민은 계속될 것이며, 그 도식은 점점 더 복잡해질 것이다. 한마디로 사회는 계속해서 다양화될 것이라고 단언할 수 있다(Martiniello, 2002: 153).

제2차 세계대전 종전까지 서구의 사회학은 민족을 매우 중요한 연구 주제로 다루었었다. 왜냐하면 민족 문제가 그 사회의 해결해야 할 중요한 과제의 하나였기 때문이다. 그러나 오늘날의 미국의 사회학은 민족을 전혀 다루지 않으며, 그 대신 인종race이나 인종 집단ethnic group을 다루고 있다. 이것은 그들이 해결해야 할 중요한 문제가 인종이나 인종집단들의 문제이기 때문인 것으로 보인다(신용하, 1985: 13).

최근 한국에서도 외국인노동자가 증가하고 특히 국제결혼을 통한 결혼이민자가 증가하면서 단일민족의 신화가 사라지고 있다. 2005년 한국의 국제결혼율은 13%를 넘어섰고, 농촌지역의 국제결혼율은 35%를 넘어섰다. 이제는 '다문화' 또는 '다문회주의'라는 용어가 범람하며 하나의 문화코드처럼 받아들여지고 있고, 서구처럼 다문화주의를 지향하는 것이 당연한 것으로 받아들여지고 있는 듯하다. 심지어는 다문화주의를 지향하는 것이 세계화 시대의 개방화와 선진국의 척도인 것처럼 느껴지기도 한다.

그러나 서구에서 다문화주의를 채택한 국가들은 대개 공식이민을 받아들이고 있는 영 · 미 계통의 국가들이다. 이들 국가들은 이민자들을 받아들임에 있어서 일정 정도의 규제를 통하여, 자국 경제에 도움이 될 수 있는 기술과 재산을 가진 사람들을 우선적으로 받아들이고 있다. 따라서 이들 국가로의 이민은 경제적 조건 등에서 일정 정도의 자격을 갖춘 가족단위의 대규모 이민이 주류를 이룬다.

반면 한국은 '정주허용을 금지'하면서 공식이민을 받아들이지 않는 국가다. 따라서 한국으로의 가족 단위 이민은 극히 제한적이며, 그나마도 주로 도시지역에 한정된다. 한편 한국 다문화사회의 가장 큰 원인은 도시지역에서는 단기거주노동자이고 농촌지역에서는 결혼이민자인데, 단기거주노동자는 한국국민이 아니므로 다문화정책보다는 외국인정책의 대상자이고, 결혼이민자는 개인 단위의 이민이며 한국의 개별가족 구성원으로의 편입이다. 즉 한국은 다문화사회로의 이행이 영 · 미 계통의 국가와 다르고, 도시지역과 농촌지역에 따라서도 다르다. 따라서 서구와는 다른 한국의 다문화사회 특징과 이에 대한 정책 차별화를 모색할 필요가 있다.

2. 한국 도시지역의 다문화사회

1) 다문화사회의 원인: 단기거주노동자

앵글로-색슨계 국가인 호주나 캐나다는 이민자를 받아들여야만 경제활성화가 이루어지는 나라다. 미국은 경제활성화에 이민자가 꼭 필요한 것이 아니기 때문에, 이민자를 받아들이기 위해서 특별한 혜택을 주지 않는다. 대신 미국[2]은 우선적으로 받고 싶은 자격의 순위와 종류를 만들어 놓고, 매년 그 순위에 입국 비자를 줄 수 있는 Quota를 정해 놓는다. 순위나 Quota에 장애를 받지 않고 이민 비자를 받을 수 있는 사람은 종교인, 미성년자, 정치적 망명자, 그리고 시민권자의 직계가족뿐이다(신경섭, 2008).

2. 미국 비자는 크게 이민 비자와 비이민 비자로 구분된다. 이민 비자를 받는 방법은 가족이민, 투자이민, 취업이민, 그리고 Lotto 이민이라 불리는 Diversity Visa Program의 4가지 방법뿐이다(신경섭, 2008).

서구의 다문화사회는 실정법[3]positive law에서 '정주허용'을 통한 공식이민을 받아들인다는 면에서 한국과 근본적인 차이를 가진다. 동시에 이들 국가들은 이민자들을 받아들임에 있어서 일정 정도의 자격요건을 요구한다. 따라서 이들 국가들로의 이민은 일정 정도의 자격요건을 갖춘 가족단위의 집단이주mass immigration다. 미국의 가족이민의 재정보증서 Affidavit of Support, 투자이민의 투자액수 하한선, 비이민 비자의 통장잔고 증명 등이 이러한 예다. 따라서 이들 국가는 자국에 이익이 되는 사람들 중에서 일정 정도의 자격을 가진 사람을 받아들여 정주를 허용하며, 가족 단위의 대규모 이민이 이루어진다.

한국보다 앞서 다인종사회로 진입한 국가들은 크게 3가지 원인에 의하여 다인종사회로 진입하였는데, 한국은 이러한 유형에 해당되지 않는다. 특히 이들 국가들 중에서도 공식이민을 받아들이고 있는 영국, 미국, 캐나다, 호주와 같은 앵글로-색슨계 국가들은, 독일과 프랑스와도 차이가 있다.

반면 한국은 단기적인 노동력의 유입과 정주허용금지 원칙을 고수하고 있다. 정주화 없는 단기인력제도와 속인주의[4]the personal principle적 전통의 고수는 우리와 큰 유사점을 가진 독일이 오랫동안 견지했던 외국인 정책이었다. 독일은 이민국가가 아니므로 이민자들의 사회통합을 포함한 다양한 이민문제를 다루는 이민정책은 필요치 않았고, 단지 잠시 머물다 돌아가는 외국인들을 위한 외국인정책만 가질 뿐이라는 논리였다

3. 일상적인 의미로 실정법은 특정한 시대와 사회에서 구체적이고 실질적인 효력을 가지고 있는 법규범을 말하며, 제정법·관습법·판례법·조리 등을 포괄하는 개념으로 쓰인다.

4. 자국영역의 내외를 불문하고 국적을 기준으로 하여 모든 자국민에 대하여 법을 적용하는 원칙을 말한다. 속인주의를 적용하는 한국은 모든 한국인에 대하여 거주 국가에 관계없이 대한민국법을 적용한다. 따라서 태어난 장소에 상관없이 부모국적에 따라 국적이 결정되므로, 한국에서 태어나고 교육을 받았어도 부모가 한국국적이 아닌 경우 한국국적을 취득할 수 없다(임형백, 2009a: 165).

〈표 Ⅶ-1〉 인구의 국제이동 원인을 기준으로 살펴본 다인종사회로의 진입 유형

유형	예	비고
이주노동(contract worker)에 의해 다인종 사회로 진입	독일(사회통합적 다문화주의)	• 1960년대 스페인, 그리스, 터키, 포르투갈 출신의 노동자를 방문노동자(Gastarbeiter) 형식으로 초청 • 1973년 방문노동자 정책을 포기했지만, 가족 초청 등의 형식에 의해 독일에 거주하는 소수인종집단은 지속적으로 증가하여 400여 만 명에 이름
이민(immigration)에 의해 다인종 사회로 진입	미국(다원적 다문화주의), 캐나다, 호주	• 부족한 노동력을 메우기 위해 전 세계로부터 다양한 인종의 영구이민을 확대 • 캐나다[5]는 영국문화에의 동화를 강요하다, 프랑스계의 퀘벡(Quebec)분리주의 등장 이후 '이중문화주의' 입장 견지 • 호주도 1973년 백호주의(White Australia Policy)의 포기 이후, 비유럽이민자들이 급증하고, 특히 1988년과 1989년에는 전체인구증가의 54.4%를 이민인구가 차지
구식민지와의 포스트식민주의 상황에 의해 다인종 사회로 진입	영국, 프랑스(사회통합적 다문화주의)	• 구식민지 국가 출신들이 이주 • 프랑스 이민자의 대부분은 무슬림이며 이민자의 22%가 알제리 출신 • 영국은 개방정책(open door policy)을 펴오다 1962년 이후 이민을 엄격히 제한하지만, 다양한 형태의 이민으로 현재 영국 인구의 7.85%가 인종적 소수집단

주: 미국은 다원적 다문화주의, 독일과 프랑스는 사회통합적 다문화주의로 차이가 있음.
자료: 임형백, 2009a: 168.

(이용일, 2007: 221-222).

따라서 실정법상 '정주허용금지 원칙'을 고수하고 이민을 받아들이지

5. 한국에서 캐나다는 '다문화주의'의 대표적인 예로서 자주 언급되는 국가다. 그러나 캐나다도 초기에는 '동화주의'를 채택하였다. 캐나다가 '이중문화주의'로 전환한 이유는 1980년대부터 프랑스계가 다수를 차지하는 퀘벡의 분리 · 독립 운동이 강력히 등장한 때문이다.

〈표 Ⅶ-2〉 한국과 서구의 다문화사회의 원인 차이

	한국	서구
다문화사회의 원인	도시지역 • 단기거주노동자(가장 큰 원인) • 결혼이민자 • 귀화인	이주노동 이민(가족이민, 투자이민, 취업이민 등)
	농촌지역 • 단기거주노동자 • 결혼이민자(가장 큰 원인) • 귀화인	
실정법(제도적) 차이	정주허용 금지	정주허용, 영구이민
비고	• 도시지역에는 주로 단기거주노동자가 출신국가별로 이민자집중거주지(ethnic enclave) 형성을 통한 다문화사회가 진행되나, 이는 정주허용이 아닌 단기거주라는 점에서 미국의 코리아타운이나 차이나타운과는 차이가 있음. • 농촌지역은 결혼이민자가 다문화사회의 원인임. • 따라서 농촌지역과 도시지역의 다문화사회의 원인이 다름.	이민자의 수나 출신지역의 차이는 있으나, 전체적으로 대부분의 지역에서 가족단위의 영구이민이라는 유사한 형태로 나타남.

않는 한국에서, 가족 단위의 이민은 극히 제한적이다. 따라서 한국의 도시지역에서는 서구와 달리 가족 단위의 이민이 아닌 단기거주노동자가 다문화사회의 가장 큰 원인이다.

한국의 외국인의 일반적 현황을 살펴보자. 이후 1992년 전체 인구의 0.15%에 불과하던 등록 외국인 인구는 1997년까지 매년 평균 25%씩 증가해 왔다. 1998년에는 IMF 영향으로 외국인 인구가 일시적으로 감소(9.7%)하기도 했지만, 1999년 이후 증가세를 다시 보이며 최근까지 10년간 연평균 약 18%씩 증가했다. 일시적으로 불법체류자에 대한 합법화 조치가 취해졌던 2003년에는 증가율이 51%에 달하기도 했다.

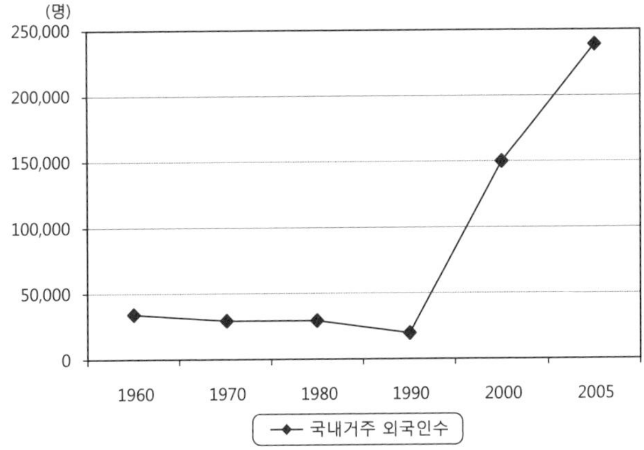

〈그림 Ⅶ-1〉 국내거주 외국인수 추이

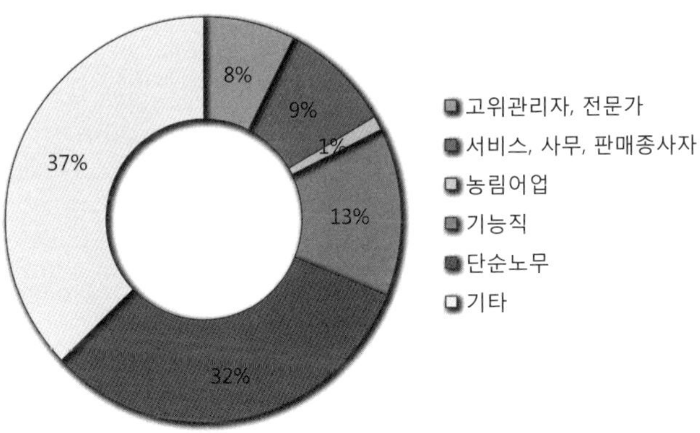

자료: 통계청, 각 연도, 『인구총조사』.

〈그림 Ⅶ-2〉 국내거주 외국인 직종별 비중(2005년)

한편 국내에 거주하는 외국인의 직종별 비중을 살펴보면, 단순노무가 32%, 기타가 37%로 가장 많다. 단순노무는 한국의 저임금노동시장에 유입된 단기거주노동자이며, 기타로 분류되는 직종의 상당수도 저임금 노동시장에 유입된 불법체류 노동자로 판단된다.

2005년에는 전국 243개 기초자치단체 가운데 60개 지역에서 외국인 인구가 1%를 넘었다. 서울특별시의 경우 25개 자치구 가운데 용산구(3.75%), 중구(3.38%) 등을 비롯하여, 14개 자치구에서 외국인 비율이 1%를 넘어섰다. 기초자치단체는 아니지만 행정구역으로는 경기도 안산시 단원구가 전국에서 가장 높은 5.38%를 기록하고 있다. 이는 이곳에 위치한 공단에 저임금노동력을 공급하는 외국인노동자가 다수 거주하기 때문이다. 반면 강원도, 전라북도, 제주도 지역은 외국인 비율이 1%를 넘는 기초자치단체가 한곳도 없는 것으로 조사되었는데, 이 지역은 외국인노동자들에 대한 고용수요가 적기 때문인 것으로 판단된다(임형백, 2007: 474).

〈그림 Ⅶ-3〉에서 한국노동시장에 외국인노동자(불법체류자 포함)가 유입되면 노동공급량이 Q_d에서 Q_i로 늘어남에 따라 노동공급곡선이 S_d에서 S_i로 이동한다. 반면 노동임금은 W_d에서 W_i로 낮아진다. 이러한 상황이 발생한 이후에는 외국인노동자들이 모두 떠난다고 하여도 한국노동

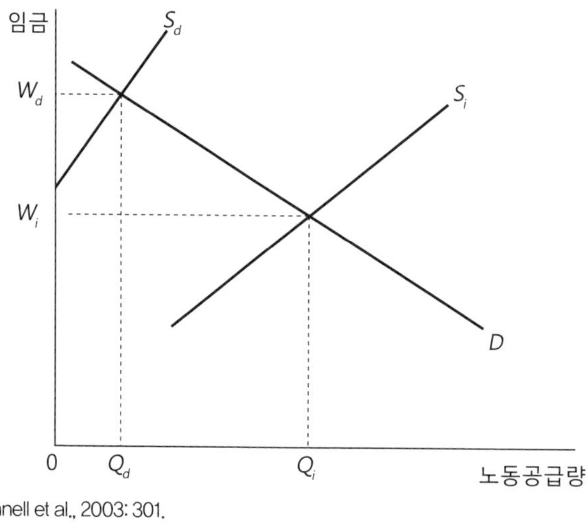

자료: McConnell et al., 2003: 301.

〈그림 Ⅶ-3〉 외국인노동자가 한국 노동시장과 노동임금에 미치는 영향

자는 Q_d에서 고용된다. 즉 불법체류하는 외국인노동자들이 한국노동자들이 종사하기를 꺼려하는 직종에만 고용되는 것도 아니고, 불법체류하는 외국인노동자들이 모두 떠난다고 하여도 그 고용시장을 모두 한국노동자가 대체할 수 있는 것도 아니다. 따라서 일단 한국의 저임금노동시장에 유입된 외국인노동자는 쉽게 한국을 떠나지는 않고, 출국하는 외국인노동자의 일자리는 다른 외국인노동자로 대체된다.

이처럼 한국의 도시지역에서 다문화사회는 단기거주외국인노동자가 가장 큰 원인이다. 즉 경기도 안산시 단원구 원곡동의 '국경 없는 거리'와 같은 단기거주외국인노동자에 의한 다문화사회가 일반적인 현상이다. 안산시 단원구 원곡동 일대에는 50여 개 국 4만여 명의 외국인이 거주하고 있다. 이러한 현상을 반영하여 경기도 안산시는 2008년 이 지역을 다문화특구로 지정받기 위한 계획안을 확정했다. 그러나 이러한 단기거주외국인노동자의 경우 다시 자신들의 모국으로 돌아가기 때문에, 법적인 측면에서는 독일의 예에서 나타난 것처럼 다문화정책의 대상이라기보다는 외국인정책의 대상이다.

2) 이민자집중거주지: 외국인에 대한 다문화 정책[6]

한편 도시지역에 이러한 단기거주노동자들이 이민자집중거주지ethnic enclave를 형성하기도 한다. 예를 들면, 서울의 서초구 반포4동의 '프랑스 서래마을', 용산구 한남동의 '이탈리아 마을', 이태원 이슬람사원 주변의 '이슬람마을', 서대문구 연희동 화교학교 주변의 '리틀 차이나타운' 등 9개의 자생적인 이민자집중거주지가 이러한 예다.

6. 미국의 경우 '정주허용'을 전제로 미국국적(시민권)을 취득하였거나 취득하려는 자국국민에 대한 다문화 정책이라는 점에서 한국과 구별된다.

이들도 영구이민형태로 한국에 정주하는 것은 아니기 때문에 출신지별로 한곳에 모여 이민자집중거주지를 형성한다고 하여도 법적으로는 외국인정책의 대상이다. 다만 이들이 자신들의 고유한 문화를 유지하면서도 한국에서 살아가는 동안 불편함이 없도록 제도적으로 지원하는 것은 필요하다. 유럽의 경우 대부분 도시에서는 민족 · 종교에 따른 공동체 안으로의 고립 경향, 문화적 '게토화'의 경향이 나타나고 있고(Martiniello, 2002: 85), 이것이 사회적 문제가 되고 있다. 그러나 이러한 게토화는 경제적으로 낙후되고 인종적으로 격리된 게토화가 진행되었기 때문이다.

그러나 한국에 거주하면서 자녀가 태어날 경우에도, 한국은 태어난 장소에 상관없이 부모의 국적에 따라 국적이 부여되는 속인주의屬人主義를 택하고 있기 때문에 한국국민이 될 수 없다. 만약 동일한 경우가 미국에

〈표 Ⅶ-3〉 속인주의와 속지주의

구분	속인주의	속지주의
의미	자국영역의 내외를 불문하고 국적을 기준으로 하여 모든 자국민에 대해 법을 적용하는 원칙	자국민과 타국민을 불문하고 자국영역을 기준으로 하여 그 영역 내에 있는 모든 사람에 대하여 법을 적용하는 원칙
국적	• 태어난 장소에 상관없이 부모국적에 따라 결정 • 국적자의 자녀, 배우자 등 인적 관계를 기준으로 국적 허용	• 태어난 장소에 따라 국적이 결정 • 국적자가 아니더라도 자국 내 출생자의 국적 취득 허용
예	• 모든 한국인에 대하여 거주 국가에 관계없이 대한민국의 법을 적용 • 한국에서 태어나고 교육을 받았어도 부모가 한국 국적이 아닌 경우 한국국적을 취득할 수 없다	• 국적에 관계없이 한국에 있는 모든 사람에게 대한민국의 법을 적용 • 프랑스에서 태어나 교육받으면, 인종, 민족, 혈통, 출신에 관계없이 프랑스인이 될 수 있다
적용 국가	한국, 독일, 일본, 대부분의 서구 국가	프랑스, 미국

자료: 임형백, 2009a: 165.

서 발생한다면, 태어난 장소에 따라 국적이 부여되는 속지주의屬地主義에 따라 미국국적이 부여된다.

즉 법적으로는 한국인이 아닌 외국인이기 때문에 외국인정책의 대상이지만, 이들이 한국에서 거주하는 동안 자신들의 문화를 유지하면서도 불편함이 없도록 호혜적 차원에서 제도적 지원을 하는 것은 필요하다. 즉 외국인에 대하여 다문화사회를 유지하도록 배려하는 것이지, 이들은 한국인이 아니기 때문에 제도적으로 다문화정책의 대상자는 아닌 것이다.

한국에서 다문화사회에 대한 명확한 정의는 존재하지 않는다. 한국에서 다문화사회는 오히려 다민족multinational사회나 복합인종polyethnique사회와 유사한 개념으로 사용된다(임형백, 2009a: 182). 한편 다문화주의라는 용어는 1957년 스위스를 기술할 때 사용되었으나 1960년대 후반기 캐나다에서 대중화되었으며 이후 영어권에서 빠르게 퍼지게 되었다. 다민족 사회에서 문화적인 다양성을 관리하는 정책을 의미하며, 공식적으로 상호 존중과 문화적 차이에 대한 관용을 중시한다. 다문화주의에 관한 다양한 이론들은, 그 다수가 〈표 Ⅶ-4〉의 3가지 기본전제의 일부 또는 전부를 수용하고 있다.

따라서 도시지역의 단기거주노동자외국인에 대하여 다문화주의적 정책을 실시할 경우, 이들에 대한 명확한 법적 근거와 정책의 범위를 설정하고, 한국의 다문화주의에 대한 입장(〈표 Ⅶ-4〉 참고)과 한국의 다문화

〈표 Ⅶ-4〉 다문화주의에 대한 입장

입장	학자
자유를 실현가능하게 하는 기초로서의 문화의 중요성 (ethnic group의 문화를 말살해서는 안 된다는 의미)	Kymlicka(1989), Margalit and Raz(1990)
집단적 정체성의 적절한 승인의 필요성	Taylor(1994)
정치적 통합을 가능하게 하기 위한 동포의식의 필요성	Walzer(1990)

자료: 임형백, 2009a: 171.

〈표 Ⅶ-5〉 다문화주의의 유형

약 ←	문화적 다양성의 인지정도와 그 허용도				→ 강
상징적 다문화주의	리버럴 다문화주의	코퍼레이트 다문화주의	연방제 다문화주의	분단적 다문화주의	분리 · 독립적 다문화주의

자료: 이순태, 2007: 67.

주의에 대한 유형(〈표 Ⅶ-5〉 참고)을 설정할 필요가 있다.

3. 농촌지역의 다문화사회

1) 다문화사회의 원인: 결혼이민자[7]

한국농촌지역의 가장 큰 문제점은 '농업=농촌'이라는 등식의 붕괴로 설명되는 농촌의 현재적 기능의 약화와, 도 · 농 통합시의 출현과 같은 공간적 정체성의 위기라고 할 수 있다(임형백 · 이성우, 2004). 농촌지역에서 국제결혼의 증가는 농촌의 어려운 경제적 현실로 인하여 농촌총각이 결혼시장에서도 외면당하고 있는 냉정한 현실을 반영한다(임형백, 2005). 2005년 한국의 국제결혼율은 13.6%이었지만, 농촌의 국제결혼율은 35.7%에 이르고, 한국농촌지역의 결혼이민자의 대부분이 한국보다 경제적 성장이 뒤진 국가출신이라는 점이 이를 증명한다.[8]

7. 서구에서는 결혼이민자는 다문화적인 사회구성원과는 거리가 먼 문화적인 병합(amalgamation)의 대상일 뿐인 반면(Kymlicka and He, 2005), 한국에서는 농촌의 결혼이민자가 다문화사회의 가장 큰 원인이다(임형백, 2009a; 2009b).

8. 제Ⅶ장에서는 한국남성과 외국여성과의 국제결혼만을 다루고 있다. 1997년부터 2007년까

한국농촌에서 이러한 국제결혼은 대부분이 열악한 경제적 상황 즉 빈곤과 연결된 이주경로로 작용함을 주의해 볼 필요가 있다. 국제결혼하는 한국농촌의 남성의 경우 농촌의 어려운 경제적 상황으로 인하여 내국인 배우자를 구하지 못하는 경우가 대부분이며, 이러한 한국인 남성과 결혼하는 국제결혼 이민자의 경우에는 모국에서의 어려운 경제적 상황에서 탈피하기 위하여 한국인 남성과 결혼하는 경우가 대부분이다.

유전적으로 동질적인 집단 내에서 경제적인 이유로 결혼시장에서 외면당하고 있는 것이다. 이러한 원인 중의 하나는 한국인의 상당수가 한국농촌의 미래에 대하여 부정적 전망을 가지고 있을 뿐만 아니라, 동시에 농업에 종사하는 것을 기피하기 때문이다. 따라서 도시에 거주하면서 농촌과 비슷한 소득을 가지고 있는 계층의 경우에는, 농촌총각만큼 배우자선택에 있어서 제약을 받지 않으며 따라서 농촌만큼 국제결혼의 비율이 높지 않다. 더구나 여기에다가 젊은 층의 농촌에서 도시로의 인구이동은 농촌총각의 결혼을 더욱 어렵게 한다. 인구전출이 이루어지는 농촌에서는 배우자의 대상이 적어지고, 반면 인구전입이 이루어지는 도시에서는 교제기간이 늦춰짐에 따라 사회 전체의 결혼연령도 상승한다(임형백, 2007: 478).

이러한 이유로 1990년대에 국제결혼이 급증하게 되는데, 특히 한국사회에서 주변화된 남성들과 경제적으로 빈곤한 국가의 여성들과의 결혼이 주류를 이룬다. 결혼문제로 어려움을 겪고 있는 농촌총각과 중국 조선족 처녀들과의 결혼이 그 시초가 되었다. 조선족과의 결혼은 1992년

지 국제결혼 가운데 외국인 아내와 남편의 비중이 각각 71.5%와 28.5%를 차지한다(통계청, 각 연도). 학계에서 한국남성과 국제결혼을 통해 한국으로 이주하여 정착하는 여성들을 지칭하는 용어는 통일되어 있지 않다. '결혼이민자'(한건수, 2006)보다는 '국제결혼 이주여성'(보건복지부, 2005; 설동훈 외, 2005; 김민정 외, 2006; 이주연 · 김성일, 2006)이 보다 많이 사용되는 듯하다. 한편 2006년 교육인적자원부 외 12개 부처에서 공동발간한 『여성결혼이민자 가족의 사회통합 지원 대책』에서는 '여성결혼 이민자'란 명칭을 사용하고 있다.

한 · 중수교 이후 급증하여 1999년까지 결혼을 통해 한국으로 입국한 중국조선족여성들이 4만 명을 넘게 되었다(홍기혜, 2000). 1991년부터 2003년 사이 한국여성과 외국남성과의 혼인건수는 4,349건에서 6,444건으로 1.5배 증가한 반면, 한국남성과 외국여성과의 혼인건수는 663건에서 1만 9,214건으로 29배 증가하였다(김민정 외 3인, 2006).

대법원의 2005년도 시 · 군 · 구별 혼인신고 현황에 의하면 〈표 Ⅶ-6〉에서 나타나듯이 2005년 전국의 23개 기초자치단체에서 국제결혼율이 30%를 넘었다. 이 중 종로구를 제외한 22개 기초자치단체가 농촌지역이었다. 광역자치단체에서도 농촌의 비중이 높은 전라북도와 전라남도에서 국제결혼증가율이 두드러졌다. 전라북도는 2003년 7.8%에서 2005년 17.6%로, 전라남도는 2003년 8.9%에서 2005년 18.5%로 각각 늘어났다. 한편 2004년의 경우 국제결혼의 45.3%가 재혼이었다. 정일선(2007)에 의하면 경상북도의 경우 2006년에 농림어업에 종사하는 남성 중 2006년에 결혼한 1,285명 중 50.2%인 645명이 외국인 여성과 결혼한 것으로 집계되었다. 이는 경제적 격차로 인하여 결혼시장에서 외면당하고 있는 농촌총각들이 배우자를 외국에서 구하고 있고, 결과적으로 빈곤과 연결된 결혼이 이주경로로서 작용하고 있음을 단적으로 보여 주고 있다.

〈표 Ⅶ-6〉 국제결혼율이 30%가 넘는 지역 (2005년 기준)

광역자치단체	기초자치단체	광역자치단체	기초자치단체
서울특별시	종로구	전라북도	고창, 무주, 임실, 진안
강원도	영월	전라남도	고흥, 구례, 보성, 진도, 함평, 해남
충청북도	괴산, 단양, 보은, 영동, 옥천	경상북도	군위, 예천, 의성
충청남도	부여, 청양	경상남도	산청

주: 혼인신고를 한 지역을 기준으로 한 것임.
자료: 대법원, 2005, 시 · 군 · 구별 혼인신고 현황.

2) 배태된 순혈주의

1990년대에는 국제결혼의 배우자로서 조선족 여성들은 언어와 문화, 혈연적종족적 배경이 같은 '민족'이기 때문에 한국생활에 적응하는 데에 별 문제가 없을 것이라는 기대가 있었다. 그러나 이는 한국과 중국조선족 사회의 문화적 차이를 지나치게 간과한 것으로 나타났으며, 문화적 차이에 대한 이해의 부족은 적지 않은 부부갈등을 낳았다(윤형숙, 2004). 한편으로 조선족 여성 중에서 한국에서 취업하기 위하여 위장결혼을 하거나, 혹은 결혼 후에 가정을 버리고 취업하는 사태가 증가하였다.

이처럼 조선족 여성들의 사기결혼 · 위장결혼으로 인한 피해사례가 보고되면서 국제결혼과정에 두 가지 큰 변화가 일어났다. 첫째는 1998년의 국적법의 개정이다. 1998년 이전에는 한국남성이 국제결혼을 할 경우 외국인신부는 혼인신고를 통해 자동으로 국적을 취득하게 되었다. 그러나 1998년 개정된 국적법에 의하면 한국인과 결혼하는 외국인 남녀는 2년 이상 한국에 거주하면서 혼인을 유지한 후에야 귀화를 통해 국적을 취득할 수 있게 되었다.[9] 둘째는 조선족 여성들의 대안으로 1990년대 말부터 동남아, 중앙아시아, 러시아 등 다른 지역여성들과의 결혼이 등장한 것이다. 이들은 한국말을 몰라 의사소통의 어려움이 있고 외모가 다르다는(인종이 다르다는 말로 표현되기도 함) '단점'이 있지만, 바로 그 이유 때문에 '(조선족과 달리) 도망가지 않을 것'이라는 장점이 부각되었다(윤형숙, 2004).

---

9. 결혼 후 2년이 경과하지 않아 한국국적을 취득하지 못한 결혼이민자의 신분은 전적으로 남편에게 달려 있다. 국적취득 신청 때에도 남편이 보증을 서 주어야 하고, 1년마다 갱신하는 비자 신청권도 남편에게 있다. 국적취득 전에 이혼하면 결혼이민자는 체류자격을 상실한다. 결혼이민자의 가정 폭력 피해가 입증되면, 귀화신청 자격을 부여할 수 있도록 하고 있다. 그러나 가정 폭력은 입증이 어렵고 시간이 걸리는데, 이 기간에 결혼이민자는 '강제퇴거' 위험에 직면한다.

〈표 Ⅶ-7〉 한국에 거주하고 있는 국제결혼 이주여성의 출신국 현황 (단위: 명, %)

구분	2000	2001	2002	2003	2004	2005	구성비	전년대비 증감률
계	7,304	10,006	11,017	19,214	25,594	31,180	100.0	21.8
중국	3,586	7,001	7,041	13,373	18,527	20,635	66.2	11.4
베트남	95	134	476	1,403	2,462	5,822	18.7	136.5
일본	1,131	976	959	1,242	1,224	1,255	4.0	2.5
필리핀	1,358	510	850	944	964	997	3.2	3.4
몽골	77	118	195	318	504	561	1.8	11.3
우즈베키스탄	43	66	183	326	247	333	1.1	34.8
미국	235	265	267	323	344	285	0.9	-17.2
태국	270	185	330	346	326	270	0.9	-17.2
기타	509	751	716	936	996	1,022	3.3	2.6

자료: 교육인적자원부 외 12개 부처, 2006.

이후 〈표 Ⅶ-7〉에서 나타나듯이 베트남과 우즈베키스탄 출신의 결혼이민자의 증가가 뚜렷이 나타나고 있다. 국제결혼에서 외국인배우자의 국적이 다양화되기 시작한 것이다. 한편 외모적으로 한국인과 확연히 구분되는 이러한 결혼이민자의 등장은 농촌지역에서의 국제결혼에 대한 관심의 촉발과 이슈화의 직접적인 원인이 되었다. 2005년 결혼한 농촌 총각 중 35.7%(2,885명)가 외국인배우자를 맞았다. 즉 한국의 도시지역과 달리 농촌지역에서는 국제결혼을 통한 결혼이민자가 다문화사회의 가장 큰 원인으로 작용하고 있는 것이다.

한편 국제결혼의 증가에도 불구하고, 결혼이민자의 국적은 중국조선족, 일본이 다수를 차지하고 있다. 이러한 원인은 문화적 유사성, 지리적 근접성 등 이외에, 한국인들 사이에 잠재되어 있는 '순혈주의'pure-blood doctrine가 작용한 때문이다.

4. 한국의 다문화사회 정책 차별화

1) 도시지역: 외국인 정책과 다문화주의모형

외국인의 정착을 받아들이는 정책의 유형에 따라 '차별적 포섭/배제모형'differentialist model, '동화모형', '다문화주의모형'의 세 범주로 분류할 수 있다(Castles and Miller, 1998). 차별적 포섭/배제모형이나 동화모형에 입각한 국가에서는 문화적 단일성을 중시하는 데 반해, 다문화주의모형에 입각한 국가에서는 민족적 혼성성과 문화적 다양성 자체를 사회 구성의 기본 원리로 채용하고 다양성이 공존하는 가운데 집단 간 상호 존중의 질서가 자리 잡도록 하는 데 정책의 목표를 두고 있다(Martiniello, 2002: 72-93).

〈표 Ⅶ-8〉에서 한국은 정주허용을 금지하고 그 대상이 단기거주노동자라는 점에서, 차별적 포섭/배제모형에 해당된다. 한국에서 혼혈인은 병역의 의무를 면제받았다. 좀 더 직선적으로 표현하면 한국국적을 가지고 있더라도 군대에도 갈 수 없었다.[10] 이는 차별적 포섭/배제모형을 단적으로 보여 준다. 즉 사회에서 의무를 부과하지 않으니 권리도 요구하지 말라는 논리가 숨어 있는 것이다.

한편 귀화인의 경우에는 영구적인 사회의 구성원(즉 미국에서의 이민자 개념에 해당되는)에 해당되기 때문에 다문화주의모형에 해당되고, 결혼이민자의 경우에는 이보다는 동화모형에 해당된다.

〈표 Ⅶ-9〉에서 나타난 유형의 다문화사회는 다문화주의가 다원주의적 국민정체성을 형성하며, 주류집단으로의 동화가 불가능하다. 서구

10. 1972년 병역법 시행령에 따르면, '외관상 명백한 혼혈아 및 부(父)의 가(家)에서 성장하지 아니한 혼혈아'는 제2국민역에 편입되어 병역을 면제받았다. 이후 2006년에 이르러 이에 해당되더라도 본인이 원할 때에는 입대가 가능하게 되었다.

〈표 Ⅶ-8〉 한 사회에서 외국인의 정착을 받아들이는 정책의 유형

유형	내용	비고
차별적 포섭/배제모형	• 국가가 특정 경제 영역에만 외국인(이민)을 받아들이고, 복지 및 여러 정치, 문화, 사회적 영역에서는 받아들이지 않음으로써 원치 않는 외국인의 정착을 원천적으로 차단한다. • 즉 이주집단에 따라서 공식적인 권한을 인정하기도 하고 부인하기도 하는 이중적 접근을 취한다. • 대부분의 이주민은 '사회의 일부'가 아닌 '손님'으로 여겨질 뿐 정책의 대상으로 통합되지 않는다. 반면 엄격한 조건을 통과해 공식적인 권한을 부여받은 이민자들은 자국의 제도와 문화에 적응 내지 동화되어 가는 것을 당연한 과정으로 받아들임으로써 문화적 단일성을 유지해 나가는 데 초점을 두는 경향이 강하다.	• 한국, 일본, 독일 등 단일민족을 강조해 온 국가
동화모형[11]	• 이민자(외국인)가 출신국의 언어적 · 문화적 · 사회적 특성을 완전히 포기하여 주류사회의 일원이 되는 것을 목표로 한다. • 주류사회가 자국 사회의 일원이 되기를 원하는 이민자에게 문화적 동화를 대가로 '사회의 일원'으로 인정하는 정책이며, 주류사회의 언어를 습득할 수 있도록 돕고, 이민자의 자녀를 정규학교에 취학하는 것을 지원함으로써 동화가 순조롭게 이루어질 수 있도록 한다.	• 프랑스 • 1960년대까지의 미국의 '용광로(Melting Pot) 정책'
다문화주의 모형[12]	• 이민자가 그들만의 문화를 지켜 가는 것을 인정하고 장려하며, 정책의 목표를 소수민족의 주류사회로의 동화가 아닌 공존에 둔다. • 예) Salad Bowl, Ethnic Mosaic, Rainbow Coalition	• 영 · 미계통국가

자료: 김이선 외 2인, 2006: 129–130; 김은미 · 김지현, 2008: 9; Castles and Miller, 1998: 171–201을 참고하여 작성.

11. 미국에서 동화(assimilation)는 과거의 개념도 아니고 악한 개념도 아니다. 그러나 동화는 처음부터 당연시되거나(유럽계 이민에 대해서), 아니면 아예 불가능한 것(유럽계 이외의 이민에 대해서)으로 믿어져 왔다. 특히 아프리카계 미국인(흑인)을 사회 속에 포용하는 데 실패했고, 이로 인하여 동화라는 개념 자체에 대한 반대가 강해졌다. 그러나 이러한 현상도 흑인들의 문화적 전통보다는 그들의 인종적 · 육체적 특징에 기인한다(Glazer, 2009).

12. 다문화주의모형은 다시 문화다원주의(Cultural Pluralism)와 다문화주의(Multicultura-lism)로 세분화할 수 있다(설동훈, 2005: 3). 문화다원주의는 문화의 다양성과 다원성을 인

와 같은 가족 단위의 이민이 주를 이루는 사회에서는 이민자들이 주류 문화에 동화하는 데는 적어도 1세대 이상의 기간이 소요된다. 또 대규모 이주를 통하여 코리아타운이나 차이나타운과 같은 이민자집중거주지ethnic enclave를 형성하는 경우 고유의 문화를 유지하는 것도 가능하다. 또 Taylor(2006: 205)가 지적한 것처럼, 미국사회의 특징 중 하나가 같은 인종내의 결혼과 다른 인종 간의 결혼이 급격하게 다른 비율을 가진다는 것이다.

이러한 경우 이들이 자신들의 고유한 문화를 유지한다고 하여 주류 사회로부터 차별을 받아서는 안 된다. 따라서 다양한 문화의 평등성을 인정함으로써, 소수의 가족 또는 민족, 인종 집단에게 다수의 문화를 강제하지 않고, 문화적 차이로 인하여 차별받지 않도록 할 현실적 필요성이 존재한다. 따라서 이들 국가의 경우에는 다문화주의모형이 현실적이고 타당하다. 그러나 한국은 〈표 Ⅶ-9〉의 유형에 해당되지 않는다.

유럽의 대부분 도시에서는 민족 · 종교에 따른 공동체 안으로의 고립 경향, 문화적 '게토화'의 경향이 나타나고 있다(Martiniello, 2002: 85). 이미 한국에서도 도시지역에서는 단기거주노동자들이 동일한 국가출신들끼리 이민자집중거주지ethnic enclave를 형성하고 있다. 그러나 이들은 '정주허용금지 원칙'에 따라 일정 정도의 기간이 지나면 출신국가로 되돌아갈 사람들이다. 즉 법적으로는 한국인이 아닌 외국인이기 때문에 이들은 외국인정책의 대상자다.

그러나 이들이 한국에서 거주하는 동안 자신들의 문화를 유지하면서도 불편함이 없도록, 호혜적인 차원에서 행정적으로 지원하는 것은 필요

정하면서도 주류사회가 존재함을 분명히 하고, 여러 다양한 소수민족이 존재함을 인정하는 정도의 소극적인 다문화모형이라면, 다문화주의는 주류사회의 중요성을 부각하기보다는 다양한 문화가 평등하게 인정되어야 함을 강조한다(김은미 · 김지현, 2008: 10).

〈표 Ⅶ-9〉 다문화사회의 유형

연구자	유형구분	내용
Kymlicka (2005a, 2005b)	다민족 (multinational) 사회	기존의 문화적 실체들이 새로운 한 국가 속에 통합되는 과정에서 문화와 정체성의 다양성이 발생한다. 따라서 이때의 새로운 국가는 흔히 소수집단과 다수집단으로 칭해지는 국민 집단들로 구성된다.
	복합인종 (polyethnique) 사회	문화적 다양성이 대규모 이민으로 형성된 인종 집단에서 비롯된다. 그러한 집단은 국가가 처음 생겨날 때부터 존재한 것이 아니고, 따라서 그 국민을 이루는 구성체로 간주되지 않는다.
김남국 (2005: 98)	영국, 독일, 프랑스	비교적 동질적인 문화를 가졌던 국민국가들이 자본과 노동의 세계화에 따른 이주 노동자와 이질 문화, 새로운 종교의 유입과 함께 다문화사회의 도전에 직면한 형태
	미국, 캐나다	건국 초기부터 다양한 인종과 문화로 구성된 이민자의 나라였던 형태

자료: 임형백, 2009a: 169.

하다. 이를 통하여 서구의 경제적으로 낙후되고 인종적으로 고립된 게토가 아닌, 이국적인 문화요소를 유지한 채 공존하는 도시 내의 모자이크와 같은 역할을 부여하는 것이 바람직하다. 즉 외국인에 대하여 다문화사회를 유지하도록 배려하는 것이지, 이들은 한국인이 아니기 때문에 제도적으로 다문화정책의 대상자는 아닌 것이다.

2) 농촌지역: 내국인 정책과 동화모형

한편 역사상 이민자 통합의 문제와 다문화사회에 대한 논의는 동화주의 대 다문화주의, 개인주의 대 공동체주의, 평등주의 대 차별주의 등의 이원적 대립으로 조건지어져 왔으며, 따라서 어느 한 국가에 나타나는 양상은 언제나 그 대립의 한쪽 총체로 귀결되었다. 이러한 대립을 통해 프랑스식의 '동화모형'과 영 · 미 계통의 '다문화주의모형'으로 정의할 수 있다(Martiniello, 2002: 68-69).

한국의 농촌지역에서 다문화사회로의 이행은 주로 결혼이민자의 한국사회 유입이라는 측면보다는 한국가족으로의 유입이기 때문에, 동화에 짧은 기간이 소요되고 오히려 출신국가의 고유한 문화를 유지하는 것이 쉽지 않다. 더구나 한 가정 내에서 다문화주의가 우선순위가 되어야 하는지도 의문이다.

더구나 국제결혼을 하는 농촌총각의 약 20%가 기초생활수급대상자이며(임형백, 2007: 482), 결혼이민자가정의 절반 이상(52.9%)은 소득이 최저생계비에도 못 미친다(교육과학기술부, 2008). 기존 연구에 따르면 대부분의 여성 결혼이민자들은 가족 이외의 한국인들과 별다른 관계를 맺지 않고 있으며 더욱이 친밀관계를 맺는 경우는 거의 없는 것으로 나타났다(김이선 외, 2006).

이미 다문화가정 아이들의 상당수는 한글이해능력이 부족해 학교학습활동에 어려움을 겪고, 일부에서는 외모로 인한 따돌림현상도 나타나고 있다(경기도교육청, 2006). 또 이들은 가난, 언어장벽, 소외의 3중고를 겪고 있다(교육과학기술부, 2008). 따라서 결혼이민자와 다문화가정 아이들에게는 한국사회에의 빠른 적응 · 동화가 절박한 생존의 문제이며, 이를 고려할 때 농촌지역에서는 다문화주의모형보다는 동화모형이 보다 현실적이다. 즉 농촌에서는 미국의 용광로Melting Pot 정책이나 프랑스와 같이 동화모형을 추구하는 것이 바람직하다.

최근에는 조선족 이외의 국적을 가진 국제결혼 이주여성의 비율이 비약적으로 증가하고 있다. 따라서 장기적으로는 외모에서부터 확연히 구별되는 혼혈아의 탄생이 농촌지역에서 두드러질 것이다.

이는 경제적 구별(계급, 수입, 직업 등)에 외모라는 또 하나의 구별적 변인distinctive variable이 추가되는 것을 의미하며, 이는 한국사회에서 경제적 격차가 완화되더라도 융화되기 어려운 새로운 계층의 출현으로 귀결될

〈표 Ⅶ-10〉 다문화 정책으로서 다문화주의모형과 동화모형의 비교

	다문화주의모형	동화모형
제도적 차이	영구이민	정주허용금지 원칙 • 단기적인 노동력의 유입(주로 도시지역) • 결혼이민(주로 농촌지역)
이민자의 개별적 차이	경제력 등 일정 정도의 자격을 제한	한국보다 저개발된 국가 출신이 대부분
이민단위	가족	개인
이민 후 거주형태	• 출신국가별 이민자집중거주지 형성을 통한 집중거주 및 공동체 형성 용이 • 다수 집단(한국인)과 격리 거주 가능	도시지역 • 이민자집중거주 후 출신국가로 되돌아감 • 다수 집단(한국인)과 격리 거주 가능 농촌지역 • 결혼이주자의 한국가족에로의 편입 • 다수 집단(한국인)과 격리 거주 불가능
이민자의 출신국가(자국) 문화 보전 가능성	출신국가의 문화 보전 용이	출신국가의 문화 보전 곤란
이민자에의 유리한 정도	이민자가 출신국가의 고유문화를 단기적(또는 영구적)으로 유지하면서, 동시에 서서히 이민국가의 문화에 동화하는 것이 유리	도시지역 • 단기거주 노동자이므로 정책적으로 중요한 고려대상이 아님 • 이민자집중거주지에서의 다문화주의모형 가능 농촌지역 가족의 구성원으로써 기능한 한 빨리 언어적 · 문화적 격차를 극복하고 적응 · 동화하는 것이 유리
문제점	• 게토(ghetto)화 • 이민자집중거주지(ethnic enclave)의 고립	• 이민자 개인의 정서적 · 사회적 소외 및 고립 • 이민자 출신국가문화의 소멸

자료: 임형백, 2008: 17.

수도 있다. 즉 농촌의 경제적 상황이 호전되더라도 이와는 별개의 외모(새로운 인종)라는 새로운 구별적 변인이 새로 만들어지는 것이다(임형백, 2007: 488).

2007년 교육과학기술부에 따르면 2007년 국제결혼가정의 자녀 중 초 · 중 · 고 학생 수는 1만 3,445명으로, 2006년의 7,998명에 비하여 68%가 늘었다. 초등학생은 이 중 1만 1,444명으로 전체의 85%를 차지하였고, 중학생과 고등학생은 각각 11.8%와 3.15%였다. 그러나 아직 취학 연령대에 이르지 않은 영유아 인구가 이의 2배 가까워서, 향후 수년간 학교에 입학하는 국제결혼 가정 자녀수는 폭증세로 이어갈 것으로 보인다.

문제는 이들 다문화가정에서 출생한 아이들이 가난, 언어장애, 그리고 소외 속에서 성장과정을 보내고 있다는 점이다. 이러한 성장과정을 거친 아이들은 사회동화에 어려움을 겪게 되며 반사회적 성향을 가지게 된다. 이들은 자신들에게 불가항력적인 상황을 제공한 부모에 대한 반감을 가지게 될 것이며, 이러한 반감은 사회전반으로 확대되어 갈 것이다. 다문화가정에서 출생한 아이들의 숫자는 점점 증가하고 한국사회가 다문화사회로 이전하는 것도 피할 수 없는 대세인 상황에서, 이들이 반사회적 성향을 갖게 된다면 이는 분명히 사회적 불안요소가 될 것이다.

즉 농촌지역은 결혼을 통하여 결혼이민자 개인이 한국가족의 구성원으로 편입된 것이므로 정책의 우선순위는 이들이 한국사회에 빨리 적응 · 정착할 수 있도록 동화모형에 두면서, 결혼이민자가 자신들의 문화를 유지하고 정서적으로 고립되지 않도록 행정적 지원을 하는 것이 필요하다. 동시에 결혼이민자와 다문화가정 아이들에 대하여 사회적 안전망을 제공하고, 장기적으로 이들이 차별받지 않고 우리 사회의 공동구성원으로써 살아갈 수 있도록 제도적 장치를 마련하는 것이 필요하다.

나아가 결혼이민자로 구성된 다문화가정에서 출생한 다문화가정 아이들은 시각을 좀 달리하면, 오히려 장점을 가질 수도 있다. 즉, 이들이 보다 빨리 한국사회에 적응 · 동화할 수 있도록 보다 적극적인 정책지원을 하는 동시에, 오히려 이들을 한국어와 다른 언어의 2개국어를 구사하는bilingual 인적 자원으로 개발하는 것이 유리하다. 그리하여 이들을 한국과 출신국가를 연결하는 동북아시대의 국가 간 네트워크 형성을 위한 인력으로 활용하는 등 장기적이고 적극적인 정책적 대응을 고려할 만하다.

5. 결론

한국에서도 외국인노동자가 증가하고 특히 국제결혼을 통한 결혼이민자가 증가하면서 단일민족의 신화가 사라지고 있다. '다문화' 또는 '다문화주의'라는 용어가 하나의 문화코드처럼 받아들여지고 있고, 서구처럼 다문화주의를 지향하는 것이 당연한 것으로 받아들여지고 있는 듯하다. 그러나 최근의 다문화사회에 대한 접근은 한국과 서구의 차이점에 대한 깊은 성찰이 결여된 채, 피상적으로 서구의 다문화사회 이론과 제도를 무비판적으로 받아들이는 면이 없지 않다.

또 현재의 한국은 인종 · 문화 · 복지 · 교육 등 다양한 정책적 측면에서 어느 정도 외국인을 받아들일 것인지, 미래에 사회통합과제를 어떻게 추진할 것인지에 대한 논의가 필요한 단계이지, 서구와 동일한 다문화정책을 추진할 단계는 아직 아니며, 한국이 추구하는 다문화사회의 지향점도 서구의 다문화사회와는 다르다. 그러므로 무비판적인 서구 이론의 수용과 정책의 이식이 아니라, 우리의 현실에 맞는 한국적 정책의 모색과 미래에 대한 준비가 필요하다. 그럼으로써 다문화사회가 미래에 한국이 감당하여야 할 부담이 아니라, 미래 한국 발전의 새로운 성장동력으로 작용하도록 준비하는 것이 필요하다.

한국과 서구의 다문화사회는 커다란 차이가 있다. 서구에서 다문화주의를 주장하는 국가들은 대개 공식이민을 받아들이고 있는 영 · 미 계통의 국가들이다. 이들 국가들은 이민자들을 받아들임에 있어서 일정 정도의 규제를 통하여, 자국 경제에 도움이 될 수 있는 기술과 재산을 가진 사람들을 우선적으로 받아들이고 있다. 따라서 이들 국가로의 이민은 경제적 조건 등에서 일정 정도의 자격을 갖춘 가족 단위의 대규모 이민이 주류를 이룬다.

하지만 한국은 무엇보다 실정법에서 '정주허용금지 원칙'을 고수하고 있어 가족 단위의 대규모의 이민이 이루어지지 않는다. 즉 한국은 외형적으로는 서구의 다문화사회와 유사하지만, 그 원인부터 다르다. 또 한국의 도시지역에서는 가족 단위의 이주보다는 단기거주외국인노동자가 다문화사회의 가장 큰 원인이며, 농촌지역에서는 결혼이민자가 다문화사회의 가장 큰 원인이다. 특히 Kymlicka와 He(2005)가 지적하였듯이 서구에서 결혼이민자는 다문화적인 사회구성원과는 거리가 먼 문화적인 병합의 대상일 뿐인 반면, 한국에서는 다문화사회의 가장 큰 원인이다.

즉 한국은 다문화사회로의 이행은 원인부터 영 · 미 계통의 서구와 다르고, 도시지역과 농촌지역에 따라서도 다르다. 따라서 한국의 다문화사회는 서구와는 차별화되어야 하며, 도시지역과 농촌지역에 따라서도 차별화되어야 한다. 그럼에도 현재의 다문화정책은 이러한 부분에 대한 깊은 성찰이 결여된 채, 서구의 제도를 무비판적으로 수용하고 있다.

도시지역의 단기거주노동자는 개인적으로 거주하거나 이민자집중거주지를 형성하여 거주한다. 특히 이민자집중거주지를 형성할 경우 외형적으로는 서구의 다문화사회와 유사하게 된다. 그러나 이들은 한국국적

자가 아니므로 외국인정책의 대상자이고, 한국은 속인주의를 채택하고 있기 때문에 그 자녀들이 한국에서 태어나더라도 역시 한국국적자가 아니므로 이들도 외국인정책의 대상자다. 다만 이들이 한국에 거주하는 동안 자신들의 문화를 유지하면서도 불편함이 없도록 호혜적인 차원에서 행정적 · 제도적으로 지원하는 것은 필요하다. 특히 이 경우 결과적으로는 다문화주의모형과 유사하게 된다.

한편 농촌지역의 결혼이민자는 개인단위의 이민이며 한국의 가족으로의 편입이다. 서구에서는 이민자들이 자신들의 고유한 문화를 유지한다고 하여 주류 사회로부터 차별을 받아서는 안 된다. 따라서 다양한 문화의 평등성을 인정함으로써, 소수의 가족 또는 민족, 인종 집단에게 다수의 문화를 강제하지 않고, 문화적 차이로 인하여 차별받지 않도록 할 현실적 필요성이 존재한다. 따라서 이들 국가의 경우에는 다문화주의모형이 현실적이고 타당하다. 그러나 한국 농촌지역의 결혼이민자는 가족의 구성원으로서 보다 빨리 한국문화, 가치관, 언어에 동화되는 것이 유리하다. 따라서 이 경우에는 서구와 같은 다문화주의모형보다는 동화모형의 적용이 보다 타당하다.

나아가 서구의 다문화정책의 무비판적인 수용보다는 한국의 특성에 맞도록 정책을 차별화할 필요가 있다. 첫째, 법적인 측면에서 국적을 고려하는 것이 타당하다. 현재 한국의 다문화정책은 인권적 · 복지적 시각에 치우쳐 무조건적인 지원을 주장하는 경향이 있다. 인권적 · 복지적 측면도 중요하지만 무제한적인 지원은 타당하지도 가능하지도 않다. 따라서 우선은 다문화정책 대상자에 대한 법적 책임과 한계를 명확히 하는 것이 필요하다. 일례로 불법체류자의 자녀들의 경우 법감정으로는 교육의 기회를 부여하고 싶더라도, 오히려 이러한 교육의 기회의 제공이 불법이며 불법체류를 조장한다는 문제점을 갖게 된다.

둘째, 어떠한 정책이 당사자에게 보다 유리한가를 고려하는 것이 필요하다. 농촌지역의 경우 결혼이민 자체가 빈곤과 연계된 이주경로로서 작용한다. 국제결혼을 하는 농촌총각의 약 20%가 기초생활수급대상자이며(임형백, 2007: 482), 결혼이민자가정의 절반 이상(52.9%)은 소득이 최저생계비에도 못 미치는 상황에서(교육과학기술부, 2008), 한 가족 내에서는 다문화주의모형보다 동화모형이 보다 현실적이다. 반면 외모에서부터 구별되는 귀화인은 병역의 의무도 지지 않는다. 이들 귀화인이 자신들의 고유한 문화를 유지한다고 하여 주류인 한국사회로부터 차별을 받아서는 안 된다. 또 귀화인이 짧은 시간에 한국사회에 동화되기 어렵다는 현실적 필요성도 존재한다. 따라서 이 경우에는 다문화주의모형이 보다 현실적이다.

〈표 Ⅶ-11〉 다문화주의 정책대상에 따른 정책 차별화

지역	대상	국적	정책	비고
도시지역	단기거주노동자 (다문화사회의 가장 큰 원인)	외국인	외국인 정책	• 단기거주 후 출신국가로 돌아감 • 단, 한국에서 체류하는 기간 동안, 정책수단(policy means)과 정책집행(policy implementation) 면에서 다문화주의모형과 유사
	결혼이민자	한국인	다문화 정책 (동화모형)	한국의 개별가족의 구성원으로 편입
	귀화인	한국인	다문화 정책 (다문화주의모형)	한국사회의 구성원으로 편입
농촌지역	단기거주노동자	외국인	외국인 정책	• 단기거주 후 출신국가로 돌아감 • 단, 한국에서 체류하는 기간 동안, 정책수단(policy means)과 정책집행(policy implementation)면에서 다문화주의모형과 유사
	결혼이민자 (다문화사회의 가장 큰 원인)	한국인	다문화 정책 (동화모형)	한국의 개별가족 구성원으로 편입
	귀화인	한국인	다문화 정책 (다문화주의모형)	한국사회의 구성원으로 편입

자료: 임형백, 2009b: 69.

셋째, 현재 각 부처별로 다른 기준에 따라 파편적으로 이루어지고 있는 다문화정책의 정책기조를 조율하고 이를 체계적으로 통합 · 관리할 필요가 있다. 현재에도 정부의 각 부처 간에도 입장이 통일된 것이 아니어서, 법무부는 '이민정책'이라는 용어를 사용하고, 그 이외의 중앙부처는 '다문화정책'이라는 용어를 사용한다. 이는 외국인전담 부서인 법무부가 다문화정책을 채택할 경우, 국적법과의 불일치가 존재하기 때문이다(임형백 외, 2009: 760). 특히 다문화정책에 대한 명확한 법적 근거도 없고 지향점도 설정되지 않은 상태에서, 부처이기주의와 예산확보를 위한 정책의 실시는 지양되어야 한다.

〈표 VII-12〉 외국인 유형에 따른 관계 중앙행정기관

구분	관계 중앙행정기관
외국인근로자	노동부, 중소기업청, 법무부 등
외국국적동포	외교통상부, 법무부 등
결혼이민자	여성가족부, 보건복지부, 행정자치부, 법무부 등
유학생	교육인적자원부, 법무부 등
난민	UN, 법무부 등
관광, 연예인	문화관광부, 법무부 등
투자자, 주재원	산업자원부, 법무부 등

자료: 이순태, 2007: 19.

| 참고문헌 |

경기도교육청, 2006, 『행정사무감사자료』.

교육과학기술부, 2008, 『다문화가정 학생 교육지원 방안』, 교육과학기술부발표자료.

교육인적자원부 외 12개 중앙부처 공동발간, 2006, 『여성결혼이민자 가족의 사회통합 지원 대책』.

Glazer, Nathan, 2009, 『우리는 이제 모두 다문화인이다』, 서종남 · 최현미 옮김, 서울: 미래를 소유한사람들.

김민정 · 유명기 · 이혜경 · 정기선, 2006, 「국제결혼 이주여성의 딜레마와 선택: 베트남과 필리핀 아내의 사례를 중심으로」, 『한국문화인류학』, 39(1), pp. 159-193.

김은미 · 김지현, 2008, 「다인종 · 다민족 사회의 형성과 사회 조직: 서울의 외국인 마을 사례」, 『한국사회학』, 42(2), pp. 1-35.

김이선 · 김민정 · 한건수, 2006, 『여성 결혼이민자의 문화적 갈등 경험과 소통증진을 위한 정책과제』, 한국여성개발원.

김희정, 2007, 「한국의 관주도형 다문화주의: 다문화주의 이론과 한국적 적용」, 오경석 외 지음, 『한국에서의 다문화주의: 현실과 쟁점』, 서울: 한울아카데미, pp. 57-79.

Leone, Bruno, 1993, 『민족주의』, 김호성 역, 서울: 인간사랑.

Martiniello, March, 2002, 『현대사회와 다문화주의』, 윤진 옮김, 서울: 한울.

보건복지부, 2005, 『국제결혼 이주여성 실태조사 및 보건 · 복지 지원 정책방안』, 서울: 보건복지부.

설동훈, 2005, 「이민과 다문화사회의 도래」, 김영기 편, 『한국사회론』, 전북대학교출판부, pp. 3-23.

설동훈 · 김현미 · 한건수, 2005, 『국제결혼이주여성 실태조사 및 보건 · 복지 지원 정책방안』, 서울: 보건복지부.

신경섭, 2008, 『미국이민법』, 서울: 새로운사람들.

신용하, 1985, 「민족 형성의 이론」, 신용하 편, 『민족이론』, 서울: 문학과지성사, pp. 13-58.

윤형숙, 2004, 「국제결혼 배우자의 갈등과 적응」, 최협 외 엮음, 『한국의 소수자, 실태와 전망』, 서울: 한울아카데미, pp. 321-349.

이용일, 2007, 「이민과 다문화 사회로의 도전: 독일의 이민자 사회통합과 한국적 함의」, 『서양사론』, 92, pp. 219-254.

이순태, 2007, 『다문화사회의 도래에 따른 외국인의 출입국 및 거주에 관한 법제 연구』, 서울: 한국법제연구원.

이주연 · 김성일, 2006, 「국제결혼이주여성가족의 지역사회와의 갈등양상 및 통합방향」,

『2006전국사회학대회 자료집』, pp. 241-243.

임형백, 2005, 「한국농촌계획의 전개와 농촌인구의 변화」, 『농업교육과 인적자원개발』, 37(4), pp. 199-224.

_____, 2007, 「한국농촌의 국제결혼의 특징」, 『농촌지도와 개발』, 14(2), pp. 471-491.

_____, 2008, 「한국의 다문화사회의 과제: 다문화주의모형과 동화모형의 갈등」, 『경인행정학회 2008년도 추계학술세미나 발표논문집』, pp. 1-27.

_____, 2009a, 「한국과 서구의 다문화 사회의 차이와 정책 비교」, 『다문화사회연구』, 2(1), pp. 161-185.

_____, 2009b, 「한국의 도시지역과 농촌지역 다문화사회의 차이와 정책 차별화 연구」, 『한국지역개발학회지』, 21(1), pp. 51-74.

임형백 · 이성우, 2004, 『농촌사회의 환경과 기능』, 서울: 서울대학교출판부.

임형백 · 이성우 · 강동우 · 김미영, 2009, 「한국농촌의 다문화사회의 특징」, 『농촌지도와 개발』, 16(4), pp. 743-773.

정일선, 2007, 『경북 결혼이민자가족 실태』, 경북여성정책개발원.

Taylor, Paul C., 2006, 강준호 옮김, 『인종: 철학적 입문』, 서울: 서광사.

한건수, 2006, 「농촌지역결혼이민자 여성의 가족생활과 갈등 및 적응」, 『한국문화인류학』, 39(1), pp. 195-243.

행정자치부, 2005, 『지방지치단체예산개요 참고자료』.

홍기원 · 백영경 · 노명우 · 이재은 · 정보원, 2006, 『다문화정책의 방향과 문화적 지원 방안 연구』, 한국문화관광정책연구원.

홍기혜, 2000, 「중국조선족 여성과 한국 남성간의 결혼을 통해 본 이주의 성별 정치학」, 이화여자대학교 여성학과 석사학위논문.

Anderson, B., 1983, *Theory of Nationalism an Imagined Communities*, London: Verso.

Castles, S. and M. J. Miller, 1998, *The Age of Migration: International Population Movements in the Modern World* (2nd ed.), London: Macmillan.

Hobsbawm, E., 1991, *Nations and Nationalism since 1780: Programme, Myth, Reality*, Cambridge University Press.

Kymlicka, W., 1989, *Liberalism, Community and Culture*, Oxford University Press.

Kymlicka, W. (ed.), 2005a, *The Rights of Minority Culture,* Oxford University Press.

______(ed.), 2005b, *Multicultural Citizenship*, Oxford: Clarendon Press.

Kymlicka, W. and B. He (ed.), 2005, *Multiculturalism in Asia*, Oxford University Press.

Margalit, A. and J. Raz, 1990, "National self-determination," *The Journal of Philosophy*, 87(9), pp. 114-121.

McConnell, C. R., S. L. Brue, and D. A. Macpherson, 2003, *Contemporary Labor Economics* (6th ed.), New York: McGraw-Hill.

Piper, N. and M. Roces, 2003, "Introduction: Marriage and migration in an age of globalization," in N. Piper and M. Roces (eds.), *Wife of Worker?: Asian Women and Migration*, Rowman & Littlefield Pub.

Taylor, C., 1994, "The politics of recognition," in A. Cutmann (ed.), *Multiculturalism: Examining the Politics of Recognition*, Princeton University Press.

Walzer, M., 1983, *Spheres of Justice: A Defense of Pluralism and Equality*, New York: Basic Books.

제 VIII 장

한국의 복지농촌 건설전략

김태명
한남대학교 교수

1. 서론

농촌이 갈 길을 잃고 흔들리고 있다. 우리의 농촌은 망망대해에서 엔진이 꺼져 버린 작은 동력선과 같이 우리 농촌에 불어닥친 거센 파도에 이리 밀리고 저리 밀리면서 표류하고 있다. 이러다간 우리 농촌은 곧 좌초되어 파선이라도 될 것 같다. 농업 농촌을 위기로 표현하기에는 너무나 안일하고 소극적인 표현이다.

누가 이러한 비상시국에서 우리의 농업농촌을 건져 낼 것인가? 시급하고 절박한 과제다. 농촌이 사람 살 만한 공간으로서 그 기능을 잃은 지 이미 오래다. 땀을 열심히 흘리면서 일해 보지만 소득은 좀처럼 늘지 않고 빚은 점점 늘어만 가고 있다. 힘들게 생산한 농산물을 시장에 내놓지만 외국 농산물에 밀려 설 자리를 잃고 천대를 받고 있다. 참으로 답답한 심정으로 한숨을 내쉬지만 길은 보이지 않는다.

우리의 농업농촌을 이대로 방치하고 말 것인가? 아니 그저 우두커니 바라보고 한탄만 하면서 포기하고 말 것인가? 그동안 해 볼 대로 해 봤지만 길이 보이지 않아 더욱 답답하고 앞길이 막막하다. 정말로 이대로 주저앉고 말 것인가?

이렇게 절망을 하면서도 또 한편으로 세상 돌아가는 형편을 보면 우리의 농업을 포기해서는 안 되겠다는 생각이 든다. 세상은 지금 유가의 폭등 속에서 원자재 가격과 농산물 가격도 폭등을 하고 있다. 이웃나라 필리핀은 쌀농사를 1년에 3모작을 할 수 있으면서도 식량이 모자라 대통령이 직접 베트남에게 식량지원을 요청하고 있는 실정이다. 이는 우리의 식량문제를 아무리 값비싼 대가를 치르더라도 포기해서는 안 된다는 점을 일깨워 주는 대목이다.

우리의 농업 농촌은 살려야 한다. 식량문제를 경제적 득실만의 이유로 전적으로 남의 나라에 의존할 수 없다. 그렇다면 이 어려운 시기에 누가 우리의 농업을 지키고 농촌을 발전시킬 것인가? 이 질문에 해답을 얻기 위해 우리는 이 시점에서 우리의 농업과 농촌 문제를 냉철하고도 객관적으로 들여다 볼 때다. 따라서 이 글에서는 먼저 우리 농업과 농촌이 어디에 와 있는지 그 현황을 파악하고자 한다. 다음으로 우리의 농업과 농촌을 둘러싼 대내외 여건의 변화 속에서 우리 농촌이 앞으로 어떻게 변할지를 전망하고, 그 속에서 우리 농촌이 당면한 주요 문제점을 진단하고 분석하고자 한다. 마지막으로 위의 분석 결과를 바탕으로 한국의 미래 복지농촌 건설을 위한 전략을 모색하고 결론을 맺고자 한다.

2. 한국농촌의 현주소와 미래 전망

1) 한국농촌의 현주소

우리의 농촌은 이제 정을 두고 살 만한 곳이 못 된다고 아우성친 지 이미 오래다. 그렇게 못살겠다고 아우성치며 농업을 팽개치고 농촌을 떠난 지 어언 반세기가 지나는 동안 우리의 농촌은 빈집투성이에 아기 울음소리가 멎고 젊은이가 없으며 노인과 부녀자만이 남아 겨우 우리의 농촌을 지키고 있는 실정이다. 이러다가는 머지않아 우리 농업의 대가 끊길 지경이다.

새마을운동이 시작되고 공업화가 한창 진행되던 1970년만 해도 우리 농촌의 인구는 약 45%였다. 이때만 해도 희망이 넘쳤다. 새마을건설을 위해 땀을 흘렸고, 새마을 노래를 부르며 풍요로운 농촌에 대한 희망

〈표 Ⅷ-1〉 국가 경제에서의 농업의 위상(%, 2006)

	1970	1980	1990	2000	2006
인구(1,000명)	44.7	28.4	15.5	8.6	6.8
고용(1,000명)	49.5	32.4	17.1	10.2	7.4
생산(GDP)	27.5	14.9	8.2	4.4	3.1

자료: Lee Seong Hee, 2008.

으로 부풀었다. 지긋지긋한 가난에서 벗어나고자 전 국민이 하나가 되어 정말 열심히 일을 했다. 그러나 땀 흘린 만큼 소득이 뒤따라 주지 않았고 농업 농촌은 공업화와 도시화에 밀려 점점 쇠퇴화의 길을 걸었다.

돌이켜보면 1970~2006년에 이르는 지난 36년 동안 우리 경제에서 차지하는 농업의 위상이 크게 추락하였다. 1970년만 해도 44.7%이던 농촌인구가 36년 만에 전체인구의 6.8%로 줄었다. 전 산업의 고용인구 중에서 농업부문이 차지하는 고용비율도 같은 기간 동안 49.5%에서 7.4%로 급감했다. 농업생산이 차지하는 GDP 비율도 27.5%에서 3.1%로 내리막 길을 걸었다. 2006년 현재 우리 농업의 경제적 위상이 인구, 고용, 생산 면에서 10%를 크게 밑돌고 있는 것이 현실이다(〈표 Ⅷ-1〉).

그렇다면 2006년 현재 어떤 연령의 사람들이 농업에 종사하고 있는가? 343만 농업 종사자들의 연령분포를 보면 우리 농업의 앞날을 더욱 어둡게 만들고 있다. 이 나라 농업을 당당히 이끌고 갈 젊고 패기에 넘치는 젊은 영농인의 수가 너무 부족하다. 20세 미만의 농업 종사자가 전체 영농인의 14.4%에 지나지 않는 반면 60세 이상의 영농인은 48.1%에 이르고 있는 우리 농업의 현실 속에서 우리 농업의 앞날을 짊어지고 나갈 차세대 영농 후계자 확보에 비상이 걸린 셈이다(〈표 Ⅷ-2〉).

그나마 있는 사람조차도 못살겠다고 농촌을 떠나고 있다. 그도 그럴 것이 2006년 현재 경작지가 1ha에도 이르지 못하는 영세 농민이 전체 농민의 약 66%에 이르고 있다. 여기에 농가의 소득증가율마저 둔화되어

〈표 Ⅷ-2〉 농업인구의 연령별 분포현황

	1970	1990	2000	2006
농가인구(천)	14,422	6,661	4,031	3,434
20세 미만(%)	53.9	31.6	20.4	14.4
20~49세(%)	30.5	33.9	32.3	28.8
50~59세(%)	7.7	16.7	16.8	17.5
60세 이상(%)	7.9	17.8	33.1	48.1

자료: Lee Seong Hee, 2008의 〈표 5〉를 재정리한 것임.

〈표 Ⅷ-3〉 농가관련 경제지표

	1995	2000	2005
농가의 도시가구 소득비율(%)	95.1	80.6	78.2
가구당 농가부채(만 원)	916	2,021	2,721

자료: 민승규, 2007a: 1을 참고하여 작성.

도시가구소득과의 격차가 심화되고 있는 가운데 가구당 농가부채는 지난 10년 사이에 3배 이상 증가되었다. 또한 떠나는 농촌은 농촌의 정주 기반마저도 무너뜨리고 있는 실정이다. 지난 1985~2000년 사이에 인구가 절반 이상 감소한 읍邑 · 면面 수가 무려 35개 읍 · 면으로 이는 전체 읍 면수의 24.9%에 해당되는 수치다(〈표 Ⅷ-3〉).

이처럼 날이 갈수록 악화되어 가는 국내외 농업환경 속에서 농가의 25%가 "가능하면 농업을 포기하겠다(농촌진흥청, 1994)"는 의사를 밝히고 있어 우리 농민이 영농의욕을 잃은 지 이미 오래다. 특히 2007년 4월 한미 FTA가 타결되면서 농민들의 위기의식이 극에 달하는 가운데 정부 정책에 대한 불신이 전국 곳곳에서 극단적인 시위로 표출되고 있는 상황이 우리 농업의 현주소다.

2) 한국농촌의 미래 전망

바닥을 모르고 끝없이 추락하고 있는 농촌은 앞으로 어떻게 될 것인가? 앞으로 전개될 국내외 여건은 우리 농업 농촌에 유리하게 전개될 것인가? 아니면 더욱 불리하게 전개될 것인가? 여기서는 우리 농업 농촌에 대한 대응책을 논의하기에 앞서 앞으로 전개될 농촌의 미래를 진단해 보고자 한다.

한국농촌경제연구원은 2007년 4월에 체결된 한미 FTA가 발효될 경우 국내농산물 생산액은 향후 15년간 연평균 6,698억 원씩 감소할 것으로 예측하고 있다. 지난 10년간 쌀 등 주요 품목을 제외하고 대부분의 농산물 수입이 개방된 상황이다. 농산물 수입자유화율은 1995년 94.5%에서 2005년 99.1%로 확대되었다. 다만 의무수입량을 제외한 쌀에 대해서만 수입개방이 2014년까지 유예된 실정이다.

FTA체결이 EU와 중국 등으로 점점 확대되어 나감에 따라 농산물시장의 개방 속도는 더욱 빨라질 것이다. 특히 DDA협상이 재개되고 쌀 관세화 유예조치가 끝나는 2014년 이후에는 쌀 시장조차도 완전이 개방될 것이다. 농산물 소비자들조차 농산물시장의 개방은 불기피하다는 인식(40%) 하에 농산물 원산지보다는 안전성(37.4%)과 가격(23.3%)을 중시하여 구입하겠다는 소비의식을 가지고 있는 것으로 나타났다(민승규, 2007b: 3).

그렇다면 이러한 어두운 대내외 여건 속에서 우리 농업 농촌은 어떻게 될 것인가? 10년 앞을 내다보면 더욱 암울하다. 이대로라면 10년 후 한국 농업과 농촌은 고사위기에 직면할지도 모른다는 걱정이 앞서게 된다. 2007년도에 내놓은 한국경제연구원과 삼성경제연구소의 전망치를 보면 우리의 걱정이 기우가 아님을 확인할 수 있다(〈표 Ⅷ-4〉).

우선 우리 농업의 위상이 더욱 추락하여 농업이 산업으로서 자리매김

〈표 Ⅷ-4〉 농업 부문의 주요지표 전망치

	단위	2006	2012	2017	연평균증가율
농업의 GDP 비율	%	2.6	1.7	1.2	-
농업취업자수	만 명	172.1	138.6	101.9	-4.7%
경지면적	만 ha	180.9	170.0	160.6	-1.1%
농가인구	만 명	3,38.6	2,64.4	199.5	-4.7%
고령화 비율 (60세 이상)*	%	58.3 **	-	68.9 ***	-

주: *는 Kwon, Oh Bok, 2008: 13의 〈표 6〉의 추계치임.
**는 상기 자료의 2005년도 추계치임.
***는 상기 자료의 2015년도 추계치임.
자료: 민승규, 2007b: 5를 참고하여 작성.

을 하기에는 역부족인 것 같다. 2006~17년 기간 동안 농업이 GDP에서 차지하는 비율이 2.6%에서 반半 이상 줄어 1.2%에 지나지 않을 것으로 전망되고 있다. 농업부문의 취업자수도 172만 명에서 102만 명 수준으로 대폭 감소될 것으로 추정되고 있는 가운데 경지면적조차도 181만 ha에서 161만 ha로 크게 줄어들 위기에 처해 있다. 여기에 농업을 이끌고 농촌을 지킬 농가인구는 더욱 급속도로 감소할 것으로 예측되고 있다. 농업인구는 2006~17년 기간 동안 연평균 4.7%씩 감소하여 339만 명에서 200만으로 줄어들 것으로 내다보고 있다. 고령화도 급속하게 가속화되어 2015년에는 60세 이상의 인구가 70% 수준에 육박할 것으로 예측되고 있다(Kwon, 2008: 13).

3. 한국농촌의 당면 문제점 진단과 분석

암울하기만 한 농업, 끝없이 추락하는 농촌, 그저 바라만 볼 수 없는 농촌이 오늘의 우리 농촌의 모습이다. 아무리 추락한다고 해도 우리 경제에서 농업이 가지고 있는 역할이 있는 한 농업은 쇠망해서는 안 된다. 농촌에서 못살겠다고 도시로 떠난다 해도 국토공간에서 농촌이 갖는 기능과 역할이 있는 한 농촌은 희망의 공간이 될 수 있다. 우리가 걱정하는 농업 농촌은 과거 우리 농업과 농촌이 가졌던 역할 속에서 바라보기 때문에 추락하고 쇠퇴하는 것으로 볼 수밖에 없다. 우리의 농업 농촌은 새로운 시각에서 접근하여야 한다. 우리의 인식이 바뀌어야 한다. 우리 농업은 우리의 식량을 해결하고 먹거리를 해결하는 정도에서 그쳐서는 안 된다. 우리 농촌이 왠지 낙후되고 가난하고 살기 힘들고 희망이 없는 공간으로 더 이상 머물러서는 안 된다. 우리의 농업 농촌에 전면적인 쇄신이 일어나지 않고서는 희망을 찾을 수 없다. 여기서는 작으면서도 아름답고 강한 그리고 살맛 나는 농촌을 만들기 위한 전략을 모색하기에 앞서 우리 농업 농촌이 가지고 있는 주요 이슈별 문제점을 보다 면밀히 진단 분석하고자 한다.

1) 직업으로서의 농업 진단

우선 무엇보다도 직업으로서 농업이 갖는 가장 큰 한계는 농업이 직업으로서 젊은이들에게 매력이 없다는 점이다. 농업이 소위 젊은이들이 기피하는 3D업종 중의 하나라는 점이다(김태명, 2007). 농업은 젊은이들의 눈에는 힘들고 위험하고 흙과 더불어 살아야 하는 깔끔하지 못한 직종임에는 틀림없다. 따라서 농업은 타 직종에 비하여 직업으로서 불리하다.

게다가 농업은 직업이 일반적으로 갖추어야 할 조건을 갖추지 못하고 있는 점이 또한 한계다. 직업이 일반적으로 가져야 할 조건인 5가지 조건을 충족시킬 때 젊은이들이 선호하는 직업이 된다. 직업은 첫째로 안정성이 보장되어야 한다. 자기가 원할 경우 평생직업이 될 수 있어야 한다. 마음을 주지 못하고 불안하고 언제 어떻게 될지 모르고 틈만 있으면 그만두고 싶고 영 마음이 놓이지 않는 직업, 마지 못해서 하는 직업, 해왔으니까 일상적으로 하는 직업이라면 그런 직업은 거쳐 가는 직업, 잠시 머물다가 가고 마는 직업이 되고 말 것이다. 현재 농업이 그렇다. 언제 어떻게 될지 불안하기 이를 데 없고 이제 와서 그만둘 수도 없는 그런 상황이 된 것이 우리의 농업이다. 우리 농업이 마음 놓고 평생 몸바쳐 종사할 만한 직업이라는 인식을 가져다주지 않는 한 현재의 상황을 벗어나기 어려울 것이다.

직업의 두 번째 조건은 소득보장이다. 땀 흘려 열심히 일한 직업의 대가는 적정한 소득으로 보상되어야 한다. 외국 농산물이 홍수처럼 밀려들어 오는 가운데 우리 농산물의 가격이 폭락하지 않을 수 없는 것이 오늘의 현실이다. 농업에 종사한 농민의 소득은 1995년만 해도 도시 가구 소득의 95% 수준이었으나 점점 악화되어 2006년에는 도시가구 소득의 78% 수준까지 하락하고 말았다. 이런 속에서 농민의 부채도 눈덩이처럼 불어 지난 10년 사이 3배 이상 늘어났다. 소득이 보장되지 않는 직업에 누가 정을 두고 땀 흘려 일하겠는가? 우리의 농업 소득의 현실이 이럴진대 소득 보장이 없는 농업의 발전은 헛된 구호일 수밖에 없다.

직업의 세 번째 조건은 장래성이다. 직업은 꿈을 실현하는 구체적인 공간이요. 수단이다. 자기의 직업을 통하여 자기가 이루고자 하는 꿈을 이룰 수 있다는 확신이 들 때 평생직장으로 생각하고 애착을 갖고 땀 흘려 일하게 된다. 반대로 내가 여기서 일을 하면 꿈의 실현은 고사하고 내 인생을 망칠 것이라는 생각이 들 때 사람은 불만 속에서 불안한 나날을 보내고 신세를 한탄하며 다른 직업을 구하기 위해 기웃거릴 것이다. 우리의 농업은 직업으로서 젊은이들이 청운의 꿈을 이루기 위해 평생을 몸바칠 만한 장래가 보장된 직업인가? 아직은 우리의 농업이 그렇지 못하다는 데 문제가 있다.

직업으로서 네 번째 조건은 자긍심이다. 우리는 어느 직업에 종사할 때 그 직업을 자랑스럽게 생각하고 긍지를 느껴야 한다. 우리는 그 직업에 긍지를 느낄 때 열심히 신명 나게 일한다. 하는 일에 신명이 나면 아무리 피곤해도 매사가 즐겁고 보람이 있다. 어디 가나 당당하고 기죽지 않고 활력이 넘친다. 또 떳떳하고 자신감이 가득하다. 누구나 내가 하고 싶어 하고 하여야 할 일을 한다고 생각할 때 긍지와 보람을 느끼며 기쁘고 신바람이 난다. 우리 농부 중에 농부로서 긍지와 보람을 느끼며 신바람 나게 일하는 사람이 얼마나 있을까? 이 질문에 대한 우리의 대답이 매우 부정적이라는 것이 우리의 마음을 아프게 한다.

마지막으로 직업의 객관성이다. 우리는 남이 인정해 주고 존경하는 직업으로서 평가를 받는 직업에 종사하기를 원한다. 한국처럼 직업이 신분을 좌우하고 대접이 달라지는 체면사회에서는 더욱 그렇다. 그러기에 다들 기를 쓰고 출세를 하려고 한다. 우리들은 누구나 남이 부러워하는 직업에 근무하면서 사람 대접도 받고 큰 소리도 치고 떵떵거리면서 살고 싶어한다. 이것이 바로 우리의 직업관 중의 하나다. 그런데 우리 농업의 현주소는 어떤가? 우리는 우리 농업에 종사하는 사람들의 수고와 땀에 감사하며 그들을 얼마나 존경하고 있는가? 우리 중에 얼마나 많은 사람들이 내 자식에게 기꺼이 농부가 되라고 권장할 만큼 농업을 값지고 보람 있는 귀한 직업으로 여기고 있는가? 농업에 종사하는 본인들조차도 할 수만 있다면 농업을 그만두겠다는 것이 오늘의 현실이고 보면 우리의 대답은 부정적일 수밖에 없다.

2) 주거공간으로서의 농촌 진단

(1) 농촌 주거공간의 특성

인간은 일상의 자기 욕구와 삶의 목적을 가장 효과적으로 달성할 수 있는 곳에 거주지를 정하고 그곳에서 정착생활을 한다. 그러므로 인간은 자기가 거주하는 거주지에서 자기 일상의 욕구나 삶의 목표가 충족되지 않을 때 언제든지 자기의 욕구 충족을 위해 또 다른 거주지를 향해 떠나기 마련이다.

한국의 농촌은 지난 1960년대 이래 농촌주민들이 정착하는 주거공간이 아니라 떠나는 주거공간이 되었다. 고도경제 성장을 위한 공업화 전략이 가져온 도시화 과정 속에서 많은 농촌주민이 농촌에 정착의 뿌리를 내리지 못하고 대도시로 이주하였다. 지난 36년 동안 우리나라 전체 인구는 1970년 3,088만 명에서 2006년 4,828만 명으로 약 1,740만 명이 증가하여 약 1.56배의 성장을 기록한 반면, 농가 인구는 이와 반대로 동기간 동안 1,442만 명에서 343만 명으로 1,100만 명 가량이 줄어 74%의 감소를 기록하였다(〈표 Ⅷ-5〉).

문제는 아직도 농촌공간이 농촌주민들에게 희망을 가지고 살아야 할 정착공간이 아니라 떠나야 할 공간으로 인식되어 있다는 점이다. 한국농촌경제연구원이 실시한 농촌주민 설문조사 결과에 따르면 응답자의 약 29%가 농촌을 떠나겠다는 이주의사를 가지고 있는 것으로 나타났다. 특히 젊고 소득이 높은 사람일수록 더 높은 이주의사를 밝히고 있다(〈표 Ⅷ-6〉).

〈표 Ⅷ-5〉 농가인구 변화추이

	1970(A)	1990	2000	2006(B)	B/A
전국인구(천)	30,822,000	42,869,000	47,008,000	48,279,000	1.56
농가인구(천)	14,422,000	6,661,000	4,031,000	3,434,000	0.24

자료: http://www.kosis.kr 에서 발췌함.

〈표 Ⅷ-6〉 농촌주민의 연령 및 소득 수준별 향후 정주 의사 (단위: %)

응답자 구분 / 정주 의사	응답자 연령			소득수준			전체
	20-30대	40-50대	60대 이상	상	중	하	
계속 살 것이다	54.5	76.3	90.5	66.1	63.1	74.3	69.2
이주하겠다	43.0	21.4	9.2	31.7	34.8	23.8	28.7
기타 또는 무응답	2.5	2.3	0.3	2.2	2.1	1.9	2.1
합계	100.0	100.0	100.0	100.0	100.0	100.0	100.0

자료: 송미령, 2007a를 참고하여 작성.

이는 농촌이 미래지향적인 지속적인 정주기반으로서 한계가 있음을 보여주는 농촌의 현실이라고 말할 수 있다.

(2) 농촌 주거환경의 현황

농촌주민에게 정착의욕을 불러일으키는 중요한 요인 중의 하나가 농촌 주거환경의 질이다. 따라서 양질의 주거환경은 농촌주민에게 더 높은 정착의식을 갖게 만든다. 그러나 우리의 농촌은 지금까지 그렇지 못했다. 열악한 농촌 주거환경은 낮은 소득 수준과 더불어 농민을 대도시로 이주하게 만드는 중요한 요인이 됐다. 〈표 Ⅷ-7〉에서 보듯이 한국농촌경제연구원의 농촌주민 설문조사결과에 따르면 도시로부터 거리가 멀수록 생활환경 서비스 전 부문에 걸쳐서 불만이 높은 것을 알 수가 있다. 이는 대도시에서 멀리 떨어진 전형적인 오지농촌마을일수록 주거환경이 열악하여 주민의 정주기반이 상대적으로 열악함을 보여 주고 있다. 특히 중소도시로부터 1시간 이상 떨어진 오지마을 주민의 경우 서비스 전 부문에서 주민의 반 이상이 불만을 갖고 있음을 보여 주고 있다. 65% 이상의 농촌 주민들이 공통적으로 가장 높은 불만을 가지고 있는 서비스 분야는 '문화 여가시설' 분야로 이 분야의 서비스 여건이 아주 열악함을 잘 보여 주고 있다.

〈표 Ⅷ-7〉 농촌 주거환경 서비스 부문별 불만족도 (단위: %)

서비스 부문	거주지와 대도시 시간거리			거주지와 중소도시 시간거리		
	30분권	1시간권	2시간권	30분권	1시간권	2시간권
교육시설	44.9	54.7	58.2	51.6	59.6	60.2
보건의료시설	42.3	52.7	63.1	53.2	61.4	70.2
문화여가시설	65.3	72.7	74.8	69.3	76.3	77.8
소비유통시설	38.5	46.5	54.0	45.3	53.6	60.8

주: 각 서비스 항목별로 "매우 불편하다"거나 "대체로 불편하다"고 응답한 비율을 합산한 값임.
자료: 송미령, 2007b.

이상과 같은 열악한 농촌의 주거환경 속에서 젊고, 소득이 높고, 보다 나은 삶의 질을 누리고자 하는 농촌 주민이 지속적으로 대도시로 이주하는 것은 너무나 당연한 우리 농촌의 현실이라 하겠다. 이는 떠나는 농촌의 현실을 잘 뒷받침해 주는 우리 농촌의 또 다른 단면이라 하겠다.

3) 주거공간 상품으로서의 농촌 진단

주거공간은 하나의 상품이고 주민은 주거공간의 소비자다. 주거상품의 소비자인 주민은 도시와 농촌 상품 중 어느 하나를 선택하여 주거라는 형태로 소비하게 된다. 양질의 주거지는 소비자인 주민들이 많은 비용을 지불하더라도 기꺼이 살기를 원하는 고가의 주거상품이다.

농촌은 주거상품으로 도시에 대한 상대적인 상품이다. 이렇게 봤을 때 도시라는 주거상품은 우등재이고 농촌이라는 주거상품은 열등재다. 일반상품의 경우 소비자의 소득이 증가할 경우 우등재의 소비는 늘고 열등재의 소비는 줄어든다. 따라서 농촌주민의 소득이 증가할 경우 농촌상품 소비자인 농촌 주민은 그동안 사용했던 농촌상품 대신 도시상품을 구입하여 소비하게 된다. 이런 이유로 소득이 증대한 농촌주민이 농촌을 버리고 도시상품을 소비하기 위하여 도시로 이주하게 된다. 그렇기 때문에

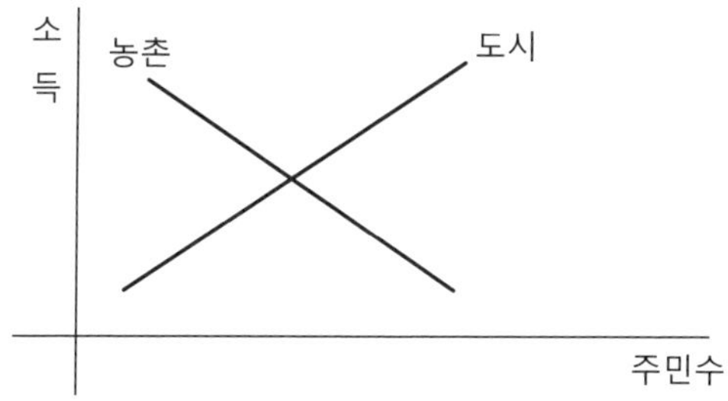

〈그림 Ⅷ-1〉 소득에 따른 주거선호 곡선

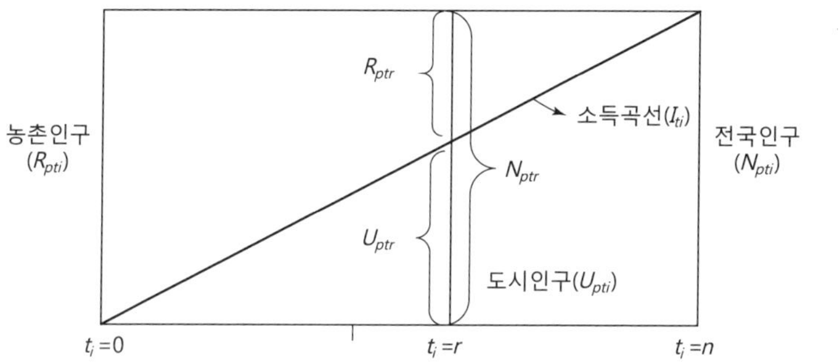

주: $R_{pti}=t_i$ 연도의 농촌 인구 비율, $U_{pti}=t_i$ 연도의 도시인구 비율, $R_{ptr}=t_r$ 연도의 농촌인구 비율, $U_{ptr}=t_r$ 연도의 도시인구 비율, $N_{ptr}=t_r$ 연도의 전국인구 비율, 따라서 $N_{pti}=R_{pti}+U_{pti}=R_{ptr}+U_{ptr}=N_{ptr}=1$이 됨.

〈그림 Ⅷ-2〉 소득증대에 따른 도 · 농 간 인구분할 상자

우리나라 경제 성장 과정에서의 향도이촌은 농촌주민들이 열등재인 농촌을 버리고 우등재인 도시를 선택한 소비자의 합리적인 선택에 의한 결과라고 볼 수 있다(〈그림 Ⅷ-1 〉, 〈그림 Ⅷ-2〉). 이렇게 볼 때 농촌주민의 소득이 증가하는 가운데 농촌이라는 주거상품이 도시라는 주거 상품에 비해 열등재로 남아 있는 한 도 · 농 간 향도이촌 현상은 계속될 것이다.

4. 한국의 복지농촌 건설 전략 모색

앞에서 우리는 한국의 농업과 농촌이 당면한 주요한 문제점의 특성을 진단하고 분석하였다. 여기서는 이 분석 결과를 바탕으로 한국의 농업 농촌이 당면한 문제점 해결을 통한 복지농촌 건설 전략을 모색하고자 한다.

1) 자랑스런 직업으로 만들기 위한 전략

앞에서 우리는 직업으로 본 농업의 현실을 진단했다. 문제는 우리 농업이 직업으로서 타 직종에 비해 불리하다는 데 있다. 모든 직업이 다 그렇듯이 농업이 위의 5가지 조건을 100%로 충족시킬 수는 없겠지만 상대적으로 다른 직업에 비해 불리하지 않다는 평가를 받지 않는 한 우리 농업의 앞날은 매우 어둡다고 볼 수밖에 없다. 직업으로서 농업문제 해결 없이는 우리 농업에는 희망이 없다. 바로 이 점이 지금 우리 농업이 직면한 과제 중에서 가장 시급히 해결해야 할 과제다. 그렇다면 우리는 어떻게 우리 농업을 젊은이들이 선호하는 직업으로 만들 것인가? 여기서는 직업으로서의 농업문제해결을 위한 전략을 제시해 보고자 한다.

(1) 농업 정예군 양성을 위한 '농업사관학교'를 만들어야 한다.

식량이 우리의 국방 못지않게 중요한 안보산업이라는 데에 인식을 같이한 지 이미 오래다. 안보산업으로서의 농업은 국방이 그렇듯이 특수한 국가적 배려 속에서 경제적 원리를 떠나 초 경제적 차원에서 대처를 해야 한다. 국방을 위한 정예군 양성을 위해 우리는 사관학교를 운영하고 있다. 우리는 안보산업으로서의 농업을 지키기 위해 어떤 대처를 하고 있는가? 물론 기존의 농과대학과 농업대학을 통하여 그리고 기타 각종 연수교육 등을 통하여 우리의 영농후계자를 양성하고는 있다. 그러나 여기서 제안하는 '농업사관학교'는 이들 기존 농업교육기관과는 달리 군대의 장교를 양성하는 사관학교와 같은 목적과 특성을 가지고 운영되는 사관학교를 말한다.

기존 사관학교는 튼튼한 체력과 일정 수준 이상의 실력을 가진 자들 중에서 국방을 위해 기꺼이 목숨을 바칠 수 있는 자를 선발한다. 사관생도로 선발된 이들은 4년 동안 혹독한 훈련과 양질의 교육을 통해 이 나라의 국방수호를 위해 기꺼이 몸바칠 수 있는 장교로 양성된다. 이들이 바로 강대국의 틈바구니 속에서 우리 한반도의 안보를 책임지기에 오늘날 한반도에 평화가 정착되고 그 바탕 위에서 오늘날과 같은 세계 10위권의 경제발전을 꽃피울 수 있었다. 사관생도들이 그렇듯이 앞으로의 농업은 방위산업으로서 이 나라의 식량수호를 위해 목숨을 바치겠다는 각오가 돼 있고 사명감이 넘치는 젊고 패기 만만한 '농업사관학교'를 졸업한 농업수호 정예군에게 맡겨야 한다.

⑵ 농업을 안정적인 직업으로 만들기 위해서는 '농업보험'제도가 도입되어야 한다.

보험은 예기치 않은 불의의 사고에 대비하는 안전장치다. 우리는 위험하고 한 번 사고가 나면 피해 규모가 커서 감당하기 어렵기 때문에 보험에 가입하여 불의의 사고에 대비할 때 안심하고 일을 한다. 우리 농민들은 자연재난이나 기후변화 등으로 참으로 위험하고 언제 어떻게 될지 모르는 상황에서 농업에 종사한다. 그러기에 우리 농민들은 항상 불안하고 마음 조이며 마음 놓고 농업에 종사할 수 없다. 이런 상황에서 미래에 대한 보장 없이 누가 안심하고 농사일에 전념할 수 있겠는가? 따라서 농업분야에도 농민들이 마음 놓고 일할 수 있도록 안전장치를 도입해야 한다. 농업 재난만이 아닌 농업 전반의 위험을 보장해 줄 수 있는 종합보험

성격의 '농업보험' 제도를 도입하여 농부들이 어떠한 상황에서도 마음 놓고 일에 전념할 수 있도록 하는 국가적 차원의 제도적 도입이 이루어져야 한다. 그래야만이 농업이 안정적인 직업으로서 자리를 굳힐 수 있다.

(3) 농업의 소득 보장을 위해서는 '대기업농'을 육성하여야 한다.

소득이 보장 안 되는 직업은 그것이 어떠한 직업이든 간에 직업으로서 살아남기 어렵다.

날이 갈수록 도농 간 소득 격차가 심화되어 가는 현실 속에서 보다 나은 소득을 위해 농민들이 농촌을 떠나는 농업인구의 향도이촌은 너무나 자연스러운 일이다. 국내외 농산물 가격 여건이 악화되는 우리나라의 농업현실 속에서 농민들의 소득을 증대시키는 일은 거의 불가능한 일이라고 판단된다.

현 상황에서 농업 소득을 올리는 확실한 방법 중의 하나는 농경지를 대폭 확대시키는 수밖에 없다. 농업 국가이면서 잘 사는 나라인 네덜란드와 비교해 보면 우리 농업의 문제가 어디에 있는지 알 수 있다. 우리의 농업 여건이 너무나 열악하다. 2004년도 현재 국가의 총 경지면적으로 볼 때 우리나라는 네덜란드와 별 차이가 없다. 그러나 전체 농가 수에서 볼 때 우리의 농가는 124만 호인데 비해 네덜란드는 우리의 7% 수준인 8만 4,000호에 지나지 않는다. 네덜란드는 그야말로 농업 정예군으로 농업 선진국이 된 것이다. 따라서 네덜란드의 호당 경지면적은 23ha인 데 반해 우리나라의 호당 경지면적은 1.4ha에 불과하다. 네덜란드의 농가는 우리 농가보다 무려 16배 이상의 경지면적을 가지고 2.4배 이상의 농가소득을 올리고 있다(〈표 Ⅷ-8〉). 우리 농업의 현실이 이처럼 열악하니 어찌 농업 선진국과 경쟁하여 이길 수 있겠는가?

우리도 네덜란드처럼 경지면적을 넓혀서 우리의 영세농을 대기업농으로 육성하여야 한다. 그럼으로써 우리 농업이 규모경제를 실현하고 경

〈표 Ⅷ-8〉 네덜란드와 한국의 농업비교

	네덜란드(A)	한국(B)	A/B
경지면적(만 ha)	192.7	182.4	1.1
농가 수(만 호)	8.4(전체의 1.2%)	124(전체의 8%)	0.07
호당 경지면적(ha)	23	1.4	16.4
농가소득(만 원)	6,898	2,900	2.4
농산물 수출액(억 달러)	608	19	32

자료: 민승규, 2007a: 6을 참고하여 재구성.

〈표 Ⅷ-9〉 주요국의 농업부문 취업인구 추이단위 (단위: %)

	1960	1970	1980	1990	2000	2004
한국	61.3	49.1	37.1	18.1	10.0	7.7
일본	33.1	19.6	11.0	7.3	4.1	3.2
프랑스	22.1	13.6	8.3	5.5	3.3	2.7
독일	15.0	8.7	6.9	4.0	2.5	2.1
미국	6.6	4.3	3.5	2.8	2.1	1.8
영국	4.0	2.8	2.6	2.2	1.8	1.7

자료: Kwon, Oh Bok, 2008: 4의 〈표 1〉을 번역한 것임.

쟁력을 확보하여 소득증대에 기여하도록 하여야 한다. 그렇게 되기 위해서는 우리도 농가수를 대폭 줄여야 한다. 네덜란드가 8만 4,000 농가로 전체 가구의 1.2%에 시나지 않는 것처럼 다른 선진국들도 보면 농업 취업인구가 영국이 1.7%, 미국 1.8%, 독일 2.1%, 이웃 나라인 일본이 3.2% 수준을 보여 주고 있다(〈표 Ⅷ-9〉). 경작면적 확대를 통한 소수 정예 대기업농의 육성, 바로 여기에 우리 농업의 살 길이 있다.

(4) 농업의 장래성을 위해서는 '희망의 농업'으로 만들어야 한다.

우리 농업의 또 다른 문제는 아무리 봐도 희망이 없다는 점이다. 지금은 어렵더라도 미래에 희망이 있다면 참고 견딜 수 있다. 오늘 우리가 힘들고 어렵더라도 이를 참아가며 열심히 땀 흘리는 이유는 앞으로 언젠가는 우리의 꿈을 이룰 수 있다는 희망과 확신이 있기 때문이다. 오늘날 우리 농업현실을 일컬어 '농사를 지면 손해고 안 지면 이득'이라는 말이 있다. 이 말 속에 우리 농업의 장래가 잘 드러나 있다. 우리 농업이 이럴진대 누가 꿈을 가지고 참고 견디면서 농업에 종사하겠는가? 우리 농업의 한계가 또한 여기에 있다.

그렇다면 어떻게 우리 농업을 희망의 농업으로 만들 것인가? 그것은 국가가 나서서 농업을 국방에 못지않은 원초적 생명보존을 위한 식량안보산업으로서뿐만 아니라 경쟁력 있는 산업으로 육성하겠다는 정책적 의지를 가지고 농업을 21세기 성장동력산업으로 육성하여야 한다. 그러기 위해서는 현재의 농업 현실을 감안할 때 농업이 자생력을 가지고 독자적으로 경쟁력 있는 성장동력산업이 될 때까지 정부는 우리 농업 농촌에 대하여 비상사태를 선포하고 국가가 특별 관리 육성하는 '농업육성 인큐베이션 정책'Agricultural Promotion Incubation Policy을 추진하여야 한다. 그렇지 않고 현재 상태가 지속된다면 희망의 산업은 고사하고 머지않아 생존 그 자체마저 보장받지 못할 위기 상황에 놓여 있는 것이 오늘의 농업이다. 다시 말해서 우리의 농업은 응급실에서 긴급수혈을 받아야 할 응급환자와 같은 비상상황에 놓여 있다고 할 수 있다.

2) 살맛 나는 주거 공간으로 만들기 위한 전략

우리는 이상에서 우리의 농촌은 정을 붙이고 살고 싶은 주거공간이 아니라 떠나고 싶은 주거공간임을 확인했다. 이대로라면 머지않아 농촌의 존립기반마저도 무너질 상황이다. 우리가 농촌을 포기하고 농촌이 붕괴되는 것을 바라지 않는 한 농촌이 살고 싶은 주거공간으로 다시 태어날 수 있도록 하는 특단의 조치가 필요한 시점이다. 따라서 여기서는 농촌의 정주기능을 다시 회복시키기 위한 조건을 살펴보고, 이들 조건을 충족시키기 위한 전략을 모색해 보고자 한다.

농촌의 정주기능이 회복되기 위해서는 우선 무엇보다도 농촌이 살맛나는 거주공간이 되어야 한다. 그렇다면 살맛 나는 거주공간은 무엇을 의미하고 그 조건은 무엇인가? 살맛 나는 거주공간이라 함은 농촌 주민들이 자기 거주지에 만족과 긍지를 느끼고 이웃간에 정을 나누며 계속해서 살기를 원하는 거주공간을 말한다. 따라서 우리의 농촌이 살맛 나는 거주공간이 되기 위해서는 다음과 같은 조건을 갖추어야 한다.

첫째, 소득이 안정적으로 보장되는 공간이어야 한다. 소득의 중요성은 아무리 강조해도 지나치지 않다. 농촌의 미래를 이끌어갈 젊은이들은 보다 나은 일자리와 안정적인 소득이 보장되는 일자리를 찾아 대도시로 떠난다. 이러한 현상은 도 · 농 간 소득격차가 확대될수록 더욱 심화된다. 최근 우리나라의 도 · 농 간 소득격차 현황을 보면 1995년 농가소득이 도시근로자소득의 95% 수준에서 2002년 73% 수준까지 하락한 후 다소 개선되었으나 2007년에 다시 72.5% 수준으로 하락하였다. 2008년에 몰아닥친 미국 발 세계금융위기와 대내외 경제여건으로 보아 도 · 농 간 소득격차는 더욱 심화될 것으로 보이는 가운데 우리나라 농촌 젊은이들의 이촌현상은 계속될 것으로 보인다.

농촌이 안정적으로 소득이 보장되는 공간이 되기 위해서는 농촌 농업소득의 불확실성과 불안전성이 해결되어야 한다. 즉, 농촌 주민소득의 농업의존도를 줄이고 농촌기능의 복합화가 이루어져야 한다. 앞으로의 농촌은 농업과 농민만을 위한 전용공간이 아니라 산업과 직업의 다양화를 통한 농외소득 증대와 다양한 직종에 근무하는 사람들이 거주할 수 있는 복합기능공간으로 태어나야 한다. 농업소득의 경우도 소수정예 전문 농업경영인을 통한 작목별 지역별 농업 전문화가 일어나야 한다. 또한 천재 지변 및 기타 자연재앙에 의한 농업소득의 불확실성과 손실을 보전하기 위해 정부는 '농업보험제도'와 더불어 '농업소득안정화기금'을 마련해 이에 대비해야 한다. 그 결과 농촌이 안심하고 자기만 열심히 땀 흘려 노력할 때 그 보상을 받을 수 있고 잘 살 수 있다는 확신을 주는 공간이 되어야 한다.

둘째, 욕구충족의 공간이 되어야 한다. 자본주의 사회에서 소득은 필요한 욕구를 충족시키기 위한 수단이자 도구다. 사람은 누구나 자기가 살고 있는 지역에서 자기의 일상생활욕구를 포함한 각종 사회문화적 욕구를 충족시키기를 원한다. 그러나 자기의 거주지에서 이러한 욕구를 충족시키지 못할 때 이들 욕구충족을 위해 다른 지역으로 떠나게 된다. 그렇다면 우리 농촌은 농촌주민에게 그들이 필요한 욕구를 만족스럽게 충족시키고 있는가? 우리의 현실은 그렇지 못하다. 앞의 〈표 Ⅷ-9〉에서 이미 살펴본 것처럼 원격지 농촌주민의 50% 이상이 그들의 욕구충족에서 불만을 가지고 있는 것이 오늘의 농촌 주거환경의 현실이다.

농촌의 중심지가 기초 생활서비스를 지속적으로 공급하기 위해서는 이들 서비스 유지에 필요한 배후지의 적정한 인구규모가 필요하다. 그러나 우리나라의 노후화된 농촌주택, 공동화, 지속적인 인구감소와 고령화, 주변도시와의 열악한 접근성 등을 감안할 때 현재 농촌 생활환경의 서비스 제공여건은 더욱 악화될 것으로 보인다. 이러한 여건 하에서 농촌 생활환경을 개선하고 기초 서비스 생활권의 적정 인구규모를 통한 규모경제를 실현하기 위해서는 원격지 농촌의 전면 재개발이 실시되어야 한다. 농촌 재개발은 규모경제를 실현하기 위해 적어도 면 단위를 기초 서비스 생활권으로 설정하고 리 단위를 중심으로 산재된 마을을 하나로 모아 새로운 마을을 만드는 형식의 농촌 재개발이 되어야 한다(〈그림 Ⅷ-3〉). 이를 체계적이고 조직적으로 실행하기 위해서는 '농촌재개발지원 특별법(가칭)'과 같은 정부 차원의 제도적 지원이 뒷받침되어야 한다.

셋째, 꿈을 이루는 공간이 되어야 한다. 우리 인간은 빵만으로 살지

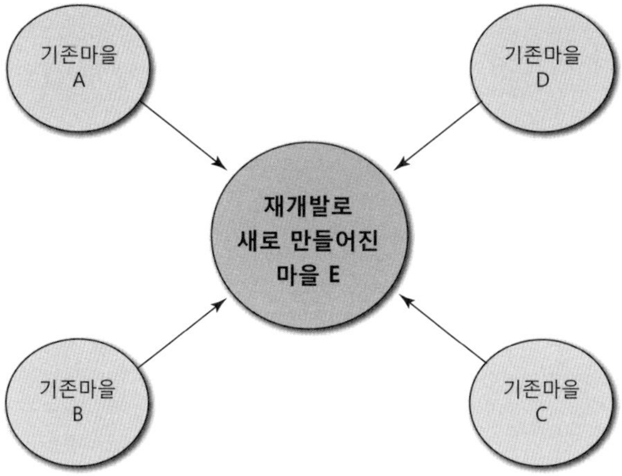

〈그림 Ⅷ-3〉 농촌 재개발 개념도

않는다. 미국의 심리학자였던 A. Maslow가 1943년 '인간의 성취이론' A Theory of Human Motivation[1]에서 주장한 것처럼 인간은 상위 목표달성을 위해 부단히 노력하는 특성을 가지고 있다. 따라서 농촌이 꿈을 이룰 수 있는 희망의 공간이 되지 못할 때 농촌 주민들은 그들의 꿈을 이루기 위해 또 다른 지역으로 떠나게 된다. 현재 우리나라 농촌이 그렇다. 앞의 〈표 Ⅷ-8〉은 우리 나라 농촌에서 젊고 소득이 높은 주민이 먼저 농촌을 떠나는 현상을 잘 보여 주고 있다.

그렇다면 어떻게 농촌이 젊은이들에게 꿈을 주고 또 꿈을 이루는 공간이 될 수 있을 것인가? 이 질문에 대한 대답은 그리 쉽지 않다. 게다가 농촌의 자연환경과 기능적 특성을 고려할 때 농촌이 젊은이들의 모든 꿈

1. 'Maslow는 이 이론에서 인간의 욕구에는 계층(A Hierarchy of Human Needs)이 있음을 주장하고 5단계의 계층을 주장했다. 그가 주장한 인간욕구의 5단계는 다음과 같다. 1단계는 생리적 욕구, 2단계는 안전의 요구, 3단계는 소속의 욕구, 4단계는 존경의 욕구, 5단계는 자아실현의 욕구다.

을 이루는 공간이 될 수 없다. 그러나 적어도 농촌이 젊은이들의 성장과정에서 원대한 꿈을 갖고 이를 키워 나가며 준비하는 데 절대적으로 불리한 공간이 되어서는 안 된다. 문제는 초등학교 때부터 도시를 향해 떠나야 하는 그런 지역이 되어서는 안 된다. 적어도 고등학교 때까지는 불안해 하지 않고 안정적으로 교육을 받을 수 있는 그런 농촌이 되어야 한다. 이를 위해서는 우리나라의 모든 국립대학을 하나로 통합하고 지역별로 전공을 특화시켜 지방대도시에도 양질의 명문교육을 받을 수 있는 교육기반을 구축하여 젊은 인재들의 수도권 집중을 막고, 시 · 군 단위에 하나 이상의 특목고를 설치하여 젊은 영재들이 농촌에서도 꿈을 키울 수 있는 희망의 공간으로 만들어야 한다.

넷째, 정을 붙이고 정을 나누는 공간이 되어야 한다. 인간은 다른 동물과 달리 정을 나누고 산다. 다시 말해 인간은 정과 사랑을 먹고 사는 동물이다. 사랑과 정이 없는 인간 집단은 다툼과 시기와 질투만이 있을 뿐이다. 사람이 사는 곳에서 인간을 하나로 묶어 주고 서로 믿고 동고동락하게 만드는 것은 정이다. 정으로 가득한 농촌 그곳이 바로 살고 싶은 공간이요. 떠나고 싶지 않은 정말 사람 사는 공간이 되는 것이다.

농촌이 정이 넘치는 살 만한 공간으로 만들기 위해서 어떻게 하여야 할 것인가? 인간의 정은 만남에서 비롯된다. 사람은 만나면 만날수록 정이 든다. 많이 만나면 많이 만난 만큼 정이 더 들게 마련이다. 그러나 우리나라의 농촌 현실을 보면 공동화와 고령화 그리고 인구감소 등으로 서로 얼굴 보고 살기가 어렵게 됐다. 게다가 이웃간 교류가 적고 관심이 없는 나 살기 바쁜 삭막한 주거공간이 됐다. 이러한 현실에서 할 수 있는 하나의 대안은 위에서 이미 제안한 '농촌 재개발'을 통하여 흩어진 농가와 쇠퇴해 가는 농촌을 한 공간으로 모아 주민의 대면적 인간관계를 높일 수 있도록 만들어야 한다. 그 결과 이웃간에 교류 소통하고 관심을 갖고 서로 돕는 동고동락의 마을풍토가 조성되도록 해야 한다. 여기에 각종 사회. 문화. 체육 행사 등을 도입하여 주민들의 교류소통을 더욱 촉진시킬 수 있도록 하여야 한다. 이렇게 되면 주민들은 사람에 정들고 마을에 정이 들기 마련이다. 사람은 마을에 정들게 되면 더 살고 싶고, 떠나기 싫은 고향, 대를 두고 오래오래 살고 싶은 고향이 되는 것이다.

3) 잘 팔리는 주거공간 상품 만들기 전략

농촌은 도시에 대한 상대적 주거공간이고, 도시는 우등재인 반면 농촌은 열등재다. 따라서 상품으로서의 농촌 개발전략은 열등재인 농촌의 주거상품을 도시 주거상품을 능가하는 우등재로 만드는 개발전략을 모색하는 일이다. 그렇다면 어떻게 농촌 주거상품을 우등재로 만들 것인가? 농촌을 도시보다 잘 팔리는 경쟁력 있는 양질의 주거상품으로 만들기 위한 전략은 농촌이 상품으로서 다음과 같은 조건을 충족할 수 있도록 개발해야만 한다.

첫째, 농촌만이 가능한 독자적인 주거상품을 만들어 내야 된다. 다시 말해서 그 지역만이 기지고 있는 그 지역 특유의 토착자원을 발굴하고 이를 이용한 독특한 개성이 있는 주거상품이 만들어져야 한다.

둘째, 어떠한 주거공간과도 경쟁해서 선택될 수 있는 경쟁력이 있는 주거상품이 되어야 한다. 상품의 경쟁력은 그 상품의 질, 가격, 서비스에 좌우된다. 따라서 농촌이라는 주거상품이 도시 주거 상품을 주거의 질 Quality of Housing,[2] 가격, 서비스 면에서 능가하여야 할 것이다.

셋째, 소득증대와 시대적 변화에 따른 주민들의 새로운 주거욕구를 충족시킬 수 있는 새로운 주거상품을 부단히 개발하여 이들 수요자들이 지

2. 주거의 질이라 함은 주거의 구성요소인 접근성, 주거환경, 주택의 자재, 주택디자인, 주택공간의 편리성 등과 같은 구성요소의 질을 포괄하는 복합적 개념이다.

속적으로 농촌에 이주하여 정착할 수 있는 주거공간이 끊임없이 제공되어야 한다.

마지막으로 홍보를 통한 마케팅 전략이 필요하다. 농촌이 도시 주거상품과 경쟁하여 소비자들로부터 선택될 수 있는 주거상품이 될 수 있도록 주거 소비자들 에게 농촌 주거상품의 우수성을 널리 알리는 체계적인 홍보가 지속적으로 뒤따라야 할 것이다. 우리의 고객은 도시의 주민이다. 상품은 팔려야 한다. 팔리기 위해서는 먼저 고객에게 알려야 한다. 일반 상품의 홍보가 그렇듯이 농촌 주거상품의 홍보는 농촌 주거상품 판매를 좌우하는 중요한 마케팅 전략이다.

5. 결론

농촌이 사양의 길을 걸은 지 이미 오래다. 공업화가 지속된 지난 40여 년 동안 농업은 줄곧 사양의 길을 걸었다. 그러나 지금도 그 끝이 안 보인다. 이대로 가다가는 농업농촌의 존립마저 위태로운 지경이다. 이러한 상황에서 제Ⅷ장에서는 '한국의 복지농촌 건설 전략'이라는 주제를 가지고 우리의 농업농촌의 현실을 진단하고, 새로이 도래될 농업농촌의 국내외 여건을 전망하고, 그 속에서 우리 농업농촌의 길을 모색해 보았다.

우리의 농업농촌은 1970~2006년에 이르는 기간 동안 농촌인구는 44.7%에서 6.8%로, 고용은 49.5%에서 7.4%로, 농업생산의 GDP 비율은 27.5%에서 3.1%로 크게 위축되었다. 이러한 상황은 더욱 지속돼 2017년까지 농촌인구는 연평균 4.7%씩 감소하고, 농업생산의 GDP 비율은 1.2% 수준으로 감소하고, 고령화가 급속히 진전되어 60세 이상 인구가 70% 수준에 육박할 것으로 예측되고 있다. 무엇보다도 우리를 더욱 암울하게 만드는 것은 젊고 소득이 높은 사람일수록 농촌을 떠나고자 한다는 사실이다.

이러한 농촌을 살맛 나는 희망의 복지농업농촌으로 만들기 위해 이 나라의 농업 농촌을 위해 평생 몸 받쳐 희생할 수 있는 대기업농으로서의 소수 농업 정예군을 양성하기 위한 '농업사관학교'의 설립을 주장하였다. 또한 열악한 농촌환경과 고령화 그리고 부녀화의 진전 속에서 향도이촌이 가져오는 농촌공동화 문제를 해결하기 위한 전략으로 '농촌재개발' 실시와 이를 제도적으로 지원하기 위한 '농촌재개발지원특별법'의 제정을 제안하였다. 여기에 떠나는 농촌에서 돌아오는 농촌으로 만들기 위한 전략으로 농촌을 상품으로 만들어 도시고객을 향한 체계적이고도 지속적인 홍보를 통해 매출증대에 기여할 것을 강조하였다.

우리가 소망하는 미래의 살맛 나는 복지농촌은 '농업을 통한 소득으로 생활이 안정되고, 이웃간에 정을 나누며 동고동락하고, 대를 두고 오래오래 살고 싶은 그런 모습의 농촌'이다. 이러한 미래의 복지농촌을 더 늦기 전에 지금부터라도 만들기 시작해야 한다. 로마가 하루 아침에 만들어지지 않는 것처럼 우리가 꿈꾸는 살맛 나는 복지 농촌도 하루 이틀 만에 만들어시지 않을 것이다. 문제는 우리가 그러한 복지농촌을 만들 수 있다는 확신을 가지고 시작할 때 가능하다. 우리가 꿈꾸는 우리의 살맛 나는 복지농촌 건설은 선택이 아닌 이 시대를 살아가는 우리가 반드시 이룩해야 하는 우리의 의무요 시대적 사명이다.

| 참고문헌 |

권영근 외 18인, 2006,『농업 농촌의 이해』, 서울: 박영률출판사.

김태명, 2006,「도농간(都農間) 역학관계와 농촌개발전략: Push-Pull 역전모형」, 충남 지역혁신협의회 주최 '도농교류를 통한 살기 좋은 지역공동체 형성방안' 세미나 자료집.

_____, 2007,「한국 농촌발전을 위한 농민의 도전의식」, 한국지역경제연구원 주관 예천군 지역혁신리더 양성교육자료.

농촌진흥청, 2004,『농민의 의식조사』.

민승규, 2007a,「개방시대 한국농업의 선택: 농업경영」,『CEO Information』(제604호).

_____, 2007b,「농촌의 신 가치 창출을 위한 도농교류 활성화 방안」, Issue Paper.

박덕병 외 4인, 2005,『농촌어메니티 자원을 활용한 외국의 농촌개발정책』, 수원: 농촌진흥청 농업과학기술원 농촌자원개발연구소.

송미령, 2007a,『도시민 유치를 위한 지자체의 대응과 과제』, 한국농촌경제연구원.

_____, 2007b,「영국의 농촌개발 전략의 변화」,『농어촌과 환경』, 98.

오현석, 2007,「EU의 농촌개발 전략의 변화」,『농어촌과 환경』, 98.

이상무, 2007,『파워농촌으로 디자인하라』, 서울: 도솔.

한국농촌경제연구원, 2007a,『농업전망 2009(Ⅰ): 한국 농업 농촌, 도전과 새로운 희망』.

_____, 2007b,『한미 FTA의 경제적 효과분석』.

Kwon, Oh Bok, 2008, "Changes in Korea agricultural structure and some policy considerations," Rural Development, Lecture Material for Guatemala Training Group (July 17-August 2, 2008), *KOICA Training Material*, No 2008-IE-J-05.

Lee, Seong Hee, 2008, "Development of Korean agriculture," Rural Development, Lecture Material for Guatemala Training Group (July 17-August 2, 2008), *KOICA Training Material*, No 2008-IE-J-05.

| 찾아보기 |

| Abstract |

Rebuilding Rural Community

Taemyung Kim, Eunbyung Park, Jeongim Hwang, Jinkwang So,
Kyoungsoo Lim, Taeho Kwon, & Hyungbaek Lim

In the midst of industrialization and urbanization, which have existed since sixty years ago, rural areas in Korea have been experiencing many difficulties in every aspect of rural life such as continuous rural-to-urban migration, deteriorating socio-economic conditions, the shortage of agricultural labor, (I'd like to doublecheck that you meant "labor" vs. "laborers.") and so on. To address these rural problems the Korean government has been investing a great deal of funds into agricultural and rural sectors especially for about the last two decades. Nevertheless, it is clear that the ever-increasingly aggravated rural conditions will not be ameliorated in the near future.

However, what is worse is that this difficult rural situation has been further aggravated since the start of the WTO. In these circumstances, the writing of this book was taken up to address these issues confronted by rural areas in Korea. With the above situations as the background of this book it is the objective of this book to design practical policy measures to tackle the current pressing rural problems.

To this end this book consists of seven chapters for which six experts contributed to depending upon their specialization and experiences. The contents of each chapter are summarized as follows. Chapter Ⅰ reviews critically the past and present rural situations as a rural problem statement. Chapter Ⅱ deals with the changing aspects of rural culture occurring in the process of rural transformation. In Chapter Ⅲ, the focus of this book moves to social capital in rural society, which is assessed to be an important rural social asset necessary for sustainable rural development. When we arrive at Chapter Ⅳ, we discuss how a rural village may be developed and managed in order to be a livable settlement in the 21st century. Chapter Ⅴ tries to identify community resources which have remained untapped in the course of rural development so far but now will be able to be utilized for making a rural community a more vitalized living place in the future. Chapter Ⅵ further discusses how to achieve more balanced regional development through the improvement of rural areas. In Chapter Ⅶ the multi-cultural society in rural areas is discussed, which is a new and important aspect of the drastic transformation of Korean rural society. Finally Chapter Ⅷ discusses and suggests how to build a future rural village as a model to be sustainable, competitive, and livable in the 21st century even if more difficult situations are to befall the rural areas.

저자 소개(가나다순)

권태호
성균관대학교 건축공학과 및 동대학원을 졸업하고 Asian Institute of Technology(AIT) 환경자원개발대학(SERD)에서 석사학위와 박사학위를 받았다. 현재 세명대학교 건축공학과 교수로 재직하고 있다. *East Asian Cooperation in a Global Era* 등의 저서가 있다.

김태명
한남대학교 영어영문학과를 졸업하고 Asian Institute of Technology(AIT)의 인간정주개발학부(Division of Human Settlements Development)에서 석사학위(MS)를 받았다. 이스라엘공과대학 건축도시계획학부(Faculty of Architecture and Town Planning, Israel Institute of Technology) 박사과정에서 수학한 후 필리핀대학교 도시지역계획대학원(School of Urban and Regional Planning, University of the Philippines-Diliman)에서 박사학위를 받았다. 현재 한남대학교 도시부동산학과 교수로 재직하고 있다. 『동남아지역학 개론』, 『동남아연구의 새로운 지평』, 『필리핀』, 『대전학 입문』, *East Asian Cooperation in a Global Era* 등의 저서가 있다.

박은병
한남대학교 지역사회개발학과를 졸업하고 중앙대학교 대학원에서 석사학위와 독일 도르트문트대학교에서 박사학위를 받았다. 현재 극동대학교 부동산학부 겸임교수로 재직하고 있다. 『세계적 혁신지역을 간다』, 『대전학 입문』 등의 저서가 있다.

소진광
서울대학교 지리교육과를 졸업하고 서울대학교 환경대학원에서 석사학위와 박사학위를 받았다. 현재 경원대학교 행정학과 교수로 재직하고 있다. 『한국지방자치의 이해』, 『지역특성에 따른 사회적 자본의 측정지표 개발』, 『지방자치와 지역발전』, 『지방분권과 공공재정』 등의 저서가 있다.

임경수
중앙대학교 지역사회개발학과를 졸업하고 동대학원에서 석사학위와 박사학위를 받았다. 남가주대학교(USC)에서 Post-Doctoral Course를 이수하였다. 현재 성결대학교 지역사회과학부 교수로 재직하고 있다. 『국토 · 지역계획론』 등의 저서와 『현대지역이론과 정책』 등의 역서가 있다.

임형백
서울대학교 (現)지역정보전공을 졸업하고 동대학원에서 석사학위와 박사학위를 받았다. 현재 성결대학교 지역사회과학부 교수로 재직하고 있다. 『농촌사회의 환경과 기능』, 『지역사회종합연구』, 『정보화와 농촌사회』 등의 저서가 있다.

황정임
연세대학교 사회복지학과를 졸업하고 서울대학교 대학원에서 석사학위를 받고 서울대학교 대학원 박사과정에 있다. 현재 농촌진흥청 국립농업과학원 농업연구사로 재직하고 있다. 「농업, 농촌의 공익기능에 대한 사회적 인식」, 「농촌 사회문화적 공익기능의 경제적 가치」 등의 논문이 있다.